KB234635

역사의
본질 탐구

역사의 본질 탐구

세계의 역사적 본질(이유, 인식, 개념, 목적, 시원,
전환, 추진, 법칙, 진행, 관점, 미래, 종결, 사명)에 대하여

염기식 지음

역사는 어떻게 추진되고 있는가?
역사를 통해 알아야 할 것은?
역사의 궁극에는 무엇이 있는가?

한국학술정보㈜

역사론의 전개 목적

한 인간이 노력해서 훌륭한 업적을 쌓았다면 후인들이 그 치적을 기억해서 평가하는 것처럼, 인류의 역사도 오늘날까지 모종의 이룸이 있었기에 이에 합당한 결산이 있어야 한다. 결판나지 않은 수많은 논란에도 불구하고 神이 존재하는가란 물음은 서양역사에서 끊임없이 대두된 철학 상의 주요 주제였는데, 이제는 그들 문명사회에서 어느 정도 결론이 난 듯하다. 아직도 믿음은 살아 있고 교회의 종소리는 끊이지 않고 있지만, 절대적이었던 신권 질서는 마감된 지 이미 오래되었으며, 神을 버리고 "인간의 이성과 인식 능력을 과신하였던 역사학계의 일반적인 규범에 따라 근대 200년 가까이 지성들은 하나님에 대한 언급을 허용하지 않았다."[1] 神 대신 인간을 역사의 중심에 놓고, 인간을 역사의 유일한 행위 주체로 파악하였다.[2] 神의 속박에서 벗어나 해방감을 만끽하였고, 이를 통해 인류사회가 진보하고 발전하는

---

1) 『역사관의 유형들』, 데이빗 베빙턴 저, 김진홍 · 조호연 역, 한국기독교학생회출판부, 1997, p.289.

2) 18세기 계몽주의 사상가들의 진보사관임.―「기독교 역사관」, 이진모 지음, 기독교문화연구, 논문, p.145.

것으로 느꼈다. 유물사관에 기초해서 과학적인 법칙사관을 철저하게 주장했던 마르크스는 사회제도에 대한 사회학적 분석을 토대로 미래를 예측할 수 있다고 자부하기도 했다. 그는 자기의 사관이 가설이 아니라 과학적으로 입증된 명제라고 확신했다.3)

그렇지만 역사는 과연 완성된 것인가? 본질은 규명되었는가? 인류는 지금 어디로 가고 있는가? 내려진 결론이 없는 것이라면 그동안 추구된 인류역사는 神을 배제시키려 한 역사 무대에서의 실험 과정이었다고도 볼 수 있다. 음식은 맛을 보고 판단하듯, 지성들은 그동안 역사란 대상을 놓고 이렇게도 해보고 저렇게도 방법을 달리해서 추진시켜 보았는데, 결과는 역사를 완성시킬 수 없었다. 결과가 그렇다면 우리는 다시 원점으로 돌아가서 神의 주재성에 근거해 역사를 재구성해 볼 수 있어야 한다. 살펴보니 선현들이 일구었던 神 중심적인 역사는 판단이 잘못된 것은 아니었고, 다만 창조된 세계 자체가 분열을 다하지 못해 미완수된 믿음 가운데 있었다는 것을 알 수 있었다.

그래서 정말 역사가 완성될 수 있기 위해서는 존재론, 본질론이 분열을 다해야 한다. 이 진리적인 매듭과 본질적인 규명을 누가 이룰 수 있다고 생각하는가? 천지를 창조하신 하나님이시다. 하나님이 先天 하늘에서 가만히 계신 것이 아니었다면 오늘날에 이르러서는 모종의 결과를 추출할 수 있어야 한다. 언젠가는 이루실 것인데, 인간들이 너무 섣불리 과신해 신뢰를 잃고 말았다. 세상에서 일어나는 '모든 일을 神의 뜻으로 돌리다 보니',4) 하나님의 뜻을 분간할 기준이 어디에도 없다. 중세 사회에서는 성직자들이 세속 권력을 장악하기 위해

---

3) 『사관의 현대적 조명』, 차하형 편저, 청람문화사, 1978, p.17.
4) 『역사철학 강의』, 최재근 저, 동풍, 1995, p.35.

神에 관한 정보를 독점해버려 하나님의 뜻을 판단할 정보가 객관화, 보편화, 원리화될 수 없었다.5) 이런 전횡이 있어 神이 역사에서 잠시 배제되었던 것이기는 하지만, 그보다는 가능성의 끈을 놓치지 않은 것이 더 연면한 역사였다.

헤겔은 '세계가 없다면 神은 神이 아니다'6)라고 할 정도로 神과 세계와의 연관성을 확신하였는데, 여기서 세계라고 말한 것은 역사와 진배없다. 그래서 그는 이 세계로부터 '세계의 궁극적 계획(神의 섭리)은 감지되어야 한다'7)고 보았다. 감지해야 하는 것이 역사를 탐구하는 원칙인 것인데도 이것을 근대인들이 포기해버리고 말았다. '역사란 인간 문제에 관한 지혜를 얻는 주요한 길'8)이란 주장에 혹한 것이다. 하지만 역사가 토인비도 '이 세계와 역사 안에 있는 모든 것들은 전적으로 하나님에 의하여 시간적으로나 공간적으로 움직여 나가는 변경될 수 없는 운동'9)이라고 보고 역사와 세계를 이해할 수 있는 보다 폭넓은 전체적 안목이 필요하다고 했지만, 실질적인 진리관과 세계관은 제시하지 못했다.

역사상 '과거에 일어난 모든 일에 하나님의 섭리가 있었다'10)고 보고 실질적으로 역사관을 전개했던 사례가 없는 것은 아니다. 성 아우구스티누스(어거스틴)는 그의 저서 『신국론』에서, '하나님의 섭리 속에서 보편적인 세계사 서술의 길을 열었는데',11) 여기서 그는 '그리

---

5) "진정한 권력은 그 시대의 지식을 독점하는 것, 중세의 유럽 세계에서 가장 중요한 것은 바로 神에 대한 지식이었음."-『세계를 움직이는 다섯 가지 힘』, 사이토 다카시 저, 홍성민 역, 뜨인돌, 2010, p.96.

6) 「헤겔의 역사철학에 관한 연구」, 이계룡 저, 서강대학교대학원 정치외교학과 석사학위논문, 2004, p.13.

7) 「서양역사철학의 발상과 구속의 역사」, 박순영 저, 호남신학대학교, 권 4, 2000, 논문, p.6.

8) 『사관의 현대적 조명』, 앞의 책, p.38.

9) 「아놀드 토인비의 역사철학」, 임희완 저, 인문과학논총, 제37집, 2001, p.4.

10) 「기독교 역사관」, 앞의 논문, p.141.

스도교의 종말론적, 구원사적인 입장을 가지고 역사가 神의 섭리에 의존한다고 해석하였는데, 역사의 주관자는 어디까지나 神이고, 인간의 역사는 神을 향해 순례하는 과정'12)이라고 본 것이다. 하지만 그 당시는 그가 역사를 그렇게 본 것이 의미를 지니는 것이고, 세상 역사가 神의 섭리에 의존한 사실을 확인할 수 있는 단계로까지 나아가지는 못했다. 증거 문제는 별개이다. 인류는 과연 역사 위에서 神의 존재 섭리를 파악해낼 수 있는가? 판단할 수 있는 기준이 모호하니까 이후로도 다양한 관점들만 난무하였다.13)

그렇다면 과연 창조 이래 인류를 움직인 역사의 원천은 무엇인가? 지각 있는 선현들은 하나님이 역사를 주관하신 역사 추진의 원동력인 것을 지목하지 않은 것은 아니지만, 그동안 실질적으로 진리력을 발휘하지 못했던 것은 이것을 판단할 수 있는 관점을 추출하지 못한 데 있다. 그래서 이 연구는 창조주 하나님이 이 땅에 강림하신 역사적 사실에 입각하여, 이에 합당한 역사론을 전개하고자 한다. 일찍이 중국의 위대한 역사가인 사마천은 '과거의 일을 궁구하고 그 성공과 실패, 흥기와 쇠망의 배후에 가로놓인 원리를 탐구하기 위해'14)『史記』를 썼다고 했듯이, 이 연구도 세상 위에 편만된 하나님의 섭리 역사를 판단하는 데 있어서 인류역사 속에서 하나님의 뜻을 읽을 수 있는 안목을 제공하는 데 그 목적이 있다. 어떻게 세속의 일반적인 역사, 그리고 삶의 현실로부터 하나님의 주재 의지와 창조 목적을 분별

---

11) 「어거스틴의 역사이해에 관한 소고」, 전성원 저, 총신대학교신학과 역사전공 석사학위논문, 2006, p.3.

12) 「칸트의 역사철학에서의 진보의 이념」, 임연선 저, 서강대학교대학원 철학과 석사학위논문, 2000, p.2.

13) "헤겔과 마르크스는 역사가 그 자체로 진화해 간다고 주장함."-「어거스틴의 역사이해에 관한 소고」, 앞의 논문, p.73.

14) 『사마천의 역사인식』, 박혜숙 편역, 한길사, 1989, p.160.

해낼 수 있을 것인가? 하나님이 강림하신 역사와 밝히신 지혜를 통해서이다. 인간의 역사를 떠난 하나님은 존재할 수 없으며, 성경은 하나님과 인간과의 그 끊을 수 없는 지극한 관계에 대한 기록물이다. 그런데도 그동안 성경을 통해 만족할 만큼 섭리를 파악할 수 없었던 것은 하나님이 진리의 성령으로서 지혜를 다 알리지 않아서이다. 그런데 오늘날 강림하신 역사를 펼친 결과로 先天의 인류역사를 완성하고 본질을 규명한 성업을 이루게 되었다. 그래서 만인은 이 연구가 펼친 역사의 본질 규명 관점을 통해 하나님이 인류역사를 주재하신 섭리 의도를 파악할 수 있다. 神의 섭리 역사를 가닥 잡을 수 있는 안목을 이 연구가 제공하고자 한다. 우리는 기독교적인 역사 해석 관점을 벗어나 인류역사를 모두 포함한 섭리사인, 하나님이 세계 전체를 대상으로 역사한 섭리 뜻을 파악해야 한다. 누가 그 역사적인 의미를 규정하고 낱낱이 가치를 결정할 것인가? 왜 先天에서는 역사의 의미를 규정할 수 없었는가? 하나님의 뜻이 결정되지 못했기 때문인데, 지상 강림으로 인해 비로소 해결할 수 있게 되었다. 강림 이전에는 아무도 역사의 목적성을 확인할 수 없었으므로, 이 연구가 그것을 제시하리라. 인간과 세계를 알기 위해서는 神을 알아야 하고, 神을 알기 위해서는 역사를 알아야 한다. 존재하는 것만으로는 아무것도 알 수 없다. 역사가 바로 일체의 존재를 뒷받침하고 있는, 하나님을 알 수 있는 든든한 기반이다.

이렇듯 인류가 발 디딘 현시대는 지상 강림 시대로서 神과 세계에 대한 모든 정보를 충분하게 제공받게 된 시대인데도 역사를 정확하게 판단하지 못하고 있다. 설사 보았다고 해도 전체를 다 관망하지 못한다. 오늘날에도 살아 역사하신 뜻을 판단할 수 있을 만큼 교감의 기회를 가진 자가 드물다. 그래서 이 연구가 이 시대의 역사를 바르게 조망해서 미래의 역사 방향을 지침하리라. 그리해야 인류의 장래 역사가 잘못되지 않게 된다. 어떻게 해서 하나님은 이 우주와 시공간을 장악, 총괄, 초월, 주재하실 수 있는가? 인류역사를 주재, 섭리, 규정, 심판, 구원하실 수 있는가? 역사 안에 속해 있는 인간은 불가능하지만 역사 밖에 계심과 동시에 지금도 역사와 함께하고 계신 하나님은 가능하다.

이 역사론은 하나님이 태초 이래로 인류역사를 주재하신 창조 목적과 뜻과 의지를 밝혀서 인류를 구원하기 위한 대 섭리사론의 서설 부분에 해당한다. 하나님이 역사하신 주재 섭리를 밝힐 진리적, 원리적인 세계관을 뒷받침하고자 이 역사론을 서술하게 되었다. 분열만을 거듭한 先天 역사를 종결짓고 양산된 제 역사론을 완성하며 세계사의 본질을 규정하는 작업은 강림하신 하나님이 진리의 성령으로서 이루실 더없는 성업이다. 억측만인 주장이 아니라, 실질적으로 역사 위에 가로놓인 제 본질적인 문제들을 탐구해 나가리라.

경남 진주에서
염기식

차례

제1장

역사론 개설

태초부터 존재하지 않은 역사는 어떤 미래의
시공간 상에서도 드러날 수 없다.

-본문 중에서-

역사의 본질은 무엇인가?

인류의 진리추구 역사를 한마디로 말한다면 본질을 탐구한 역사이다. 만물의 바탕인 본질이 과연 존재하는가라고 묻는다면 선뜻 내세울 것이 없지만, 인간이 갖가지 개성과 인격과 얼굴 모습을 갖추고서도 인간인 종의 범주를 벗어나지 못하는 것은 근본인 본질이 있기 때문이며, 계절이 수시로 변해도 사계란 범주 내에서 운행되는 것은 바탕이 되는 질서가 엄존하기 때문이다. 만물과 만상이 이러할진대, 역사도 마찬가지이다. 창조를 실현시킨 하나님의 본질체로부터 모든 역사가 파생되었다. 뭇 현상은 무수하게 변하지만 본질은 본래부터 영원한 것이다. 우리는 흔히 역사란 무엇인가란 문제에 대해 궁금하게 여겼고 지성들도 나름대로 주장을 펼쳤지만, 우리가 세계에 대해 품어야 할 보다 근본적인 질문은 바로 역사의 본질은 무엇인가이다. 역사는 무엇인가란 물음이 바다 위에 떠 있는 배와 같다면 역사의 본질은 바다 자체이다. 현상의 배를 타면 경유하는 지역에 따라 풍경이 다르므로, 역사의 본질을 알아야 창조 이래 전개된 인류역사를 모두 담아낼 수 있다. 역사의 본질을 규정하는 작업은 전체 역사를 담아내는 그릇을 준비하는 것이다.

크로체는, '역사학은 역사의 과정상에서 나타나는 인간 정신력의 총체를 대상으로 하는 학문으로서, 그곳에는 미학, 논리학, 경제학, 윤리학이 포함된다. 따라서 역사학의 범위를 벗어난 학문은 있을 수 없다'[1]고 했다. 그는 '역사를 정신과 밀접한 관계가 있다고 생각하여, 역사란 정신이 그 자체에 의해 발전해 가는 과정이라고 이해했으며, 모든 학문은 인간 정신의 발전 과정을 연구하는 학문인 역사학의 일부'[2]인 것으로 간주했다. 여기서 정신을 본질로서 대체시키면 크로체의 역사학에 대한 인식이 이 연구[3]가 초점 잡은 역사의 본질과 크게 다르지 않게 된다. 차이가 있다면 정신도 본질 범주에 포함되어야 한다는 점이다. 본질은 그 범주 그릇을 확대시킬 수 있어 역사의 시원과 종말과 미래의 질서까지 포함한다. 역사는 객관적인 사실성과 사료의 진실성 여부를 따지기 이전에 본질적인 요소를 펼친 것이며, 무형인 창조요소를 유형화시킨다. 만상은 결국 본질과 연관되어 있어 과거 역사가 나와 무관한 사건이고 기록이 아니라 나와 함께하고 있는, 삶과 현실을 이끄는 생동하는 에너지이고 철학이고 지혜이다. 그래서 역사를 능동적으로 주재할 수만 있다면 새로운 역사를 창조할 수 있다. 현실은 다양한 모습으로 현현되지만 역사의 본질은 여여해 본질을 탐구하면 본말을 꿰뚫는 지혜를 얻는다. 역사는 현실과 미래에 걸쳐 두루 연결되어 있다. 역사는 존재의 일부로서 그 역사가 오늘의 나를 이루었고 앞으로도 이룰 것이다. 역사를 모르면 자신을 알

---

1) 『신이상주의 역사이론』, 이상현 저, 박문각, 1992, pp.152-154.-「크로체의 역사철학에 대한 고찰」, 박영호 저, 동아대학교대학원 음악학과 석사학위논문, 1995, p.38.

2) 위의 논문, p.2.

3) 이 연구는 『세계섭리론』의 총 6편 중 제4편 「역사론」을 단행본화한 것임.

수 없고 세계를 알 수 없다. 神인들 제대로 알겠는가?

지성들이 여태껏 역사의 본질을 규명하지 못한 것은 본질을 규명하기 위한 절차상에 있어 문제가 있었다고 볼 수 있다. 역사의 제 현상과 개념을 일구어 놓아야 그를 바탕으로 본질을 꿰뚫을 수 있다. 꿰뚫어야 본질을 규명할 수 있는데, 그 주체적인 키를 지닌 분이 하나님이시다. 그래서 역사가 규명되기까지는 세계가 그만큼 성숙되어야 했다. 역사는 단순하게 '과거에 일어났던 사건이고 그것에 대한 기록'4)인 것이 아니다. "역사란 인류가 현재에 이르기까지 지내온 생활의 흔적과 유산이며, 역사는 시간적 변화를 겪는 과거의 전부를 의미한다."5) 어떤 역사적 사건이 일어난 이면에는 시간의 변화가 내포되는 것이고, 역사는 객관적인 사실도 중요하지만 야스퍼스의 주장처럼, "인간 실존의 주관성을 역사의 추진력으로서 볼 수도 있다."6) 헤겔은 역사를 자유의 역사라고 했는데, 사실적으로 자유는 인류가 이루어야 할 중요한 목표일 수도 있다. 어거스틴은 『신국론』에서 "과거, 현재, 미래 역사에 대한 기독교적 입장을 개관하였는데, 기독교 입장에서는 역사가 神의 섭리에 속해 있어 섭리를 구현해 가는 과정으로 볼 수 있다."7) 핵심은 다양하게 전개된 역사에 대한 개념과 관점을 꿰뚫어야 하는 것이므로, 그것을 가능하게 하는 것이 곧 역사의 본질 규명 성과에 입각한 시간의 본질=역사의 본질=하나님의 본질이란 등식이다. 만상은 본질로서 다 통하게 되어 있어 시간에 바탕이 된 역

---

4) 『역사와 역사학』, 제등효 저, 최민 역, 형성사, 1983, p.7.

5) 「어거스틴의 역사사상에 나타난 역사철학과 시간론 연구」, 박병기 저, 건국대학교 교육대학원 교육학과 철학교육전공 석사학위논문, 1999, p.7.

6) 「칼 야스퍼스의 역사철학 연구」, 조영환 저, 이화여자대학교대학원 철학과 석사학위논문, 1988, p.2.

7) 『사관의 현대적 조명』, 차하형 편저, 청람문화사, 1978, p.38.

사나 역사의 바탕이 된 하나님이나 본질로서는 하나로 귀결된다. 하나님이 초월자라면 그 속성으로 시공간에서 펼친 역사도 삼세 간에 걸쳐 초월적인 것이며, 하나님이 영원하시다면 그 품안에 속한 시간과 역사도 영원하다.

일찍부터 역사가들은 역사를 논하는 과정에서 시간의 본질적인 정의 개념을 무시할 수 없었는데, 그만큼 시간은 역사와 밀접한 연관성이 있다. 시간은 역사 전체를 둘러싸고 있는 포장지와도 같다. 시간 안에서 일어나고 있는 일들이 역사화된다. 따라서 시간을 알면 역사의 본질을 탐구하는 데 큰 도움이 된다. "역사적 시간은 과거-현재-미래로 이어지는 시간의 전체라고 할 수 있다. 그래서 크로체의 주장처럼, 역사는 과거를 대상으로 하지만 현재와 미래에 대한 관심의 범위 안에서 이루어지는 연구이다."8) 시간의 절대적인 영향 아래 있어 삼세 간에 걸쳐 있는 역사에 대해 시간과 마찬가지로 그 본질성을 포착하기 어려웠다. 아리스토텔레스는 시간을 세 가지로 나누었는데, "지금 지나간 시간과 지금, 그리고 아직 오지 않은 지금이 그것이다. 지금을 통해 드러나는 시간은 있기도 하고 없기도 하다. 지금이라고 말하는 순간, 그 지금은 이미 사라지고 없어지기 때문이다. 이런 점에서 시간은 존재하지 않는다. 그러나 반대로 지금은 늘 존재한다. 시간은 존재하지 않는 영역을 모두 포함하는 모순성을 가지고 있다. 그런데도 우리에게 다가오는 것은 무한한 지금이다."9) 지금은 과거-현재-미래라고 하는 옷을 걸치고 무수하게 변화하지만 지금은 엄존하고 있어 이

---

8) 「토인비의 역사철학에서 본 동아시아 문명」, 장세균 저, 원광대학교대학원 철학과 철학박사학위논문, 1999, p.1.
9) 「시간의식에 대한 철학적 고찰」, 원형준 저, 부산가톨릭대학교 대학원 신학과 종교철학전공 석사학위논문, 2008, p.7.

같은 사실이 시간과 역사를 가늠하게 한 본질이다. 우리는 삼세 간에 걸쳐 드러난 시간의 현상적 질서를 근거로 해서 판단하다 보니, 삼세 간에 걸쳐 영원한 지금이란 시간의 본체성을 이해할 수 없어 어려움을 호소한다. 존재하지 않는 영역까지 포함했다는 것은 존재하지 않는 영역을 설명할 수 없는 인식 시스템의 한계성을 각오해야 하는 것이고, 시간과 역사는 인식 가능한 범주 밖에 있는 제삼의 존재 영역, 즉 본질이 있다는 것을 인정하는 것이다. 지금은 아무런 변함이 없는데 어떻게 해서 현존하는 지금은 무수하게 다른가? 그 원인은 잠시 주어진 인식 상의 착각이다. 시간은 아무것도 변한 것이 없는데, 주변에 있는 온갖 만상이 끊임없이 변해 시간이 흐르는 것처럼 보인다. 반드시 자신이 움직여야만 움직임을 느끼는 것은 아니다. 옆에 있는 차가 움직이면 움직이는 것 같은 착각을 일으킨다. 우리는 평생 태양이 동쪽에서 떠서 서쪽으로 지고 있는 것으로 알지 지구가 태양 둘레를 돌고 있다는 사실을 감지하기 어렵다. 온통 세상이 변하고 있어 시간도 그렇게 흐르는 것처럼 느낀다.

그렇다면 도대체 시간이 흐른다는 것은, 무엇이 흐르는 것인가? 강물처럼 물의 흐름과 같은 것이라면[10] 강물은 영원히 정지해 있는데 주변의 땅이 흐른다는 것과 같은 주장이 아닌가? 그렇게 생각할 수밖에 없는 것이 문제이다. 지금 이 연구는 본질에 대해 설명하고 있는데 이해하는 쪽에서는 현상적인 기준만 가지고 이해하고 있다. 이것이 우리가 지닌 인식 상의 한계이다. 본질은 분열하는 현상계와는 차원이 다르다. 왜 그런가 하면, 본질은 존재 밖에 있고 창조 이전에도

---

10) 『시간의 화살』, 리차드 모리스 저, 정윤근 · 김현근 공역, 소학사, 뒤 표지글.

존재하고 있어 아리스토텔레스가 모순성으로서 인식한 시간이 존재하지 않는 영역도 포함한다. 그러나 존재하는 현상계는 이와 다르다. 세상이 존재하기 위해서는 생성해야 하고 생성한 결과로서 만물이 변하고 시간이 흐르고 있다.[11] 따라서 시간의 본질은 정말 변함없는 것이고, 세상 위에서 절대적인 시간은 있을 수 없다. 다만 천지가 하나님의 목적대로 창조된 관계로 각자에게 부여된 존재의 시간이 있을 뿐이다. 아인슈타인이 간파한 바, 시간은 지극히 상대적이어서 시간의 본질 안에서 '물리적인 시간의 화살과 심리적인 시간 사이의 차이'[12]까지 포괄한다. 우리가 공통된 시간과 시계를 가지는 것은 태양계가 운행됨으로써 창출된 질서 안이기 때문이다. 마찬가지로 우리는 오직 자신만이 창출한 생명어린 질적 시간도 가지고 있어 이 주체적인 시간으로 타인과 우주의 무수한 시간들과 교호하고 있다. 그래서 너와 나는 벌써 부여된 존재적 시간이 다르다(수명). 서로가 느끼는 질적 시간 역시 다를 수밖에 없다. 그리고 같은 현실인데도 어떤 때는 시간이 빨리 흐르기도 하고 참으로 시간이란 것이 더디 흐를 때도 있다. 이것은 결코 심리적으로 느끼는 존재의 변화 상태가 아니다. 분명히 너와 내가 지닌 주체적인 시간으로서, 그 차이에 따라 각자에게 주어진 생애 기간이 달라진다. 중요한 것은 절대적인 것으로 여겨지고 있는 우주적 시간이 아니라 자신이 추구하고 있는 삶의 시간, 민족이 가진 역사적 시간, 시공간 상에서 명멸하는 무수한 문명적 시간, 현재의 인류가 맞닥뜨린 지구 종말이란 시간이 문제이다. 창조되었기 때문에 역사가 생성하는 것이고, 생멸이 있기 때문에 제각각인 시간

---

11) 시간이 존재하고 시간이 흐르며 시간이 변화하는 것은 세상이 존재하기 위해 생성하기 때문임.

12) 『사관의 현대적 조명』, 앞의 책, p.38.

이 존재하게 된다. 그런데도 시간 자체는 다만 여여할 뿐이다.

그래서 시간을 속성으로서 말한다면 영원한 것이다. 시간은 흐르지만 그 속성이 여여해, "영원은 모든 시간을 초월한다."13) 시간과 영원과의 관계는 그대로 시간과 본질과의 관계이다. 시간은 생성으로 변하지만 본질은 그대로이기 때문에 초월이란 현상을 일으킨다. 시간은 본질로부터 분열하지만 본질은 아무런 변함이 없어 시간도 결국은 본체 논리를 따른다고 볼 수 있다. 그래서 시간은 보태거나 빼버려도 본체 자체는 변하지 않는다. 창조 이래 시간은 끊임없이 생성했지만 시간의 양은 늘어나지 않는다. 역사적 내용은 풍부해졌어도, 결국은 이미 존재한 것으로부터의 펼침이다. 한 방울의 물에 물 한 방울을 보태어 보아도 물은 그대로 한 방울일 뿐이다. 아무리 세월이 흘러도 역사와 시간이 변함없는 것은 본래 존재한 본체가 생성해서 드러났기 때문이다. 그래서 우리는 변화무쌍한 현상 가운데서도 그렇게 변화를 일으킨 시간의 뿌리를 파헤치면 역사의 본질을 알 수 있다. "고무풍선에 수소를 넣으면 풍선의 체적이 커지지만 수소를 빼면 체적이 줄어서 영에 접근한다."14) 무수하게 늘어난 역사도 시간(수소)만 빼면 그 자체인 본체만 남는다. 현상화된 시간이 본체에 뿌리를 두고 있어, '시간은 모든 직관의 근거가 되는 필연적인 표상'15)이 되므로 분열적인 질서를 초월해서 직시하고 꿰뚫을 수 있다. 본질이 시간을 초월해 존재하지 않는다면 일어날 수 없는 일이다.

시간이 지닌 속성이 역사의 본질을 뒷받침하고 있고 하나님의 존

---

13) 「어거스틴의 역사사상에 나타난 역사철학과 시간론 연구」, 앞의 논문, p.64.

14) 「시간이란 무엇인가」, 엄봉호 저, 호남신학대학교대학원 신학학과 석사학위논문, 2000, p.11.

15) 「어거스틴의 역사사상에 나타난 역사철학과 시간론 연구」, 앞의 논문, p.66.

재적 속성까지 대변한다. 시간과 영원과의 관계에 있어서 시간이 창
조 이래로 여여했던 것은 하나님의 존재적 불변성[16]을 말한 것이다.
생성된 무수한 시간을 제하고 나면 남는 것은 본체밖에 없다. 채워진
물질이 없다면 공간도 없듯,[17] 시간도 마찬가지이다. 우리는 항상 자
신이 처한 입장과 가진 시간을 기준으로 해서 판단하지만, 이것은 본
말이 전도된 것이다. 본체자인 神을 기준으로 할 때, "神은 항상 현재
의 영원한 탁월성으로 모든 과거의 시간 이전에도 있었고, 모든 미래
의 시간 이후에도 있을 뿐이다. …… 神은 항상 동일하고, 神의 세월
은 무궁하다. 神의 세월은 가지도 않고 오지도 않는다. …… 神의 세
월은 흘러 지나가지 않아서 오는 시간이 가는 시간을 밀쳐 냄이 없다.
…… 神의 세월은 하루의 날이지만 그날은 지나가는 매일이 아니고
항상 오늘이다."[18] 이전에는 어거스틴이 시간을 통해 드러낸 이 하나
님의 초월적인 속성을 이해할 수 없었지만, 드러난 본질로서는 일체
사물 현상을 규명, 규정할 수 있는 바탕체가 된다. "神 앞에서 과거,
현재, 미래는 모두 현존한다. 神은 우리가 가진 지식의 한계, 존재적
한계를 가지지 않나니, 神은 全知하고 참인 존재이다."[19] 시간과 역사
를 존재 안에 품고 있어 하나님은 시간과 역사를 온전히 장악하신다.

　역사를 둘러싸고 있는 시간과 하나님이 이러할진대, 태초 이래로
펼쳐진 인류역사도 이 같은 특성을 따라 본체적인 속성을 편만시켰
다. 시간이 삼세 간에 걸쳐져 있어 과거·현재·미래란 모습으로 존

---

16) 위의 논문, p.36, 9.
17) 「시간이란 무엇인가」, 앞의 논문, p.11.
18) 「아우구스티누스의 종말론적 역사관」, 전성원 저, 서울시립대학교대학원 철학과 문학석사학위논문, 2005,
　　p.28.
19) 위의 논문, p.29.

재하듯, 역사도 수많은 모습으로 펼쳐졌지만 본질을 놓고 보면 하나도 달라진 것이 없다. '어떤 변화하지 않는 무엇이 세상에 있을 것인가',[20] 반문도 할 수 있지만, 그것은 오히려 변화하지 않기 때문에 존재하고 있는 본질 상태를 인식할 수 없었던 것뿐이다. 물질도 본질을 가지는 한, "에너지가 어떤 형태에서 다른 형태로 바뀔 수는 있지만, 만들어지거나 없어지는 일은 없다."[21] 이것을 역사에 빗댄다면, 고도로 발달한 현대문명은 창조로서 구축된 원시적인 통합문명이 오랜 역사에 걸쳐 생긴 변화된 모습이다.[22] 태초부터 존재하지 않은 역사는 어떤 미래의 시공간 상에서도 드러날 수 없다. 모든 역사는 이미 존재했다. 역사되고 역사되지 않은 차이일 뿐, 역사의 본질은 다함이 없다. 영원한 것이나니, 지극히 본체적이요, 창조적이요, 하나님적인 것이 역사의 본질이다.

이 같은 관점에 근거할 때 만인은 비로소 수없이 갈래지어진 역사로부터 운동성과 결정성을 추출하고 불변한 요소들을 가닥 잡을 수 있다. 개개의 역사를 통해서 보면 모든 것이 독립되어 있고 공통성이 없는 것처럼 보이지만, 넓게 볼수록 '반복하는 것, 일정한 것, 유형적인 것(부르크하르트)'[23]들이 나타난다. 4.19민중혁명은 대한민국에서 일어난 역사이지만 세계사를 놓고 보면 이런 혁명은 지속되어진 다반사한 역사적 현상이다. 나아가 "과거의 모든 문명은 발생(Genesis)과 성장(Growth)과 정체(Breakdown), 쇠퇴와 해체(Disintergration)의 과

---

20) 「시간이란 무엇인가」, 앞의 논문, p.4.
21) 에너지 보존의 원리(열역학 제1법칙)-『시간의 화살』, 앞의 책, p.122.
22) 『문명의 미래와 생태학적 세계관』, 박이문 저, 당대, 1997, p.130.
23) 『사관의 현대적 조명』, 앞의 책, p.22.

정을 거쳤다(토인비)."24) 이 땅에서 명멸한 제 존재의 역사가 그러할 진대, 토인비가 분류했던바 현재까지 살아 있는 서유럽, 그리스정교회, 이슬람, 힌두교, 극동 문명인들 역시 예외가 되겠는가?25) 수많은 존재와 역사와 민족과 문명이 지구 상에서 명멸했지만, 그렇다고 역사가 사라졌는가? 현 문명 안에서 엄존하고 있다. 현대문명은 과거의 고대와 중세문명과 다르지만, 그렇게 거친 문명의 토대 위에서 건설된 것이다. 그리스 문명은 옛날의 고대사회에서 꽃을 피웠다 사라진 지 오래되었지만 그 문명은 씨를 남겼고, 중세를 거쳐 르네상스를 통해 서구사회에서 다시 부활했다. 그런데도 그 모습은 전혀 새롭다. 문명이 통합성을 지향했던 것이다. 본질적인 에너지로 비축되어 있다가 만개되었다. 따라서 근대를 구축한 지성들은 신권질서를 거부하였지만, 미래 역사에서 하나님의 권능이 어떻게 통합된 모습으로 다시 부활할지 알 수 없다. 체제를 정비하고 부족분을 보완하면 그것이 곧 인류가 도래하기를 바란 완전한 나라가 되리라(지상천국).

본질은 변함없는 것이나 역사가 존재하기 위해서는 그 모습을 달리해서 변화해야 한다. 이천 년 전에 하나님은 더 많은 인류를 구원하기 위해 예수님이란 모습으로 나타나셨다. 예수님은 하나님이시다. 이 같은 동질성을 확인하기까지 인류는 수많은 논쟁과 투쟁의 과정을 거쳐야 했다. 그런데도 그 모습은 아직도 결정적이지 않다. 하나님이 오늘날 또 새로운 모습으로 강림을 이루신 것인데, 온갖 변화 가운데서도 변함없는 이 같은 역사적 속성을 모른다면 아무리 설명해도 이 역사론의 주장은 생소할 뿐이다. 역사의 본질을 모르면 역사의

---

24) 「토인비의 생애와 사상」, 권상선 저, 부산여대 논문집, 제6집, p.5.
25) 「아놀드 토인비의 역사철학」, 임희완 저, 인문과학논총, 제37집, 2001, p.8.

공통성과 연관성과 일체성을 간파할 수 없다. 아예 본질의 존재성을 거부했던 유물사관은 '물질적 조건이 역사의 토대가 된다'[26]고 했는데, 이것은 모래 위에 지어 올린 역사관이다. '생산력의 발전이 인류의 생활에 본질적인 변화를 가져왔고, 채집 경제가 생산 경제로 바뀌면서 인간생활의 모든 것이 달라졌다'[27]고 해, 변화되고 달라진 것을 역사의 중추적인 본체인 것으로 보지만, 그것은 심대한 착각이다. 당연히 그렇게 변해야 하는 것이며, 그렇게 변해야 역사가 존재할 수 있다. 변화되도록 결정된 것, 그것이 본질은 불변하면서도 뭇 존재를 변화하도록 한 본질의 결정성이다. 본질인 뿌리는 그대로인데도 모습을 달리해서 새롭게 창조되다 보니, 본질인 범주 내에서 어떤 유형을 이루고 순환될 수밖에 없는 법칙적인 틀이 있게 된다. 이것을 인류의 지성들이 애써 엿보고자 했다. "헤겔의 변증법적 변화론, 슈펭글러의 생물학적 운명론, 토인비의 도전 대 응전의 공식 등."[28] 그런데도 그 원인을 제대로 설명하지 못한 것은 역사의 변함없는 본질성을 간파하지 못한 때문이다. 그렇다면 역사는 정말 반복되는 것인가라고 반문할 수도 있겠지만, 반복과 순환은 현상적인 질서에 대한 인식으로서 역사의 통합적인 운동성을 설명하는 데는 한계가 있다.

그렇다면? 역사의 본질은 차원을 달리해서 순환되고 있다. 차원이 다르기 때문에 先天의 지성들은 도래한 역사적 존재의 정체성을 연관지을 수 없었다. 통합적 본질은 처음 존재한 역사가 분열을 완료해 다시 돌아가는 형태이므로 순환으로 볼 수도 있고, 그렇게 해서 통합

---

26) 「니콜라이 하르트만의 역사철학 연구」, 최은영 저, 경산대학교대학원 문학석사학위논문, 2002, p.20.
27) 『역사 에세이』, 장수환 저, 동녘, 1993, p.119.
28) 『사관의 현대적 조명』, 앞의 책, p.29.

된 역사가 새로운 에너지를 부여받아 분열하기 때문에 반복된 것이라고 할 수도 있다. 이런 철칙에 대해서 '지나간 일에 대해 분명하게 인식한 사람은 이를 통해 앞으로의 일도 그런 식으로 그와 비슷한 방식으로 일어날 것'29)이라고 믿기도 했다. 정말 어떤 역사가는 투키디데스가 『펠로폰네소스 전쟁사』를 통해 겪은 기원전 5세기의 역사적 경험이 바로 현재 20세기 세계대전의 경험과 유사하다는 가설을 세우기도 했다.30) 그런데도 확증이 안 된 것은 본질을 바탕으로 한 역사성이 무형적이고, 시공을 초월해서 동일, 동시성을 지녔는데도 현재 드러난 역사가 모습을 달리하기 때문이다. 분명한 것은 본질은 아무런 변화가 없다는 것, 역사의 본질은 불변이다. 그리고 이것을 확인할 수 있는 것은 온갖 역사적 세월을 겪은 우리 자신을 통해서이다. 사진을 보면 어릴 때와 모습이 달라졌지만, 본질적으로 달라진 것은 하나도 없다. 있다면 그때보다 더 많은 인생을 경험하고 세월을 겪었다는 것뿐이다. 언제까지일지는 모르나 통합적인 인생 본질이 얼마만큼 펼쳐져 있는가 한 차이뿐이다. 그런데도 이전이나 이후로도 본유한 인생 본질은 아무런 변함이 없다. 주기적으로 반복되는 것이든 순환하는 것이든 통합되어 새롭게 창조된 것이든, 바탕이 된 본질은 변함없다. 현대인은 하나님을 거부하고 이 땅에 인간 본위의 문명을 건설했지만, 그렇다고 해서 하나님의 인류에 대한 구원 의지가 변한 것은 아니다. 이것이 인류가 역사를 본질적으로 탐구해야 하는 이유이다.

---

29) 「어거스틴의 역사사상에 나타난 역사철학과 시간론 연구」, 앞의 논문, p.7.
30) 「아놀드 토인비의 역사철학」, 앞의 논문, p.7.

역사 탐구의 제일 목적

'철학에서 가장 오래된 물음 중의 하나는 존재와 생성에 관한 것'인데,[31] 역사가도 해결해야 할 몇 가지 물음을 공통적으로 추출해서 역사를 탐구하였다. 역사는 필연성이 있는가? 역사는 어떤 목표를 향해 움직이는가?[32] '역사 속에는 법칙이 있는가? 없는가?'[33] 등등. 그렇다면 "우리는 왜 과거를 알려고 하는가? 역사를 배운다는 것은 도대체 어떤 가치가 있는가?"[34] "목적론적 역사철학은 전체로서의 인간 역사가 궁극적으로 어떠한 의미를 가지며, 어디로 향해 가는가에 초점을 두었고, 서양사의 경우에는 최초의 명확한 목적론적 사관을 기독교에서 세웠다."[35] '역사는 과거의 사료를 근간으로 해서 지나간 시대의 인간의 행위와 사건을 인식한 총체적 인간사이고, 인간사에 대한 설명이기 때문'[36]에 과거에 인간이 어떤 행위를 한 것인가를 알

---

31) 「아우구스티누스의 종말론적 역사관」, 앞의 논문, p.1.

32) 「니콜라이 하르트만의 역사철학 연구」, 앞의 논문, p.32.

33) 『역사철학 강의』, 최재근 저, 동풍, 1995, p.199.

34) 『역사와 역사학』, 앞의 책, p.8.

35) "인류의 통일성과 神國을 향한 발전이 곧 역사 과정에 구현된 것(성 아우구스티누스의 『신국론』)."-『사관의 현대적 조명』, 앞의 책, p.12.

려면 역사를 알아야 한다. 무엇을 알려고 하든 역사는 반드시 알아야 하는 것이고, 역사를 모른다는 것은 우리가 기억을 상실한 것과 같다.[37] 기억을 잃으면 나중에는 자신조차 모르게 되는 것이듯, 역사 역시 만상과 연관되어 있어 세계를 알 수 없게 된다. 역사는 일체의 존재를 파악할 수 있는 첩경이다. 과거 역사는 시간과 함께 소멸하는 것이 아니다. 현재와 미래와도 연관되어 있어 과거가 그대로 현재이고 현재가 그대로 미래이다. 역사는 일부분 속에서도 삼세 간에 걸친 정보를 함축하고 있어 한부분인 과거만으로도 역사를 알면 현재를 알 수 있고, 미래도 알 수 있다. 삼세 간에 걸쳐 한통속으로 존재해 과거를 통해 미래를 내다보고 현재를 철저히 대비할 수 있다. 역사를 이루기 위해서는 역사를 알아야 하며, 역사를 알아야 새 역사를 창조한다. 지금 재학생들이 계속 줄고 있다면 교사의 수를 어떻게 해야 할까? 인구가 감소하는데 고속도로를 추가로 건설해야 할 것인가?[38] 주택에 관한 정보도 모른 채 무리를 해서 집을 샀는데, 이후로 집값이 내리기 시작했다면? 역사도 마찬가지이다. 역사에도 주택 경기처럼 호환기, 정점기, 침체기가 있으므로 역사를 제대로 판단하기 위해서는 전체적인 조류를 살펴야 한다. 섣불리 판단하면 후회한다.

우리가 역사를 탐구하는 제일 목적은 역사 가운데서 법칙성을 발견하고 원리를 알고 과거의 인간사를 아는 것도 중요하지만, 보다 중요한 것은 과거 역사를 통해 역사의 진행 방향과 패턴을 파악해 미래를 대비하는 데 있다. 그런데 아무리 역사를 파고들어도 객관적인 원

---

36) 「니콜라이 하르트만의 역사철학 연구」, 앞의 논문, p.5.
37) 『역사 에세이』, 앞의 책, p.75.
38) 『디플레이션 속으로』, 홍성국 저, 이콘, 2004, p.233.

리성과 사실들을 알아내는 작업만으로는 미래를 대비할 정보를 얻을 수 없다. 인류역사를 주관하신 하나님의 뜻을 알아야 한다. 뜻을 알면 역사가 존재하게 된 이유를 안다. 역사 자체는 지극히 객관적인 것이나, 역사를 이루는 과정은 지극히 의지적이다. "역사학은 자연과학과 구별되어야 한다."39) 객관적인 역사 속에서는 무엇 하나 역사적인 의미를 규정할 수 없고 어떤 가치도 결정할 수 없다. 끊임없이 역사만 이어지고 있다. 헤겔은 '역사의 목적을 자유의 실현으로서의 정신의 구현'40)이라고 했지만, 무엇을 위한 자유의 실현이고 정신의 구현인 것인지는 설명한 바 없다.

하나님의 뜻을 알아야 문제를 해결할 수 있는데, 뜻을 아는 방법은 과거 역사 속에서 밝힌 미래에 대한 예언을 살피는 것이다. 세계의 진리 종교들은 대개 미래의 질서(예언)에 대한 메시지를 담고 있고, 특히 기독교는 이것을 철저하게 신앙을 통해 전승시켰다. '예언은 앞으로 다가올 일을 미리 알거나 말하는 것'41)으로 정의하며, 택정 받은 예언자가 직접 하나님으로부터 계시를 받아 대신 전했다. 어떻게 해서 시간적으로 앞선 일을 예언으로 말할 수 있는가 하면, 하나님은 삼세 간에 걸쳐 계시고 역사와 함께하면서도 '역사를 초월해 역사를 내려다보고 계시기 때문'42)이다. 역사와 시공을 초월해 계셔서 미래에 관한 정보를 사전에 밝힐 수 있다.

---

39) 『20세기 사학사』, 조지 이거스 저, 임상우 · 김기봉 역, 푸른역사, 1998, p.16.

40) 「헤겔 역사철학에 있어서의 종말론 연구」, 강일남 저, 충남대학교대학원 철학과 서양철학전공 문학석사학위논문, 1982, p.27.

41) 「예언자 엘리야와 그의 신학」, 김광도 저, 목원대학교신학대학원 신학과 구약신학전공 석사학위논문, 2009, p.3.

42) 「기독교 입장에서 본 역사관에 관한 비교연구」, 조강신 저, 대신대학신학연구원 역사신학전공 석사학위논문, 1993, p.34.

"오직 하나님만 장래사를 보이며 후래사를 진술할 수 있는 미래에
대한 모든 지식을 소유하고 계시다."[43]

어떻게 해서 이런 일이 가능한가 하면, 하나님은 창조 이전에 이미
계신 선재자이고 만물이 생성하기 이전에 모든 것을 갖춘 통합자이
며 만상의 바탕이 된 본체자이시기 때문이다. 예언은 창조와 함께 사
전에 뜻이 결정된 것인데, 그것을 역사 위에서 미리 밝히신 것이고,
그렇게 하신 이유는 만사가 하나님의 뜻에 의해 운행되고 있다는 사
실을 알리기 위해서이다. 이것이 세상 위에서는 시간적으로 미처 실
현되지 못한 상태에 있어 예언으로서 인지되지만, 못 다한 분열성을
초월해서 하나님은 천지를 창조하신 순간에 모든 뜻을 결정해 두셨
다. 이 같은 통합적인 하나님의 의지 속성을 칼뱅은 예정설을 통해
엿보았다. 그는 '모든 역사적 사건은 불가사의하긴 하나 목적을 가진
의지에 의해 예정되었다'[44]고 했다. 그런데 문제는 인간구원과 관련
한 뜻의 사전 결정성에 대한 해석이다. '칼뱅은 인간구원은 개인의
노력이 아니라 전적으로 하나님의 선택에 의한 것이며, 이는 개인이
태어나기 전부터 하나님이 예정하신 것'[45]이라고 했다. 따라서 논란
을 일으킨 바, "하나님은 구제할 인간을 사전에 결정했기 때문에 인
간이 아무리 선행을 쌓아도 바꿀 수 없다. 노력과는 아무 상관없이
태어날 때부터 결과가 정해져 있다면 힘써 노력해도 소용이 없게 된
다."[46] 과연 그러한가? 누가 결정된 구원 여부를 하나님으로부터 사

---

43) 이사야, 41장 22절~23절.―「성경 예언 해석에 관한 고찰」, 김광한 저, 안양대학교신학대학원 신학과 구약
   신학전공 석사학위논문, 1999, p.40.

44) 「어거스틴과 칼뱅의 역사관」, 김태기 저, 총신대학교신학대학원 신학과 역사신학전공 석사학위논문, 2009,
   p.41.

45) 『자유주의의 원류(18세기 이전의 자유주의)』, 이근식·황경식 편저, 철학과 현실사, 2003, p.45.

전에 계시 받았는가? 알 수 있는 길은 오직 현실에서의 끊임없는 추구를 통한 방법이 있을 뿐이다. 하나님의 뜻은 결정되어 있더라도 그 뜻은 현재에 노력하지 않고서는 알 수 없기 때문에 결국은 지금의 노력 여부가 미래의 결과에 영향을 끼친다. 설사 미래가 사전에 결정되어 있더라도 그렇게 결정된 미래를 성취하게 하는 것은 오직 현재뿐이다. 결정된 미래는 현재 노력하고 있는 과정을 통해 이루고 있는 것이므로, 지금 구원을 위해 선업을 쌓는다면 그것은 결국 구원된 결정성을 성취하기 위한 도정이 된다. 현재의 노력이 미래의 결정성을 성취하게 하는 요인이기 때문에 하나님은 결정되어 있는 뜻에 대해서도, '만약에 백성이 회개하면 하나님께서 계획하신 무서운 파멸을 겪지 않을 것'[47)]이라고 했다.

> "내가 네게 명하여 이르게 한 모든 말을 고하되 한 말도 감하지 말라. 그들이 듣고 혹시 각각 그 악한 길에서 떠나리라. 그리하면 내가 그들의 악행으로 인하여 재앙을 그들에게 내리려 하던 뜻을 돌이키리라."[48)]

하나님의 뜻이 선재되어 있고 결정되어졌더라도 그 뜻을 결정하는 주된 요인은 바로 현재이다. 현재가 미래를 결정한다. 과거와 현재와 미래는 인식 상으로 구분한 차이일 뿐, 삼세는 결국 한통속이다. 미래가 과거이고 과거가 미래이다. 과거와 미래가 현재를 통해 다 드러나 있다.

---

46) 『세계를 움직이는 다섯 가지 힘』, 사이토 다카시 저, 홍성민 역, 뜨인돌, 2010, p.103.
47) 「성경 예언 해석에 관한 고찰」, 앞의 논문, p.8.
48) 이사야, 26장 2절~3절.

따라서 인류가 예언을 통해 하나님의 뜻을 깨달아 하나님이 밝히신 미래 역사에 대한 계시를 단호한 믿음으로 받들어 역사를 추진시킨다면, 하나님이 원하신 바, 창조 목적에 한 치도 어긋남이 없게 된다. 예정대로 실현되리라. 역사 탐구의 제일 목적이 하나님의 창조 목적과 일치한다. 그런데도 이 같은 핵심 목적을 간파하지 못해 하나님의 뜻에 대해 무지하다면, 현실 역사가 하나님의 뜻을 이루지 못하고 있는 상태인데 어떻게 역사를 통해 이루고자 한 고유한 목적을 달성할 수 있겠는가? 허망함과 파멸이 있을 뿐이다. 이 같은 인류 전체의 불행을 막기 위해 하나님은 역사 위에서 끊임없이 인류를 구원하기 위한 목적 의지를 개진시키셨나니, 그것이 곧 간절하게 원하신 바, '이 땅에서 하나님의 나라를 실현'49)하는 것이다. 그 나라를 위해 마르크스는 '물질적 삶의 생산을 중요시한 역사적 행위를 강조하게 되었고',50) 孔子는 이상적인 역사의 추구 목적을 예(禮)에 두어 道가 이루어지는 사회를 희구했다.51) 다 지상천국을 위해 필요한 요소들이다. 그래서 아직 구체화되지는 못했지만, 아우구스티누스는 '역사에는 지향해야 할 목표가 있다는 점'52)을 분명히 했다. 시기상조로 인해 진리적, 본체적으로 뒷받침되지는 못했지만, 믿음만은 그대로 영원한 것이다.

인류와 하나님이 함께 바란 이상사회인 지상천국이 오늘날 하나님이 강림하신 역사를 시발로 해서 정말 본격화되었다. 문제는 이 같은

---

49) 「서양역사철학의 발상과 구속의 역사」, 박순영 저, 호남신학대학교, 권 4, 2000, 논문, p.10.
50) 「맑스에 있어서 역사의 필연성과 인간의 주체성」, 김현미 저, 논문, p.14.
51) 「공자의 역사관」, 한상연 저, 논문, p.12.
52) 「아우구스티누스의 종말론적 역사관」, 앞의 논문, p.53.

일련의 역사적인 사실들을 어떻게 간파할 수 있는가 하는 것인데, 이 것을 알고자 하는 노력 위에 역사의 목적을 성취할 수 있는 핵심 키가 놓여 있다. 비록 노력한다 해도 받아들이기가 쉽지 않을 것이지만, 전체 역사를 관장하신 하나님이 하실 수 있는 역사의 본질 규명 작업을 통해, 천지를 창조하신 하나님이 진리의 성령으로서 지상천국을 건설하기 위해 이 땅에 강림하셨다는 사실을 증거하리라.

03 | 역사 판단의 유동성

본인은 현 시대에서 직접 겪었고 판단하고 있는 역사적 사건에 대해서 공론화된 사회적 입장이 다르다는 사실을 알고 의아해 한 적이 있다. 만약 본인이 그와 같은 문제에 대해 서술할 기회를 가진다면 사실 여부를 다시 한 번 확인하는 절차를 거쳐야 할 것이다. 어떤 역사가 있었다는 사실 자체에 대해서는 누구도 부인할 수 없지만, 제공된 역사는 모두 후술되었고 재구성된 판단의 산물이라는 데 대해, 역사는 결코 단순할 수 없는 세계 본질의 규명작업이 선행되어야 한다. 영국의 역사철학자인 카아[53]는 그의 저서 『역사란 무엇인가』에서 역사를 정의하길, '역사란 역사가와 사실 간의 계속적인 상호작용이며, 현재와 과거 사이의 끊임없는 대화'[54]라고 했다. 이것은 경험한 바대로 역사를 판단하는 주체자의 입장을 고려한 것이다. 과거 역사가 존재한 사실 자체는 객관적이라 누구도 어찌할 수 없는 것이지만, 그런 '역사가 역사가의 주관에 따라 달라진다는 것은, 역사가 얼마나 정확

---

53) 『카아(E. H. Carr)』: 1892~1982.
54) 『역사철학 강의』, 앞의 책, p.16.

하게 기록되어 남아 있는가 하는 문제도 중요하지만, 그보다는 역사를 어떻게 이해했는가 하는 해석'[55] 또한 중요하다는 뜻이다. 현존하는 역사는 정말 역사적으로 승리한 자들에 의해서 세워진 존재 논리인가? "과거를 본래 있는 대로 재구성하는 것은 불가능하며, 역사는 현재의 사고와 현재의 관심을 과거에 반영시키는 것이라는 현재주의자들의 입장이 정론인가?"[56] 보는 데 따라 해석이 달라지는 것은 사실이지만 관점만을 놓고 옳고 그른 것을 따져서는 문제를 해결할 수 없다.

"역사가 현재적 관점에 따라 다시 쓰인다는 것은 역사인식에 있어서 본질적이다."[57] 그렇다면 무엇보다도 여기에 대한 근원된 이유를 추적할 수 있어야 한다. 곧 역사의 본질을 선행해서 규명해야 하는바, 역사가 각자 독립되어 있다면 현재적 관점이 과거 역사에 영향을 끼칠 수 없다. 다행히 삼세 간에 걸쳐 있는 역사가 한통속이란 선행된 판단이 있어 현재적 관점이 과거 역사에 어떻게 영향을 끼칠 수 있는 것인지에 대한 이유를 설명할 수 있게 된다. 줄을 당기면 종소리가 나는 것은 줄과 종이 연결되어 있기 때문이다. 현재적 관점이 과거 역사에 영향을 끼치는 것은 그렇게 영향을 끼칠 만큼 연결되어 있다는 뜻이다. 그래서 과거 역사는 종결되었어도 '과거는 완결되어 있지 않고 현재를 통해 열려진 채로 있다. 심지어는 결정적인 것조차 그 의미를 변경'할 수 있다.[58] 이것은 분명 현상계에서는 일어날 수 없

---

55) 『사관의 현대적 조명』, 앞의 책, p.103.

56) 『역사 에세이』, 앞의 책, p.67.

57) "역사가는 그 현재의 관심에서 과거에로 질문을 던지고, 과거의 사실을 수집하여 역사를 구성한다. 역사는 과거에서 현재로의 조명이 아니라, 현재에서 과거로의 조명이다."–『역사와 역사학』, 앞의 책, pp.53–54.

58) 「칼 야스퍼스의 역사철학 연구」, 앞의 논문, p.26.

는 일이다. 현상계는 분열적이고 결정적이므로 선후를 돌이킬 수 없지만, 본질은 모든 것을 이룬 공통된 바탕체로서 결정성의 경계를 넘나든다. '사관(史觀)은 역사적 시간에 대한 강한 자각, 즉 사회와 문화의 변화와 발전을 시간적인 전후 관계에 따라 의식하고 인식함을 통해 성립되기 때문에'59) 판단에 있어서 때를 기다려야 하고 유동성이 있지만, 본질세계에서는 이미 결정된 과거도 소급해서 영향을 끼치는 초월성이 있다. 과거 역사가 현재적 관점에 의해 유동성이 있는 것은 그 정확한 원인이 본질에 근거된 것이기 때문이다. 현재의 본질이 분열을 완료하지 못했다면 현상계에서의 결정성도 유동적이다. 플라톤이 갈파했듯, 세상에 존재하는 모든 존재는 사실상 그림자에 불과하고 진 실재는 본질, 즉 이데아이다. 드러나지 않은 본체가 궁극적인 실체이고 창조된 세계는 가상이다. 그래서 생멸이 있다.60) 결정되지 않은 본체가 참존재이고, 창조되고 결정된 것은 본체로 돌아가기 위한 임시적인 구축물이라 응축과 해체를 반복한다. 그런데도 세상에서는 오직 결정된 존재만 참실재로서 인정한다. 인생과 역사는 모니터에 나타난 화면과도 같아 본체에서 수정하면 언제든지 결정된 것이 바뀔 수 있다. 역사상에서 결정된 것은 아무것도 없다. 오직 본질이 생성을 완료해야 한다.

　따라서 과거 역사는 현재적 관점에서 다시 쓰이는 것이 아니라 현재의 역사가 결정됨으로써 과거 역사가 비로소 결정되는 것이다. 나아가 역사는 미래의 본질까지 포함하고 있어서, 미래까지 내다보아야 모든 것을 정확하게 판단할 수 있다. 그래서 카아는 '미래에 대한 의

---

59) 『사관의 현대적 조명』, 앞의 책, p.11.
60) 생멸의 이유: 창조되었기 때문임.

식이 없으면 역사란 존재하지 않는다'[61]고까지 언명했다. 미래의 질서를 포함하기 위해서는 시간을 앞서 계시는 하나님의 뜻을 살피지 않을 수 없고, 살펴야 역사의 본질이 규명된다. 역사 밖에 계신 하나님이 이 문제를 해결하실 수 있다. "우리는 어디서 왔으며 우리는 무엇이며 우리는 어디로 가고 있는가?(고갱)"[62] 인생의 도정 위에 있는 자는 이 물음에 답할 수 없다. 역사 안에 있는 자는 그 본질을 규정할 수 없다. 인생 노정이 끝나지 않았는데 어떻게 인생의 끝을 단정 지을 수 있겠는가? 生이 마무리 되고 삶의 역사가 끝났을 때 비로소 그 인생의 본질이 밝혀진다. 역사의 한가운데 있는 동시대인들이 동시대에 일어난 역사적 사건을 규정할 수 없는 것은 그들 탓이 아니다. 본질 자체가 분열을 다하지 못한 데 따른 시기상조적인 문제이다.

인류는 예수가 초림하였을 때 그분이 구세주요 하나님의 아들이라는 사실을 인정하지 못했다. 예수의 인류 구원 본분을 당대에서는 판단할 수 없다. 십자가에 못 박히고 나서야 일부 제자들이 깨달았고, 이후로 기독교인들이 나타나 신앙하기 시작했다. 우리는 소크라테스란 한 개인이 법률 당국과 대중 여론을 상대로 의미심장한 싸움을 벌였던 사건을 잊을 수 없다. 그가 산 시대에 대해 잘 아는 사람들은 소크라테스를 당대가 낳은 최고의 도덕적 인물이라고 말한다. 그의 뒤를 이은 저명한 사상가들이 모두 그를 정신적 스승으로 존경해마지 않았다. 2000년의 세월이 지났지만 그의 명성은 오히려 더 높아만 가, 그의 조국 아테네를 빛낸 사람을 모두 합쳐도 소크라테스 한 사람을 당하지 못할 정도이다. 그러나 소크라테스와 함께 호흡했던 아테네

---

61) 「아우구스티누스의 종말론적 역사관」, 앞의 논문, p.53.
62) 『문명의 미래와 생태학적 세계관』, 앞의 책, p.29.

사람들은 이 위대한 인물을 법정에 세운 뒤 불경(不敬)과 부도덕이라는 죄목 아래 죽음으로 몰아넣었다.[63] 역사적 비운의 두 주인공에 대한 당시 사람들의 판단이 얼마나 잘못된 것이었는가?[64] 이 같은 역사적 사례를 잘 알고 있는 현대인들도 이 시대의 역사 앞에서는 얼마든지 어리석을 수 있다. 현대인이 현세를 이해할 수 없다는 것은 운명적이다. 그렇기 때문에 '철학은 항상 현실이 그 형성 과정을 완료하여 자기를 완성한 후에 비로소 나타나거니와, 현재에 진행 중인 역사는 동시대인에게는 거대한 혼돈과 일련의 우연으로서 비춰지는 경우'가 많다.[65] 국사책을 펼치면 삼국 시대, 고려 시대, 조선 시대는 사료가 제한적인데도 각 시대를 명확하게 구분하고 있고 특성도 두드러져 맥락을 가닥 잡고 있는데, 지금은? 현대사 부분은 오히려 횡설수설이고 끝맺음도 확실하지 못하다. 과거사는 정적이기 때문에 초점이 뚜렷하지만 현대사는 맹렬하게 분열 중이라 누구도 핵심을 가닥 잡을 수 없다. 그래서 역사를 올곧게 판단할 시점에 이르면 이미 그 시대의 역사는 종결되어버린다. "사건의 본질이 명확하게 되었을 때 이미 사건은 끝나버린다."[66] "미네르바(Minerva)의 올빼미는 황혼녘이 되어서야 비로소 날갯짓을 시작한다(헤겔)."[67] 예컨대 조선 시대의 민중은 남녀가 평등해야 한다는 생각을 별로 하지 않았다. 당시 민중이 역사를 썼더라도 남녀 차별에 관해서는 무관심하였으리라. 그러나 지금은 남녀가 평등해야 한다는 생각을 갖는 사람이 많아졌다.[68] 미

---

63) 『자유론』, 존 스튜어트 밀 저, 서병훈 역, 책세상, 2006, p.55.

64) 위의 책, p.56.

65) 『역사와 역사학』, 앞의 책, p.19.

66) 위의 책, p.19.

67) 『역사철학 강의』, 앞의 책, p.57.

처 깨닫지 못하고 착안하지 못한 가치와 관점이 새롭게 생성되기 때문에 현재가 생성 중인 한 과거에 세워진 역사에 대한 판단은 유동적일 수밖에 없다. 생성하는 세계에서 절대적인 고착화란 있을 수 없다. 그런데도 절대적이라고 여긴 그곳에 바로 세계관과 역사의 종말 원인이 도사리고 있었다.

그러므로 우리는 항상 자신이 이룬 역사 판단이 유동적일 수 있다는 사실을 알고 확보된 관점의 한계성을 직시해서 어제나 오늘이나 미래에 있어서도 한결같은 하나님의 뜻 위에 서야 역사의 분열성과 상관없이 세계적인 종말을 피할 수 있다.[69] 하나님의 존재 사실을 거부하고 하나님의 뜻을 무시한 채 저질러진 역사적 판단이 얼마나 잘못된 결과를 초래한 것인가 하는 것은 지난날의 역사적 과오들이 입증한다. 상대, 대립, 편파성을 면하지 못했다. "왕과 양반 등 지배층을 중심으로 쓰인 역사는 결국 그들의 관심사들이 역사의 주된 내용을 구성하게 된다. 제국주의적 입장에서 쓴 역사는 식민지 민중의 고통과 식민지 사회의 좌절이 기록되어 있지 않다."[70] '마르크스의 역사 이론은 역사 이론 사상 가장 포괄적이고 가장 체계적인 이론이라고 평가'하고 있지만,[71] 관념론적 관점을 배제시킨 독단적인 유물사관이다. 하나님의 뜻을 대변한다고 자부한 '서유럽의 기독교 국가들은 식민지를 침략하는 명분에 있어서도 하나같이 기독교적 정신을 내세웠는데',[72] 전체 역사를 포괄하지 못한 역사관은 한계를 지닌다. '인

---

68) 『역사 에세이』, 앞의 책, p.73.

69) 세상 관점은 생성적이라 유동적일 수밖에 없지만, 하나님의 뜻은 어제나 오늘이나 미래에 있어서도 영원하다. 변함이 없다. 이 뜻에 근거해야 우리는 역사를 바르게 판단할 수 있다. 역사적 판단은 본질의 분열이 완료되어야 하며, 그렇게 해서 본질이 밝혀져야 한다.

70) 『역사 에세이』, 앞의 책, p.63.

71) 『역사를 보는 눈』, 호리고메 요조 저, 박시종 역, 개마고원, 2005, p.12.

류역사의 전개 과정을 기독교적 관점에서 해석하는 것은'73) 하나님
이 강림하여 밝힐 인류를 하나 되게 할 통합 관점과 달리 편파성과
한계성을 피할 수 없다. 정말 확보해야 할 관점은 기독교는 물론이고
유교, 불교, 제 사상들과 그 이면에 있는 체제까지도 포함한 종합적,
통합적인 관점 틀이다. 아직도 '세계사를 정신의 발전으로서 파악하
려는 관념론적인 사관과 물질의 발전으로 파악하려는 유물론적 사관
이 대립하고 있다면',74) 그것은 先天의 본질이 열열이 분열된 상태에
서 성립된 대립 관점일 뿐이다. 동양 사회가 불교적인 윤회관을 헤어
나지 못하고, 서양 사회가 희랍적 역사관에서 벗어나지 못하며, 이스
라엘 민족이 유태적 역사관을 절대화시켜 역사를 본다면 이것은 세
계관의 고착화 상황을 극복하지 못한 것이다. 역사의 본질은 세계관
을 초월한다. 어거스틴은, '세속사와 구속사의 관계 정립의 필요성 때
문에 『신국론』을 집필하게 되었다'75)고 하였지만, 세속사와 구속사
도 궁극에는 구분될 수 없는 것이고 언젠가는 통합성을 지향해야 한
다. 세속사가 구속사이고 구속사가 세속사가 되어야 한다. 하나님이
이 땅에서 제외시킬 구원 대상은 하나도 없다. 우리는 기독교가 한계
지은 구속사적 관점을 벗어나야 하나니, 그리해야 하나님이 만유를
구원하실 창조주가 될 수 있다.

그래서 인류역사는 하나님이 세계를 온전히 품 안에 두기 위해 모
든 관점을 통합시킨 노정이라고 할 수 있으며, 하나님의 지상 강림

---

72) 위의 책, p.56.
73) 「기독교 역사관」, 이진모 저, 기독교문화연구, 논문, p.140.
74) 『사관의 현대적 조명』, 앞의 책, p.80.
75) 「어거스틴과 칼뱅의 역사관」, 앞의 논문, p.26.

역사와 함께 그 기본적인 틀이 확정되었다. 혹자는 '서구사상의 거대한 두 물줄기인 헬레니즘과 헤브라이즘이 아우구스티누스에게서 하나가 된다'고 말하는데,[76] 지금은 더 나아가 동·서양역사를 모두 아울러야 할 때이다. 지난날의 역사적 판단들이 부분적이었던 것은 세계성의 분열 정도에 따른 것이다. 산의 전모는 정상에 올랐을 때 관망된다. 왜 '정치에 초점을 두었던 역사 연구가 1870년대 이후 광범위한 사회사로 확대되어야 한다고 결론'을 내렸던가(미국)?[77][78] 왜 지성들은 18세기를 산 볼테르에 이르러서야 "전체의 역사를 하나의 단일한 체계 속에서 서술하려는 태도, 즉 보편사로서 취급하기 시작했는가?"[79] 지상 강림을 대비해서 세계의 지성들이 통합적인 관점을 수용하려 한 단계 절차였다. "인간은 오직 자연의 일부만을 이해할 수 있을 뿐이지만, 창조의 주인인 하나님은 전체적인 사실에 대해 알고 있다."[80] 이에 역사 판단의 유동성을 단락 지을 통합 관점을 확보하게 된 것은 하나님이 강림하심으로써 부여된 지극한 선물이다. 만물의 역사를 일치시킬 통합 관점은 하나님이 강림하심과 함께 생성된 증거물이다. 지상 강림과 함께 역사 판단의 유동성 문제가 해소된다. 역사가 추진되고 분열되는 과정에서는 가치와 의미와 제 관점이 유동적이었지만 매듭, 단락을 이루고 나니 결정적이다. 그만큼 역사 판단에 있어 중요한 것은 하나님의 주관 역사를 어떻게 역사적인 사

---

76) 「아우구스티누스의 종말론적 역사관」, 앞의 논문, p.47.

77) 『20세기 사학사』, 앞의 책, p.72.

78) "역사의 주제가 정치에 있지 않고 사상, 예술, 문화 등 광범한 인간 활동 분야를 종합적으로 파악해야 한다고 주장함(부르크하르트: 1818~1945)."-『사관의 현대적 조명』, 앞의 책, p.10.

79) 「기본의 역사관에 대한 고찰(로마제국 쇠망사를 중심으로)」, 박혜란 저, 단국대학교대학원 사학과 서양사 전공 석사학위논문, 1995, p.13.

80) 「기독교 역사관」, 앞의 논문, p.146.

건들을 계기로 해서 완결 짓는가 하는 것이다. 완결 짓고 나면 누구
도 더 이상 간섭할 수 없다. 그 계기 역사가 다름 아닌 하나님이 진리
의 성령으로서 강림하신 역사이다. 추수한 알곡이라도 들에서 방치하
면 얼마 안 있어 썩어버린다. 이루어진 역사도 일정 시기에 도달해
매듭짓고 완결시켜야 역사적인 의미로 확증된다. 가치를 도출시켜서
인류가 애써 쌓은 일체 노고를 헛되지 않게 해야 한다. 지난 역사는
결코 무의미하게 흘러온 역사가 아니다. 언젠가는 가치로서 결정될
것인데, 그 결실체가 이전에는 불가능했지만 지금은 이룰 수 있게 된
인류역사를 전체적으로 조망할 통합 관점의 생성이다. 만세 간에 걸
쳐 적용될 영원한 결정 관점이다.

역사의 시종 문제

괴테는 '어디서부터 왔는지도 기억할 수 없는데, 어디로 갈 것인가를 누가 알겠는가'[81]라고 자문했다. 누구라도 어디서부터 왔는가를 알 수 없는 상태에서는 어디로 갈 것인지 알 수 없다는 것이 당연하다. 시종을 알아야 역사의 방향을 안다. 역사의 처음 시작과 끝을 추적하는 것은 동시적인 문제이며, 시종 문제는 인생과 함께 역사의 본질을 밝히고 완성하기 위해 반드시 풀어헤쳐야 하는 인류의 대 정신사적 고뇌이다. 역사의 본질은 세계의 알파와 오메가를 포함하고 있어 본질적 탐구를 통해 역사의 시종 문제를 진리적으로 해명해야 하는 과제를 지닌다. 그리고 해결할 수 있다면 그것은 창조주 하나님이 강림하신 진리의 성령이 이루신 성업이 된다. 역사 자체는 역사를 어찌할 수 없나니, 역사의 알파와 오메가를 장악한 하나님만 시종의 문제를 해결하고, 도래하지 않은 미래까지 꿰뚫어서 역사를 완성할 수 있다. 출애굽기 3장 14절에서 '하나님은 스스로를 역사의 처음과 마지막'[82]이라고 선포하셨고, 요한계시록에서는 '나는 알파와 오메가

---

81) 『사관의 현대적 조명』, 앞의 책, p.37.

요, 처음과 나중이요, 시작과 끝'83)이라고 밝히셨다. 하나님이 역사의 알파와 오메가를 온전하게 장악하신 것은 천지만물을 지으신 창조주이기 때문이다. 따라서 하나님의 존재 사실을 증거하는 것보다 하나님이 이루신 창조 문제를 해결하는 것이 역사의 시종을 밝히는 직접적인 실마리이다. 神은 존재된 속성이 불변이기 때문에 시작과 끝이라는 것이 아예 없다. 하지만 만상은 다르다. 창조되었기 때문에 시작이 있는 것이고, 시작이 있는 한 끝이 있는 것은 피할 수 없다. 시종은 함께 풀어야 하는 동시적인 문제라고 했다. 그런 만큼 창조가 다분히 의도적인 출발이었다면 종말도 역시 의도적이다. 역사적 종말에 하나님의 뜻과 존재 의지가 개입된다. 창조는 하나님이 온갖 지혜를 동원하여 만상이 有할 수 있게 한 인위적인 시스템의 구축이기 때문에 생멸함을 통해 종말을 맞이한다는 것은 당연하지만, 그렇더라도 역사는 시간과 함께 무형적이고 본질적인 데 뿌리를 두고 있어 하나님의 역사적 결단과 의지가 적극 개입된다. 예고된바 하나님의 최후 심판 결의가 그것이다. 물론 심판은 멸망이 아니라 인류를 구원하고 역사를 새롭게 창조하기 위한 불가피한 절차이지만, 그렇기 때문에 역사에 있어 심판을 통한 종말은 더더욱 피할 수 없다.84)

어거스틴은 '하나님은 분명한 목적을 가지고 세계를 창조하셨고, 뚜렷한 목적이 있기 때문에 창조된 세계는 유한하며 종말론적'85)이라고 말했다. 즉, '창조로서 시작된 시간은 역사의 과정을 통해 하나

82) 「어거스틴과 칼뱅의 역사관」, 앞의 논문, p.39.

83) 요한계시록, 22장 13절, 1장 17절, 2장 8절, 이사야, 41장 4절, 44장 6절, 48장 12절.

84) 인류역사는 스스로 명멸하는 것이 아니며, 심판에 의해 종말을 맞이한다. 하나님이 의지하신 창조에 의해 역사의 시작이 있었고(창조), 하나님이 결단하신 심판에 의해 역사의 종말이 있게 됨.

85) 「어거스틴의 역사 이해에 관한 소고」, 전성원 저, 총신대학교신학과 역사전공 석사학위논문, 2006, p.1.

님의 목적이 성취됨으로써 종말을 맞게 된다'는 것이다.86) 논리 전개 측면에서 석연찮은 점은 있지만, 역사의 시작과 종말이 있는 이유를 하나님의 창조와 의도 목적에 두었다고 본 것은 영원한 진리이다. 이같은 판단이 있었기 때문에 우리는 비로소 역사의 시종 문제를 유추할 수 있는 근거를 확보할 수 있다. 그중에서도 어거스틴이 '당신{神}이 아무것도 만들지 않으셨을 때는 시간도 있지 않았을 것이 분명합니다'87)라고 말한 것은 역사의 시원 문제를 푸는 데 있어 획기적인 착안이다. 창조 이전에 시간이 존재하지 않았다는 것은 창조에 대한 무언의 원리성을 시사한다. 창조 이전에 시간이 없었다는 것은 과연 어떤 존재 상태를 의미하는 것인가? 창조 이전에 홀로 계신 하나님의 선재성을 말한 것이다. 이 같은 유추 단서는 고스란히 하나님이 시공과 역사를 초월할 수 있다는 근거가 되며, 미래 역사에 대한 사전 선포(예언 활동) 의지를 뒷받침한다. 본질적인 존재 상태가 아니고서는 있을 수 없는 활동이다. 역사와 시간이 존재하기 이전에 하나님의 창조 작업이 있었다. 그래서 태초에 완벽한 상태로 대 창조가 실현된 것이니, 이것이 곧 역사의 시원이다. 시간과 역사와 만물이 생성되고 자각이 있기 이전이라 존재 상, 인식 상으로서는 無로부터의 창조라고 볼 수도 있다. 하지만 사실은 차원을 달리한 有로부터 온갖 有가 창조된 형태이다. 창조 이전에는 하나님밖에 존재하지 않았으므로 창조는 유일하게 존재하신 하나님을 근간으로 하지 않을 수 없었고, 그래서 역사의 시원도 만상을 이룬 본질과 함께 無의 경계를 넘나들게 되었다. 헤겔이 '시원은 아무것도 없는 無와 같다'88)고 지적했는데,

---

86) 위의 논문, p.2.
87) 「어거스틴의 역사사상에 나타난 역사철학과 시간론 연구」, 앞의 논문, p.63.

그것은 사실상 본질적으로 창조 이전에 완벽하게 구비된 통합적 完이다. 佛陀는 일찍이 무형의 본체적인 존재 상태를 개안시킨 覺者답게, '여래가 세상에 나오거나 나오지 않거나 관계없이 이 界는 상주한다'89)고 갈파했던 것은 창조와 존재계의 생멸 현상과 상관없이 하나님의 본체적인 존재와 만물의 시원 상태를 직시한 진언이다. 시간과 창조를 초월하시므로 천지를 창조한 '神은 불변하고 영원한 존재'90)일 수 있다.

그런데도 역사의 시원을 굳이 추적해서 따진다면 하나님이 되며, 그 첫 출발은 창조이다. 그렇다면 종말은? 무수한 생성을 이룬 존재가 하나님의 품안에 안긴 상태이다. 분열이 역사의 시작이고, 분열이 극하므로 종말을 맞이하는데, 현상적으로서는 생멸하는 것이고 본질적으로는 통합되는 것이다. 통합되면 존재하는 차원이 다르게 되어 기존의 존재 질서는 자연히 종막을 고한다. 정말 생멸함을 통해 역사의 무대 위에서 사라지는 것처럼 보인다. 어거스틴과 칼뱅은, '역사는 그 자체가 단순하게 반복되는 것이 아니라 하나님이 구속하시고 섭리로 통치하시기 때문에 시작과 전개와 종말이 있다'91)고 보았는데, 안타깝게도 종말 이후의 새로운 역사적 차원 전개 가능성에까지는 인식이 미치지 못했다. 시간의 시작과 함께 종말성도 설정했지만 역사의 시종에 대한 원리 메커니즘에 대해서는 인식이 미흡했다.

하지만 이 연구는 하나님이 성업을 통해 밝히신 창조 역사를 규명

---

88) 「헤겔의 역사철학에 관한 연구」, 이계룡 저, 서강대학교대학원 정치외교학과 석사학위논문, 2004, p.7.
89) 『잡아함경』, 권 12.-「역사성과 현실성에 대한 고찰」, 성우 저, 논단, p.15.
90) 「어거스틴의 역사이해에 관한 소고」, 앞의 논문, p.27.
91) 「어거스틴과 칼뱅의 역사관」, 앞의 논문, p.146.

하는 과정을 통해 만물과 역사의 시원을 밝혔고, 지상 강림에 따른 先天 역사의 종말 선언을 통해, 온전히 역사의 시종 상황을 장악한 관점을 확보하였다. 그래서 역사의 본말을 규정할 수 있게 된 것은 물론이고 가치를 결정하여 새 역사를 펼칠 성령의 시대 개막을 본격화했다. 역사의 시종성을 밝힌 것은 때를 따라 역사하신 하나님이 이루신 중요한 성업 성과이다.

역사의 존재성 원리

　역사는 어떻게 움직이고 추진되고 있는가? 과학자가 자연으로부터 일정한 규칙성과 원리성을 발견하고 탐구하는 것과 같이 역사에도 원리가 있는 것인가? 원리가 없다면 세계는 그야말로 무작위적이다. 럭비공은 예상되는 바운드를 기대할 수 없는데, 농구공은 정확하다. 역사는 농구공인가 럭비공인가? 역사에서 인과성을 추출할 수 없다면 그것은 럭비공과 같다. 그렇지만 세상이 예외 없이 인과 법칙에 따라 존재한다는 사실을 감안한다면 우리는 역사 속에 내재된 추진 원리를 감별할 수 있어야 한다. 원리성하면 먼저 물리적인 작용 현상과 연관 짓기 쉬운데, 역사는 인류가 피땀 흘려 바친 정열과 희생의 의미를 일구고 가치를 추출한 과정이기 때문에, 객관적인 원리성을 발견해 내는 것으로서는 아무런 의미가 없다. 역사가 다람쥐 쳇바퀴 돌 듯 기계적으로 돌고 도는 것이 원리라고 한다면 무슨 의미가 있고 거둘 열매가 무엇이 있겠는가? 자연은 무수하게 변하고 해와 달은 어제도 오늘도 지고 뜨고 있지만 아무런 발전이 없다. 역사도 그렇게 갔다가 다시 오기를 반복하고 있는 것이라면 무엇을 기대할 수 있겠는가? 역사는 결코 의미 없는 반복들이 아니며, 언제나 무엇을 새롭게 보태기 위해 쉼 없이 추진되고 있다.92) 어떤 역사가가 역사로부터 객관적인 원리성을 발견했다고 해서 그것을 통해 역사가 완성되는 것은 아니다. 완성되기 위해서는 원리성을 넘어 역사로부터 인류가 일군 존재 의미를 산출해야 한다. 역사의 추진 원리와 추진 목적을 일치시켰을 때 역사관이 온전하게 정립된다. 그런 의미에서 보면 역사는 지극히 존재적이고 의지적이라, 인류역사는 지극한 존재자가 이룬 역사라고 할 수 있다.

의미를 뒷받침하지 못한다면 역사 자체가 성립될 수 없다. 하나님이 태초에 말씀 하나로 천지 물상을 창조하였다고 했듯 객관적인 원리, 법칙, 물질 위에는 항상 고귀한 뜻, 의지, 말씀이 함께했다. 이런 의미에서 헤겔이 인류역사의 추진 관점을 '이성이 세계를 지배'93)한다는 것과, 맑스가 역사를 규정하는 힘을 물질적 생활 원리에 둔 것은94) 일리 있는 주장이다. 하지만 그와 같은 요소 추출 성과에도 불구하고 역사가 완성되는 것은 아니다. 창조에는 말씀이 관여되었듯, 역사에는 주재된 뜻이 관여됨으로써 언젠가는 존재성이 구축되어야 한다. 언젠가는 그렇게 추진되어 완성될 것이므로, 역사를 이와 같은 관점에서 보아야 비로소 참된 역사의 의미를 일굴 수 있고, 온갖 규칙적인 법칙성들로부터 생동하는 원리성을 추출할 수 있다. 맑스는 '이제까지 모든 사회의 역사는 계급투쟁의 역사라 했고, 헤겔은 인류역사의 역사 발전은 인간의 자유를 실현해 가는 과정'95)이라고 주장

---

92) 「니콜라이 하르트만의 역사철학 연구」, 앞의 논문, p.11.

93) 위의 논문, p.11.

94) 『사관의 현대적 조명』, 앞의 책, p.38.

했지만, 이 같은 판단 관점이 얼마나 광범하게 확대된 초점이고, 본질과 핀트가 어긋났는가 하는 것은, 역사란 결코 진보하고 발전하는 것이 아니라 완성을 지향했다는 점을 통해 알 수 있다. 역사가 진보가 아닌 완성을 목표로 했다는 것은 나타나게 될 결과가 전혀 다르다. 진보와 발전은 도달 목적지를 설정할 수 없을 만큼 밑도 끝도 없는 메커니즘인데 비해 완성은 시작과 끝이 분명할 뿐 아니라 도달 기준도 명확하다. 인류가 계급을 위해 투쟁했고, 자유를 실현한다는 것과 역사가 존재자로서 모종의 완성을 지향했다는 것은 추구된 본질 차원이 다르다. 여태껏 포착한 역사의 법칙성까지 이해 기준이 다르다. 존재자로서 완성되기 위해 인류역사는 하나님에 근거한 커다란 바탕 본체로부터 생성한 것이다.

　역사의 운동성을 보는 눈은 크게 나누어 순환사관과 직선사관이 있다. 이들 사관은 세계의 본질이 분열을 완료하지 못한 상태에서 수립된 이해 관점이기 때문에 이 연구가 밝히는 존재사관에 비추어 차원적인 한계성이 적나라하게 표출된다. "순환사관은 모든 역사의 과정이 일정한 법칙에 의해서 탄생부터 소멸까지 식물과 같은 단계를 거친다고 보는 역사인식의 한 방법이다."96) "고대 그리스인들은 자연 질서와 우주 질서의 관찰을 통해 시간과 역사를 순환적인 것으로 이해했다. 플라톤과 마르쿠스 아우렐리우스의 사상 속에서도 순환적인 역사관을 엿볼 수 있다."97) "상좌부 계통의 경전들에 따르면, 佛陀는 깨달음을 얻게 되기까지 수천 번의 生을 거듭하였다고 했다."98)

---

95) 『역사철학 강의』, 앞의 책, p.95.

96) "역사를 움직이는 힘은 본질적으로 동일한 형태로 반복되는 것이라고 봄(투키디데스)."-「토인비의 역사철학에서 본 동아시아 문명」, 앞의 논문, p.10.

97) 「어거스틴의 역사이해에 관한 소고」, 앞의 논문, p.76.

그러나 "성 어거스틴은 고전 시대의 순환론적 역사(시간) 개념을 그의 성경적 창조론을 바탕으로 반대하였다. 역사는 끝없이 순환·반복하는 원(圓)이 아니라 시작과 끝을 가지고 있는 유한한 직선이었다."99) 그의 이 같은 "직선적인 시간론은 당대에 그리스 철학이 해결할 수 없었던 철학적 사고의 전환을 가져온 사건으로 평가되었다."100) 이후에도 여러 사상가들이 순환과 직선사관에 기초해서 우주, 생물, 사회, 문화에 대한 이해와 해석을 가했는데, 이븐할둔과 비코는 "문명의 흥망성쇠를 일정한 순환적인 유형으로 묘사하였고,101) 서구 역사가와 사회과학자들은 직선적인 진화와 진보의 사상에 집착해 거의 모든 비직선적인 이론들을 무시하기도 했다."102)103) 무시했다는 것은 순환론에 대한 일말의 진리성조차 인정하지 않은 자신감이라고 할 수 있지만, 그럼에도 불구하고 양 사관은 모두 한계를 지닌다. 그들은 역사의 순환성과 직선성에 대해 진리성을 발견하고서도 왜 그렇게 운동하게 된 것인지에 대한 메커니즘은 제시하지 못했지만 기계적인 순환과 반복이 역사적 가치를 정립하는 데 있어서 별다른 의미가 없다는 점에 대해서는 언급했다.

직선사관도 마찬가지이다. "시간에 관한 파악이 처음(태초)과 끝이 있고, 그것은 직선적으로 경과하며, 또한 두 번 다시 반복하지 않는다. 일회성으로서 역사는 절대로 반복되지 않는다."104) 두 번 다시,

---

98) 『불교사상과 서양철학』, 에드워드 콘즈 외 저, 김종욱 편역, 민족사, 1994, p.134.

99) 「어거스틴의 역사이해에 관한 소고」, 앞의 논문, p.76.

100) 「어거스틴의 역사사상에 나타난 역사철학과 시간론 연구」, 앞의 논문, p.70.

101) 『역사철학』, 그레이스 E. 케언스 저, 이성기 역, 대원사, 1994, p.15.

102) 위의 책, p.6.

103) "19세기의 실증주의자들은 일반적으로 역사를 진보의 과정으로 파악하였다."―『사관의 현대적 조명』, 앞의 책, p.73.

절대로 반복되지 않는다는 등, 역사의 직선성을 강조하고자 한 측면이 있지만, 이것이 정말 참된 운동 원리라면 만유의 현상에 대해서도 동일하게 적용되어야 할 텐데, 일부분인 현상성에만 적용된 한계성이 농후하다. 한 번 흐른 강물에는 다시 발을 담글 수 없지만, 그 물이 수증기로 증발했다가 비가 되어 그 강물을 다시 타고 내릴 수 있다. 그런데도 직선사관을 계속 고집한다면 예수의 재림 메커니즘이 기독교 문화권 내에서 구축될 여지가 없어진다. 더군다나 직선사관이 직면한 문제는 종말 이후의 인류역사에 대한 존재 여부를 설명할 수 없다는 데 있다. 종말로서 모든 역사가 끝난다면 역사가 직선적으로 진행되어 마무리되는 것은 맞다. 그러나 처음의 창조 이전에도 하나님은 존재하셨듯이, 종말 이후에도 하나님은 존재하신다. 이전에 무수한 인류가 죽음을 맞이했고 본인도 언젠가는 맞이할 것이지만, 인간이란 종은 이후에도 끝없이 태어나리라. 역사의 종말 이후가 끝이 아니라면 이후에 이어질 재생 메커니즘도 제시할 수 있어야 하는데, 이런 측면에서 본다면 직선사관은 역사의 진행 루트를 부분만 보고 판단한 한계사관이다. 꽃이 지고 잎이 지고 열매가 떨어져도 나무는 뿌리가 있어 다시 새 움을 틔우듯, 천하 만상은 무수한 생멸에도 불구하고 끝없이 생성한다. 그리고 그렇게 생성하고 순환하는 이유는 다름 아닌 세계 전체가 하나님의 존재 내 본질체인 때문이다. 왜 신앙인은 '만물이 主에게서 나오고 主로 말미암고 主에게로 돌아간다'[105]고 믿었는가? 만물이 하나님 안에 있는 존재체인 때문이다. 만물이 하나님의 뜻을 벗어날 수 없는 것은 만물이 하나님의 존재 안에 있다

104) 『진리와 자유의 인식(기독교 문화의 이해)』, 김희보 저, 대한예수교장로회총회출판국, 1990, p.18.
105) 로마서, 11장 36절.-『삼위일체론』, 어거스틴 저, 김종흡 역, 크리스챤 다이제스트, 1993, p.392.

는 것이며, 존재 안은 무형인 본질체이다. 역사가 하나님의 뜻 안에 있고 존재 안에 있기 때문에 그 테두리를 벗어날 수 없었다. 즉, 순환한다. 세계는 본질을 벗어날 수 없고 만상은 창조를 벗어날 수 없고 인간은 하나님을 벗어날 수 없다.[106] 이것이 세계가 천고 이래로 운행된 본질이고 역사의 본질이며 인생의 본질이다. 그래서 존재사관은 순환사관과 직선사관을 모두 아우른다. 슈펭글러는 역사를 생성의 세계라고 보았는데, 생성으로 보면 한계성에 처한 서구문명이 몰락할 것은 당연하게 예견된다.[107] 그렇다면 몰락 이후는? 역사가 발전한다고 보았을 때, 부분만을 놓고 본다면 이전보다 나아진 역사적 시대는 무수히 있었다. 하지만 그렇게 해서 대성했던 문명체들이 지금 지구상에 생존하고 있는 숫자는? 끝까지 놓고 본다면 현대문명도 언제 몰락할지 알 수 없다. 하지만 몰락해도 그런 역사를 있게 한 바탕성은 남아 있고, 쇠락하고 몰락하는 것은 가상체이고 본체가 아니기 때문에 만상과 역사는 모습을 달리해서 다시 창조된다. 이것이 어떤 측면에서는 순환론으로 비칠 수도 있다. 그러나 이것은 삼차원의 현상적인 순환과 차원을 달리한 사차원적인 본질적 순환이다.[108]

역사는 有한 존재로서는 시작과 종말의 선을 확실히 하지만(직선사관), 본질적으로 그것을 넘어 유구한 것은, 천지 역사를 창조한 본체가 존재한 때문이다. 바탕이 있기 때문에 만역사가 제 아무리 멸명했어도 이르는 곳은 오직 하나, ‘모든 사물은 그 뿌리로 돌아가는

---

106) 인류는 하나님을 벗어날 수 없으며, 그것을 확인할 수 있는 증거가 곧 섭리이다.

107) “슈펭글러는 문화를 유기체적으로 파악하여 생성, 발전, 몰락한다고 주장하며, 서구문명의 몰락을 단정하였다.”-「토인비의 생애와 사상」, 앞의 논문, p.7.

108) “道(본질)는 일직선으로 운행하지 않으며 반복 순환하는 활동을 한다. 그러므로 虛의 극치에서 오히려 實이 나오고, 實은 다시 虛로 복귀한다.”-『노자도덕경』, 제16장.

것'109)이 근본 이치이다. 생성은 바탕이 있어 아무리 흐트러졌어도 완료되고 나면 본 모습을 갖춘다. 인간과 자연과 역사, 무엇을 대입하더라도 결과는 마찬가지이다. 그래서 원리이다. 인류역사가 생성을 거듭한 목적, 방향, 이유도 다를 바 없다. '태초에 가졌던 神의 모상으로 돌아가는 것',110) 곧 하나님의 품안에 안기는 것이다. 주자학에서는 '太極을 천지 인물의 귀결처'111)라고 보았는데, 이것은 지난 역사에서 궁극적인 실재가 존재자로서 모습을 구성하지 못했을 때의 인식 형태이고, 하나님이 존재자로서 본체를 드러낸 마당에서는 하나님이 역사 생성의 최종 목적인이다. 유형무형의 모든 존재, 모든 역사, 모든 가치가 하나님에게로 귀속되리라. 역사는 발원한 곳으로 귀환하게 되어 있는 것이 원칙이다.112) 그것은 단순한 복고(復古)가 아니다.113) 만개된 역사를 통해 진리로서 모습을 갖춘 하나님으로서이다.

---

109) 『공자 · 노자 · 석가』, 모로하시 데츠지 저, 심우성 역, 2001, p.47.

110) 『서양 인문주의 전통』, 박준철 외 저, 서강대학교출판부, 2001, p.76.

111) 『주자학과 토미즘의 철학적 협연』, 소병선 저, 동과서, 2006, p.123.

112) 위의 책, p.98.

113) "유교는 지난날을 황금시대로 여김."-『사관의 현대적 조명』, 앞의 책, p.227.

제2장

역사의 존재 이유

역사란 과거와 현재와의 끊임없는 대화다.

−E. H. 카아(1892~1982)−

　하나님이 강림하신 결과, 그 과정을 증거한 저술 역정을 통해 인류
는 진리로서 드러나게 된 하나님의 모습을 볼 수 있게 되었다. 제 과
정을 완수한 결과 진리의 성령으로서 본체를 드러내셨다. 따라서 성
령을 본체로 해서 강림하신 하나님이 이제부터 이루지 않으면 안 되
는 성업 과제가 바로 태초로부터 주관하신 인류역사이다. 인류의 행
적이 있는 곳마다 역사가 없는 곳은 없었다. 그런데도 불구하고 인류
는 그 역사 속에서 하나님의 뜻을 밝혀내지 못했다. 이것이 세계가
완성을 지향하는 도정에서 이 연구가 문제성을 포착해서 해결하고자
한 과제이다. 그중에서도 이 연구는 그동안 추진된 저술을 기반으로
하여 특히 세계 본질에 바탕된 역사적 작용의 원리성 측면을 부각시
키고자 한다. 따라서 이 연구는 성격상 하나님이 주관하신 세계의 섭
리 역사 중 역사의 본질적인 부분을 담당하게 된다(세계의 역사적 본
질). 그래서 이 '역사의 본질 탐구론'은 향후 이룰 저술 과제들에 있
어서 하나님이 천지 역사를 주재하신 섭리 역사를 밝힐 철학적, 사상
적, 세계관적 관점을 제공하게 되리라. 하나님이 창조주로서 인류역

사를 어떻게 섭리하셨는가 하는 것을 확신할 기반구축 작업이다. 그러면서도 이 연구는 일정 부분에서 역사를 통한 시공의 생성 본질을 함께 드러내어 하나님이 이루신 세계의 섭리 역사를 완성하는 역할을 병행하리라.

하나님은 섭리를 통해 세계를 통합하고자 줄기차게 의지를 분열시킨 관계로 세계의 어떤 분야보다도 역사란 대상을 장악하지 못한 상태에서는 성업을 완수하기 어렵다. '역사란 무엇인가'란 문제에 대해 인류의 지성들이 많은 주장을 펼쳤는데, 오늘날 강림하신 하나님만 역사의 본질 문제에 대해 전말을 규정지을 수 있다. 그들은 역사에 대해서 무엇을 말하였던가? "역사학이 지닌 학문으로서의 본질이라든지 역사인식, 논리, 방법론 등에 대한 철학적 분석은 있었다(사학이론)."[1] 그러나 역사가 어떻게 해서 존재하게 되었는지에 대해서는 언급할 만한 영역이 없었다. 역사가 지닌 본질적인 문제에 대해 역사가 그냥 존재하지 않는다는 것은 인생 삶의 의미와 견주어 보아도 알수 있다. 하물며 역사를 통해 주재된 하나님의 뜻을 밝히는 데 있어서랴? 이것은 여느 역사학자들이 말하는 사관(史觀)이나 역사에 대한 이론적인 전개일 수 없다. 역사에는 하나님이 강림하신 결과로 드러나게 된 차원적인 본질 원리가 있다. 세세한 내용은 앞으로 밝히겠지만, 일단은 세계의 본질 작용과 관련한 역사의 원리성부터 말하고자 한다.

역사가는 역사를 통해 역사를 탐구한다고 하지만 섭리된 하나님의 뜻마저 탐구한 것은 아니다. 여기에 근본적인 문제가 있다. '인간의

---

1) 『사관이란 무엇인가』, 차하형 편, 청람, 1985, p.23.

역사란 자유와 필연의 이원적 대립으로 특징지어진다(랑케)'2)고 했을 때, 역사를 연구한 학자는 그렇게 판단할 수 있어도 역사를 그렇게 특징짓게 한 세계적인 본질 바탕까지 판단한 것은 아니다. 역사가 역사 자체만으로 존재할 수 없고 의미 밝힘이 완전할 수 없었던 이유이다. 역사의 이면에는 세계적인 본질이 작용하고 있고, 그 뒤에는 또다시 하나님이 존재하심으로 인한 본체 원리가 뒷받침되었다(섭리 의지). 그래서 결국은 하나님의 뜻을 알아야 역사를 파악할 수 있고, 그러기 위해서는 하나님이 진리의 성령으로서 강림하셔서 모든 것을 밝히셔야 했다. 한 인생, 한 국가, 어떤 문명권도 살펴보면 나름대로 특색이 있고 추진된 당위성이 있다. 그런데 이제는 그러한 개개 역사들이 모두 하나님이 주관하신 섭리 가닥에 맞추어 통합되어야 한다. 그만한 본질적 가능성을 역사가 보유하고 있다. 현재까지도 그럴 수 있는 가능성이 추진되었고, 섭리가 면면하게 작용되었으며, 그런 작용 이면에는 하나님의 뜻이 있었다. 가시화된 영역권에서는 그렇게 과정 지어진 역사만 드러나 있지만 모든 여건이 성숙된 지금은 그렇게 추진된 이유에 대해서도 의문을 가지고 원리 밝힘이 있어야 한다. 역사라는 현상의 이면에는 보이지 않는 깊은 뜻이 존재하는데, 이것마저 밝혀야 역사에 대한 본질적 통찰을 이룬다. 그렇게 해서 완수한 작업을 통해 인류는 반드시 하나님의 뜻을 알아야 하고 하나님이 지상에 강림하신 이유도 알아야 한다. 우리가 정말 역사를 통해 알아야 할 것은 역사 자체가 아니라 그렇게 역사하신 하나님의 뜻이다. 곧 역사를 통해 주관된 섭리 근거를 통찰하는 것이다. 그리해야 천고로

---

2) 위의 책, p.22.

부터 추진된 역사에 대한 가치가 결정된다. 뜻을 모르고서는 가치를 매길 수 없는데, 역사도 마찬가지이다. 바탕인 본질과 주재된 섭리를 알아야 나를 알고 역사를 알고 세계를 안다. 나아가서는 인류가 삶을 엮어온 존재의 의미까지 밝혀진다.

하지만 이 같은 일련의 작업 과정을 과연 누가 어떻게 담당할 수 있으리라고 생각하는가? 인류도 알고 보면 이와 같은 모종의 목적을 달성하기 위해 노력을 아끼지 않았다고 할 수 있어, 이런 일련의 노력들, 즉 그동안 추구된 낱낱의 역사 과정이 결국은 하나님의 섭리를 밝히는 데 기여되었다.3) 어떤 사관도 세계에 바탕이 된 본질 작용의 뒷받침을 받지 못하고 섭리된 뜻을 모른다면 관점 이상을 벗어날 수 없다. 참으로 지난날의 역사는 엮어져 나온 목적과 진행 방향을 알 길 없는, 하나님의 섭리에 대해 무지한 역사였다. 역사가 수없는 세월 동안 진행되었는데도 어떻게 진행된 것인지 방향을 알지 못했고, 神이 존재하였는데도 인식하지 못하는 실상 위에서 인생무상과 허무 사상이 활개를 쳤다.4) 그래서 "역사는 거의 불가항력의 운명이자 이해 불가능한 수수께끼인 것처럼 보이고, 영원히 따라잡지 못할 허깨비처럼 여겨졌다."5) 누가 역사를 판단할 것인가? 기껏 내놓은 역사 서술이란 것이 역사가가 '현재 주어진 불만과 미래관에 따라 과거를 선택적이며 주관적으로 해석한 결과(미국에 있어서의 주관주의 역사관)'6)에 불과했다. 역사는 생성할 뿐 아니라 부여된 본질로부터 특성

---

3) 하나님의 역사를 통괄하는 데 있어서 지성들이 일군 사관들이 그대로 하나님의 섭리 역정을 밝히는 데 기여됨.

4) 『길을 위하여(1)』, 졸저, 아가페, 1985, p.114.

5) 『역사이해와 비판 의식』, 박성수 저, 종로서적, 1980, p.14.

6) 위의 책, p.59.

이 도출된 것이다. 보다 근원된 본질이 생성함으로써 연원된 것이 역사일진대, 세계의 진심 본질과 하나님을 모르고서 역사를 서술했다는 것은 말이 안 된다. 하나님은 세계의 생성 바탕과 연관되어져 있어서 이를 통해서 주관된 발자취가 인류역사이다. 그래서 이 연구에서는 이 같은 본질 바탕에 근거해서 인류역사를 하나님이 주관하신 뜻 안에서 일관된 섭리 역정으로서 재구성하고자 한다.

'인간의 과거에 관한 방대한 지식의 덩어리들에 대해 어떤 의미를 부여할 수 있도록 조직과 분류를 분별력 있게 하는 것'[7]이 역사학이 이루고자 한 학문 영역이지만, 창조된 근원으로부터 작용되어 나온 것이 역사라고 볼 때 문제가 달라진다. 그런데도 일어난 사건 현상의 전말을 밝히는 행위가 역사학이 지닌 본분이라고 고집한다면 그것은 우리가 판단하는 인간적인 이해의 성과 외에 아무 것도 아니다. 역사는 역사만으로 이해될 수도 존재할 수도 없다. 섭리를 알아야 하고 세계가 생성된 본질을 알아야 하며 하나님의 뜻을 알아야 한다. "세계는 하나님의 본체시요 역사는 그 치리된 근거이다."[8] 그런데도 인류는 역사라는 과거의 지평만을 바라보면서 무엇을 구하고자 하였는가? 어떤 사실을 알고자 하였는가? 역사가 남긴 교훈, 발전 법칙, 아니면 그 진행 방향? 중요한 것은 하나님이 주재하신 뜻인데 이것을 모르므로 이정표가 없어 장래를 예측하기 어려웠다. 하나님이 주관하신 의지로서 통찰해야 비로소 역사를 일관된 목적으로 꿰뚫을 길을 연다. "현존에는 이면이 있고 역사에는 기원이 있다."[9] 그런데도 역

---

7) 『역사학 입문』, 로버트 V. 다니엘스 저, 정경현 역, 지식산업사, 1996, p.9.
8) 『길을 위하여(3)』, 졸저, 인쇄본, 1990, p.125.
9) 『길을 위하여(1)』, 앞의 책, p.142.

사는 자체가 존재하게 된 이유를 말하지 않는다. 객관적 사실 뒤에는 보이지 않는 원리가 작용하고 있어, 역사는 작용 원리를 따라 표출된 결과 현상이 되고 만다. 세계의 본질 바탕이 드러나야 역사가 규명되는 것이고, 그리해야 그 다음에는 하나님이 섭리하신 뜻이 드러나리라. 그런데 이런 절차 과정을 거치지 않아 역사를 통해 나아가야 할 근거를 어디에 두어야 할지 모른다. 인류가 역사는 남겼어도 창조가 있어서 역사가 생성된 사실은 몰랐다. 역사의 유래를 천지를 창조하신 하나님으로부터 찾아야 우리는 일체의 존속함에 대해 이유가 있었다는 사실을 깨닫게 된다. 그래서 이 연구가 역사에 대한 전말에 대해 개관하고자 하는 것은 천지를 창조하신 하나님이 강림을 이루기 위해 주관하신 역사의 본질 영역이다. 거기에 하나님의 뜻이 숨어 있고 인류가 궁구해마지 않은 문제들이 포함되어 있어서 이것을 역사 원리로서 밝히고자 한다. 하나님은 인류역사에 대해 제 의미를 결정지으신다. 지나온 역사를 하나라도 제거하거나 부정하지 않고, 가려졌던 가치와 의미를 일시에 부활시킬 수 있는 통찰 관점과 원리성을 제시하고자 한다. 역사라는 분야를 통해 하나님이 인류역사를 주관하신 뜻을 알 수 있다면, 그것이 곧 역사를 통해 하나님이 이 땅에 강림하신 사실을 보편적으로 증거하는 기반이 될 것이다.

역사의 본질 개념

역사는 세계의 본질이 분열한 것에 대한
일부 형태이다.

-본문 중에서-

개념 정의

　삶은 인생을 살아가는 역정이다. 그런데도 인생이란 무엇인가라고 묻는다면 섣불리 대답하기 어렵다. 마찬가지로 천지는 어떤 형태로든 역사란 과정을 가지고 있다. 우리가 알고 있는 대부분의 지식은 결코 평이하지 않은 역사에 대한 사건과 기억으로부터 산출한 것이다. 민족의 역사, 세계의 역사, 인생의 역사 등등. 그런데도 막상 역사란 무엇인가를 정의하고자 하면 신중하게 판단한다. 물론 이 연구는 보혜사 하나님이 강림하심에 따라서 밝혀지게 된 역사에 대한 개념을 본질적으로 정의하고자 하는 것이지만, 그러기 위해서는 기존의 개념 정의 과정을 낱낱이 살펴야 한다. 그들은 과연 무엇을 역사라 하였는가? 역사는 일단 과거에 일어난 일들에 관한 기록인 것은 틀림없다. 그렇다면 과거의 무엇에 관한 기록인가? 역사에 대한 전반적인 선별 작업이 필요하다. "역사는 인간의 집단적 체험에 관한 기록이다."[1] 따라서 역사는 최대한 개인적인 일은 배제시킨다. 보다 많은 사람들이 참여하고 관심을 가진 일들을 역사화시킨다. 개인에 관한 일이더

---

1) 『역사학 입문』, 로버트 V. 다니엘스 저, 정경현 역, 지식산업사, 1996, p.9.

라도 그로 인해 많은 사람들에게 영향을 끼쳤거나 시대를 기린 업적 등이 평가되었을 때는 예외가 있다. 물론 "역사는 과거에 있어서의 인간의 행위를 대상으로 하고 인간이 경험한 과거 전체, 또는 그러한 제반 행위를 탐구하는 역사의 연구, 역사학을 포괄한다."[2] 그러함에도 거기에는 역사로서 취사선택해야 하는 여지를 남기므로 기준을 정하기 위해서는 거쳐야 하는 절차가 있다. 일단 과거의 일들에 대해서 사실성 여부를 밝히는 것이 급선무이다. 그래서 랑케[3]라는 역사가는, '본래 일어난 그대로 기술해야 한다'[4]는 말을 하기도 했다. 역사는 역사이되 과거의 일을 다 역사라고 할 수는 없고, 과거의 일에 대한 기록이나 사실인 것들이 다 역사일 수도 없다. 과거로부터 현재로, 그리고 미래로 이어지는 어떤 강력한 힘이 있는 것으로 보아 이것을 역사라고 한다면[5] 역사에 대한 개념 설정이 더욱 어려워진다. 인도의 서적에서는 '우주개벽설의 최초 인물인 범천(梵天)의 경우 이만 년이나 살았던 것'으로 되어 있다.[6] 기록은 있지만 사실로서 인정하기 어려운 역사도 있어, 역사란 개념 자체가 혼돈되므로 역사성 여부를 가려내기란 쉬운 일이 아니다.[7] "특정한 이론 고찰을 통하여 사실의 적절한 선택을 행하지 않는다면, 역사적인 사실들이 본래 그대로의 사실이라도 그것은 역사적인 사실이 될 수 없다."[8]

---

2) 『세계대백과사전』, CD 두산동아, 역사 편.

3) 랑케(Leopold von Ranke): 1795~1886.

4) 『사관이란 무엇인가』, 차하형 편, 청람, 1985, p.46.

5) 『역사철학』, 윌리암 드레이 저, 황문수 역, 문예출판사, 1993, p.222.

6) 『역사철학 강의』, 헤겔 저, 김종호 역, 삼성출판사, 1983, p.262.

7) "지난날의 인간 사회에서 일어난 사실이 모두 역사가 되는 것은 아니다. 김 총각과 박 처녀가 결혼한 사실은 역사가 될 수 없고, 한글이 만들어진 사실, 임진왜란이 일어난 사실 등은 역사가 된다."–『길은 길을 따라 끝이 없고』, 김홍균 · 윤구병 엮음, 한샘, 1993, p.119.

8) 『역사와 진실』, A. 샤프 저, 김택현 역, 청사, 1982, p.254.

　그런 만큼 우리가 역사란 개념을 정의하려는 시도는 아주 고도화된 문명의 성숙에 의한 인식의 태동 상황이라는 것을 알 수 있다. 인생을 열심히 살았더라도 그 인생을 되돌아볼 시점은 삶의 의식을 성숙시켜 여유를 가지게 되었을 때인 것처럼, 결국 우리가 ‘역사라고 할 수 있는 것은 문명화된 사회의 인간 기록’9)이라고 할 수 있다. 더군다나 역사의 본질을 규명할 수 있는 단계에 이르러서는 세계 전체가 일관된 통합성 상태가 되어야 한다. 따라서 역사의 여명기에는 당연히 역사라는 의식이 형성될 전체적인 메커니즘이 구축되어 있지 못했다.10) 추진된 과정은 있어도 그것을 어디에다 기록할 것이고 비교할 것이 무엇이며 역사에 대한 판단 기준을 어디에다 둘 것인가? 기적이든 신화든 그렇게 경험한 사실들을 붙들어 놓을 수 있는 방도가 없었다. 인간의 의식과 문명이 개명된 지금에 이르러서야 ‘역사란 인간 사회의 발전 과정이라든지 그러한 역사를 연구하는 학문을 역사학이라고 명명하고, 그렇게 한 목적은 인간 사회의 발전 과정을 과학적으로 해명하는 작업’11)이라고 정의할 수 있게 되었다. 이 얼마나 현 시대를 기준으로 한 시대착오적인 판단인가? 인류가 걸어온 역사 과정은 자재한 것인데, 이것을 무조건 과학적으로만 해명하려 들었다니! 그렇게 되어서는 역사의 본 모습을 보기 어렵다. 인간 사회의 발전 과정을 한눈으로 볼 수 있는 것은 사실은 역사가 오늘날에 이르러서야 비로소 통합될 여건이 성숙된 것을 의미한다. 이런 결과를 통해 세계의 본질 상태를 판단할 수 있어야 한다. 역사는 어디까지나 도출

---

9) 『역사의 연구(Ⅰ)』, 토인비 저, 노명식 역, 삼성출판사, 1983, p.81.

10) “인류가 문자 활동을 하기 시작한 것은 기원전 수십 세기 전부터였지만, 역사다운 역사를 서술하기 시작한 것은 역시 기원전 5세기경의 그리스인들에게서부터였다.”-『서양사학사』, 이상신 저, 청사, 1984, p.69.

11) 『역사철학 연습』, 우기동 편역, 미래사, 1988, p.1.

된 일부 현상이므로, 뿌리에 해당된 세계 작용적인 본질성을 보지 못하면 정의된 역사에 대한 개념들이 뜬구름이 되어버린다.

밝힌 바 영국의 역사철학자 카아는 말하길, '역사란 역사가와 사실 간의 계속적인 상호작용이며, 현재와 과거 사이의 끊임없는 대화'[12]라고 하였다. 그러나 이런 관점을 통해서는 우리가 역사에 대해서 제공받을 수 있는 정보가 없다. 정작 중요한 역사의 본질성에 대한 개념은 언급이 회피되었다. 역사 자체를 파고들어야 하는데 느닷없이 역사가와의 상호작용 화두를 등장시키다니! 그러면 개념이 한정되어 역사의 본질을 담아내지 못하는 제약이 따른다. '사료가 없다면 역사도 없다'[13]는 말은 또 웬 말인가? 알다시피 "중국은 역사의 기록이 남아 있는 한에 있어서의 최고(最古)의 나라이다. 또한 중국 민족의 경우만큼 연달아 끊임없이 사가(史家)를 배출한 민족도 거의 없다."[14] 그렇다면 다른 나라에 있어서의 역사는? 기록이 없고 사가를 배출하지 못했다고 해서 정말 역사도 없었던 것인가? 역사에 있어서 기록과 역사가의 역할은 지대하다. 그렇다고 그들이 역사의 본질 작용에까지 영향을 미칠 수는 없다. 다만 본질 규명을 위해 노력하였던 것이고 오늘날 역사를 드러내는 데 이바지했을 따름이다. 역사는 그 같은 기록과 사가들의 존재와 상관없이 여여하기만 하다. 역사는 과거의 사실만 밝히는 것이 될 수 없다. '사실에 입각한 객관적인 역사만 진정한 역사(랑케)'[15]라고 할 수 없다. 역사는 미래와도 직결되어 있어 삼

---

12) 『역사철학 강의』, 최재근 저, 동풍, 1995, p.16.

13) 『역사와 역사학』, 제등효 저, 최민 역, 형성사, 1983, p.25.

14) 『역사철학 강의』, 헤겔 저, 앞의 책, p.209.

15) 『실천을 위한 역사학』, 장세노 저, 주진오 역, 이론과 실천, 1987, p.25.

세 간이 관통되고 있다. 그래서 '역사는 시간의 흐름 속에 내재된 사건들과 그것을 연구하는 것'이라는 정의가 있기도 하다. 역사가 세계 자체는 아니지만 세계는 역사를 양산한다. 세계가 생성 본질을 내포하므로 분열하는 시공간에서 역사가 과거만으로 있을 수는 없다.

이러한 본질 작용이 있기 때문에 역사철학자들은 그들이 처한 근원 관점에서 역사를 일관시키려 한 노력을 통하여 세계의 역사를 통합적으로 개념 지으려고 하였다. 물론 여기에는 아직 세계의 생성 본질을 대관하지 못한 상태에서의 제한적인 한계와 이런 여건 속에서도 점진적인 관점의 확대 노력이 엿보이기는 한다. 그리고 그러한 시도 중 크게 돋보인 사례 중 하나가 성 아우구스티누스의 역사철학 관점이다. 이전에는 사실의 역사를 기억하여 서술하는 것만도 대단한 역사의식에 속한 것이었는데, 그는 감히 '현실 역사를 神의 계획에 의해 진행된다'고 판단했다.16) 이것은 필연적으로 '神의 작용을 부인하면서 그 개입을 배제하여 역사를 인간 행위들의 결과인 生의 작품으로서 이해하려 한'17) 반대 이론의 근거가 되기도 했지만, 어떠하든 지난 역사를 일관 짓고 통괄하려 한 노력은 역사를 개념 짓는데 큰 맥을 형성했다. 헤겔은 『역사철학 강의』 서두에서, '역사는 神의 본성의 전개'라고 말했다. 아울러 세계사에 대한 고찰 면에서도 '하나님의 통치와 神의 정당화'란 역사철학을 그의 책 마지막까지 관철시켰다.18) 그러함에도 헤겔이 세계사를 神의 본성과 얼마만큼 실질적으로 연결시킬 수 있었는지는 의문이다. 세계사로부터 섭리를 낱낱이 통찰

---

16) 『서양사학사』, 앞의 책, p.77.

17) 위의 책, p.72.

18) 「헤겔철학에 나타난 역사의 자유」, 장성호 저, 계명대학교대학원 철학과 석사학위논문, 1995, p.17.

하였는가? 이것은 오직 강림하신 성령이 이루어야 하는 증거 과제가 되리라. '세계사가 절대정신의 자기실현 과정이고, 철학의 역사가 그 절대정신의 자기 인식 과정'19)이라면 세계 역사와 더불어 마땅히 神의 본성도 함께 드러나야 했으리라. 기대해볼 만한 데도 초점이 어긋나버렸다. 기껏 '세계사를 자유의식의 진보'20) 정도로 규정해버려 아전인수 격인 역사 판단의 온상이 되었다.21) '세계사는 곧 구속사이다'22) 혹은 '하나님의 구원 섭리 역사이다'23) 혹은 '지금까지 현존하는 모든 사회의 역사는 계급투쟁의 역사이다(칼 맑스)'24)라고 단정했다. 철학자와 역사가가 역사에 대해서 무엇을 어떻게 말하였든 참으로 세계의 본질성에 근거하지 못한 상태에서는 그 개념이 정의되기 어렵다. 누구도 역사의 핵심을 파고들 수 없었다. 세계의 핵심 본질이 드러나고 생성 본질을 대관할 수 있어야 가능한 작업이다. 하나님이 강림하시사 주재하신 섭리를 밝히고 본체를 드러내면 그때 역사도 본 모습을 드러내어, 확고하게 역사에 대한 개념을 정의할 수 있게 되리라.

19) 『세계관의 역사』, 고전구 저, 편집부 역, 두레, 1986, p.116.

20) 『기독교 사상』, 김광식 편저, 종로서적, 1984, p.166.

21) "동양에서는 단 한 사람만이 자유이며, 그리스·로마에서는 소수의 사람이 자유이고, 게르만에 있어서는 모든 사람이 자유를 자각한다."-『역사학 입문』, 林健太郎 저, 우윤·황원권 역, 청아출판사, 1983, p.84.

22) 『기독교와 역사 이해』, 죠지 마르스덴·프랑크 로버츠 편자, 홍치모 역, 총신대학교출판부, 1981, p.166.

23) 『주체사상의 철학 원리』, 장길성 저, 서린당, 1991, p.155.

24) 『역사의 의미』, 칼 뢰비트 저, 이한우 역, 문예출판사, 1993, p.67.

02 |

원리 개념

역사를 좀 더 개념적으로 보면 그 가운데는 '자유, 정신, 이념, 완성의 문제'[25] 등이 포함되어 있지만, 그것을 더 자세하게 파보면 역사란 무수한 사건의 발생 연결이라 이러한 일들이 어떻게 해서 일어났는가 하는 것이 문제가 된다. 우리는 항상 어떤 일의 결과가 나타난 연후에야 그 사건의 역사적인 가치를 판단하지만 그것이 어떤 원인에 의한 것인지, 혹은 필연적인 것인지 우연적인지를 잘 가늠하기 어렵다.[26] 여기서 우리는 역사가 자체로서 구축된 원리성을 짚고 넘어갈 필요가 있다. 우리는 이미 이루어진 결과를 통해 역사를 보고 있지만, 왜 그 같은 결과가 이루어졌는가를 묻는다면 역사가 시사하는 바를 다시 쳐다보아야 한다. 한국 전쟁은 반드시 일어나야 했던 것인가? 이 전쟁이 동족상잔이란 비극을 초래한 것일진대, 그러한 결과를 누가 원한 것인가? 그것이 필연이었다고 한다면 그 필연성을 설명할 방도가 어디에도 없다.[27] 일어나지 않았을 가능성이 얼마든지 있었

---

25) 『종교의 철학적 이해』, 김형석 저, 철학과 현실사, 1992, p.249.

26) 『역사와 진실』, 앞의 책, p.294.

27) 『역사철학』, 앞의 책, p.18.

는데도 일어났다면 그렇게 드러난 결과만을 통해서는 역사를 판단하기 어렵다. 드라마를 이해하기 위해서는 끝막을 보아야 하는 것처럼, 역사는 일 막만으로서 일단락되는 것이 아니며, 앞으로 주어질 결과 하나에 의해서도 의미가 새로워진다. 역사는 전체가 한 본체로서 존재하고 있어서 항상 소통하고 있다. 오늘날의 의미 부각에 따라 통합되는 유기체적인 총체성을 지니고 있다. 역사의 형성 원리는 한 역사의 부분적인 전말로서 끝나지 않는다. 온갖 사물과 현상 작용 원리가 그러하듯 역사에도 예외는 없다. 세계사 전체가 한통속이다. 역사를 존재하게 하고 형성시킨 원리성에 입각해서 부각된 확고한 결과를 통해서 우리는 하나님이 섭리하신 세계 작용의 근본 원리성을 추출할 길을 연다. 역사 원리를 통해 하나님의 존재 바탕을 추출할 수도 있다는 것인데, 이렇게 되면 역사를 통해 교훈을 얻고 의미를 일깨운다는 것이 얼마나 단순한 지적 작업인가 하는 것을 알 수 있다. 도대체 과거의 것을 연구해서 어떻게 하자는 것인가? 하지만 과거는 과거의 것만으로 일단락되지 않는다는 것이 중요한 포인트이다. 다가올 미래를 맞이하는데 있어서 결과성을 구축할 유일한 근거는 오히려 지나온 과거 역사뿐이다.

한국 전쟁은 끝난 것이 아니라 현재의 남·북한의 대치 상황에 절대적인 영향력을 끼치고 있다. 역사는 한통속으로서 과거와 미래가 연관되어져 있다. "과거는 현재에 비추어 볼 때만 비로소 이해될 수 있고, 과거에 비추어야 현재 역시 충분하게 이해할 수 있다."28) 현재는 과거와 미래를 엿보는 창이다. 그러고 보면 정말 '역사는 현재와

---

28) 『역사란 무엇인가』, E. H 카아 저, 박영준 역, 우암출판사, 1982, p.69.

과거 간의 끊임없는 대화의 연속'29) 가운데 있기도 하다. 이것은 역사가 자체로서 구축된 원리성을 모르고서는 이해하기 어려운 일이다. 역사가 한통속을 이루고 있다면 최종적인 완수 결과에 따라 역사의 의미를 일시에 꿰뚫는 것이 어찌 불가능하겠는가? 이 같은 작용성이 바로 하나님의 지상 강림이 역사를 통해 이루어진 기반을 마련한 것이다. 따라서 역사는 '神과 인간과의 상호작용'이다30)란 판단이 결코 궤도를 이탈한 원리 정의는 아니다. 언젠가는 그 같은 상호작용이 섭리된 작용 원리로서 밝혀질 수 있는 여지를 지닌다. 제반 사회 현상과 역사가 인간과 관계되고 인간에 의해 형성되는 것31)이라고 하여 역사가 인간에게만 국한해서 형성된 것은 아니다. 역사가 역사인 것은 일단 '정확한 사실에 입각해야 하고, 역사학이라는 학문이 담당한 사료 비판에 의해서 부여되는 것'32)이므로, 그것은 역사가 있고 난 이후의 부차적인 것이다.

역사의 원리는 먼 곳에 있지 않다. 우리의 삶 가운데 있고 인간 가운데 있고 세계 가운데 있다. 우리는 오늘도 끊임없이 지각하고 있지 아니한가? 이탈리아인인 크로체33)는 주장하길, 모든 역사는 사상의 역사이고 참된 역사는 현재의 역사라고 하였다. 神도 인간도 세계도 아닌 상호 연관된 연결구조와 작용을 통해 역사가 원리적으로 운행된다. 결코 우연에 의한 작용 결과가 아니다. 역사가 현재와 연결되고 상호작용하는 가운데 있을 때, 현재는 과거를 볼 수 있는 최고의 눈

---

29) 위의 책, p.41.

30) 『역사의 연구(Ⅱ)』, 앞의 책, p.342.

31) 『사적 유물론』, F. V. 콘스탄티노프 저, 김창선 역, 새길, 1988, p.14.

32) 『역사학 입문』, 林健太郎 저, 앞의 책, p.73.

33) 크로체(Benedetto Croce): 1866~1952.

이 된다. 역사는 그러한 유기체적인 본질성을 내포한다. 그래서 이 같은 작용성이 오늘날 객관적인 역사 원리로서 정립되어야 한다. 생성하고 분열하는 통체로서의 본질 관점에 입각하지 못하고서는 설명이 곤란한 작용 원리이다. 어떻게 과거의 역사가 현재의 관점에 의해서 유동성이 있게 되는가? 제 의미와 가치가 재평가되고 해석된단 말인가? 여기에서 우리는 역사가 세계 본질로서의 한 일환인 생성성을 대변하고 있다는 것을 알 수 있고, 그 같은 본질 원리가 완전하게 규명된 역사의 종국에서 우리는 모든 것을 섭리로서 주관하신 하나님의 존안을 뵈옵게 되리라.

목적 개념

어떤 역사가가 어떤 시대의 어떤 역사에 관련된 사항을 연구하여 어떤 역사서를 저술하고자 했다면 거기에는 뚜렷한 목적이 있을 것이다. 물론 역사를 서술하고자 한 목적은 어떤 사실의 발견과 객관성에 입각한 기록일 수도 있다. 인간인 한 목적을 가지는 것은 당연하다. 그런데 문제는 그런 역사가의 저술 의도가 아니라 역사 자체가 어떤 목적에 의해 지배되고 있는 것이라면 여기에는 무언가 밝혀내어야 하는 부분이 따로 숨겨져 있다는 데 있다. 역사가의 생각대로 주장할 수 없는 문제이다. 역사 자체는 역사를 알지 못할 뿐 아니라 어떤 목적도 말하지 않는다. 역사는 태고 이래로 다만 생성할 따름이다. 그렇다면 역사의 목적은 과연 말할 수 있는 문제인가? "역사에 목적이 있다면 그것은 神이 만드는 것인가? 아니면 어떤 필연적인 법칙의 자기 전개인가?"34) 아니면 헤겔이 말한 바, "자유의식의 진보, 또는 자유의 완전한 실현이 역사의 궁극 목적이 되는 것인가?"35) 그렇

---

34) 『역사와 역사학』, 앞의 책, p.16.
35) 「헤겔철학에 나타난 역사의 자유」, 앞의 논문, p.14.

다면 그 자유가 완전하게 실현되는 때는? 자유가 실현된다면 인간은 정작 자유를 망각해버리지는 않을지? 무엇이든지 궁극적인 목적이 실현된다면 그로 인해 역사가 종국을 맞이할 수도 있다.

그러므로 중요한 것은 역사가 먼저 영원한 세계 생성의 한 일환이라는 것을 밝히는 것이다. 다음에는 역사가 역사 자체만으로 있을 수 없는 본질의 생성성과 본체로서의 존재란 사실을 간파해야 한다. 이것이 바로 '세계의 역사적 본질'이다. 이 본질에 근거해야 역사가 태초로부터 엮어져 나온 목적성을 안다. 역사가 벽돌이라면 '누가 무슨 목적으로 역사의 집을 건축하려고 했는지'[36] 역사 밖에서 작용된 존재 의지가 부각된다. 혹자는 역사의 목표와 가치를 영원히 이루기 어려운 역사 밖에 두어서는 안 된다고 강조하였지만, 역사의 존재성만 확인되면 역사 밖에서 천만 년에 걸쳐 생성된 역사의 목적성을 일시에 간파할 수 있다. 이 목적을 알아야 섭리를 알고 하나님의 뜻을 알아 생성된 역사를 매듭지을 수 있다. 역사가 완성됨과 함께 세계가 완성되고 그 위에서 주관된 창조의 목적을 실현한다. 그리해야 만인은 비로소 하나님이 뜻하신 역사 추진의 목적이 무엇이며, 왜 무엇 때문에 인류역사를 이끌어 오셨는가에 대한 뜻을 통찰할 수 있다.

우리가 하나님의 역사 주관 목적을 알고 뜻을 간파하는 것은 어떤 진리보다도 역사를 통해 알 수 있는, 보혜사 하나님이 지상에 강림하신 사실을 확인하는 관건이다. 놓인 저 돌들이 무슨 말을 할 수 있는가? 역사가 자체의 역사 엮음에 대해서 어떻게 목적성을 드러낼 수 있겠는가? 역사 전체가 존재화해야 하나님이 주관하신 섭리 의지가

---

36) 『세계통합론』, 졸저, 다짐, 1995, p.503.

역사 추진의 목적으로서 자리 잡게 된다. 그리하여 역사가 지향한 목적이 인류를 하나 되게 할 세계 통합에 있다는 것을 알게 된다면, 그 같은 통합 의지의 발현이 곧 태고로부터 하나님이 의도하신 인류 구원을 위한 목적이었다는 사실을 확인하게 되리라.

본질 개념

　"우리는 왜 역사를 알아야 하는가? 역사는 우리들의 현재와 미래에 어떠한 의미로 작용하고 있는가? 역사는 어떻게 형성되고 있는가? 인간 사회는 부단히 진보할 것인가? 멸망할 것인가?"[37] 역사에 대해서 의문을 가지는 것은 인간의 근원적인 물음 중 하나이다. 과거를 알고 싶은 것은 미지의 세계에 대한 탐구 노력과 함께 동일한 욕구 사항이다. 우리는 아직까지도 모르는 것이 더 많지만 역사를 모르고서 어떻게 세계를 안다고 할 수 있겠는가? 역사를 알아야 역사의 본질을 밝힐 수 있고, 본질을 알아야 세계의 본질을 밝힐 수 있다. 그런데 우리가 알고자 하는 노력들이 반드시 의도된 것은 아니다. 근원된 욕구 사항이라고 했듯, 역사에 대한 탐구 노력은 뜻밖의 결과를 가져오기도 한다. 그것이 세계의 본질 규명에 기여해서 섭리를 완수하고 하나님의 지상 강림 역사를 실현시켰다. 이 같은 성과가 있어 이 연구가 역사론을 전개할 기초를 다졌다. 각 영역은 자신들의 역사를 완성하기 위해 노력했지만 그것이 세계 역사를 완성하고 섭리를 완성

---

37) 『역사철학』, 앞의 책, p.1.

하고 세계사를 규명함으로써 하나님의 몸된 본체를 강림시켰다는 것
인데, 이것이 세계 역사가 하나 되고 일관된 것을 통해 증거된다. 이
같은 안목 위에 선다면 인류가 역사를 이루기 위해 노력했던 행위의
초점이 어디에 있었든, 역사는 확보된 본질 개념 하나에 의해 통섭될
수 있다.

지난 역사를 서술해서 이름을 날렸던 역사가들은 당연히 후세인들
에게 자신들이 겪은 역사적인 경험을 교훈으로 알리고자 한 의도가
있었으리라. 예를 들어서, 투키디데스는 '명백히 교훈적인 의도를 가
지고 그가 체험했던 펠로폰네소스 전쟁의 역사'를 서술했다.[38] 물론
역사가로서 과거에 관해 정확한 지식을 구하고 미래의 해석에 도움
을 주는 연구자로서 유익한 것이 되도록 하고자 했던 기대도 있었지
만, 그러한 노력의 결집이 종국에는 역사의 본질을 드러내고 전혀 다
른 각도에서 세계의 본질성을 부각시켰다. 실로 '과거의 흥망은 장래
의 권계(勸戒)'[39]가 된다고 하지만, 역사의 본질 개념을 초점 잡는 것
은 헌 도끼 자루를 보고 본(本)을 삼는다든지 뒤 수레가 앞 수레를 거
울삼아 경계하는 것과 같은 양상과 사뭇 다르다. 과거 역사는 과거만
으로 끝나지 않고 끊임없이 연결되어 온 것이다. 그래서 과거를 알기
위해서는 현재를 알아야 하고 현재를 알기 위해서는 미래를 알아야
한다고 했다. 전체를 다 알아야 온전히 역사를 알았다고 할 수 있다.
하지만 역사는 분명하게 드러난 상태이고 본질은 내재된 상태라,
역사를 알고자 함에 있어서는 제한적인 요소들이 많다. 그것은 당장
해결할 수 있는 문제가 아니다. 역사를 밝히기 위한 나름의 노력이

---

38) 『역사학 입문』, 林健太郎 저, 앞의 책, p.51.
39) 『한국의 역사인식(上)』, 이우성 · 강만길 편자, 창작과 비평사, 1984, p.255.

있어야 한다. 여기서 역사가들의 저술 동기, 즉 헤로도토스는 '인간계의 사건이 시간이 흘러감에 따라 잊혀 가고 그리스인과 이방인이 이룬 놀라운 위업들을 세상 사람들이 알지 못할 것을 우려하여 스스로 연구·조사한 바를 서술한 것'[40]이라고 밝혔는데, 바로 이와 같은 노력들이 쌓여서 역사의 본질이 밝혀진다. 그런 노력이 역사의 본질 탐구에 기여되었다.

물론 역사를 바라보는 관점이나 서술 방법에 문제점이 없는 것은 아니다. 그들로부터 어떤 완전한 것을 기대해서도 안 된다. 역사 판단에 있어서 주관성과 편협성을 극복하고 객관성을 확보해 나가는 과정, 이 같은 본질 규명 과정이 섭리의 완성을 지향한다. 역사에 대한 판단은 단순할 수 없으므로, 한계성이 보이더라도 세계성은 확보해야 한다. 역사가들이 최대한 객관주의를[41] 지향했던 것은 역사에 있어서 생명력을 불어넣는 것이고, 이것은 역사의 사실성과 더불어 역사를 판단하는 데 있어서 편협성을 벗어나는 길이었다. 사실성과 객관성과 보편성을 확보한 바탕 위에서 역사성을 개관해야 하는데, 그러지 못하면 온전하게 진리력을 발휘할 수 없다. 기초가 튼튼해야 지은 집도 튼튼하듯, 역사도 튼튼한 통찰 기반을 갖추어야 하나님이 천고만재된 섭리력을 드러낼 수 있다.

역사는 한꺼번에 판단할 수 없다. 세계가 성숙되지 못한 상태에서는 판단을 보류하는 것이 오히려 현명한 판단이다. 현상학에서는 '판단중지'라는 개념이 있고, 공자님은 있는지 없는지를 모를 때 괄호를 말씀하셨다. 그런데도 일본의 경우, '몽고족의 침입을 받았을 때, 강

40) 『역사』, 헤로도토스 저, 박광순 역, 범우사, 1988, p.23.
41) 『서양사학사』, 앞의 책, p.497.

풍과 돌풍으로 침략선이 조선해협에서 침몰해버린 사실을 일컬어 가미가제(神風) 덕택이라는 쪽으로 의미 전가를 해버리면'[42] 역사의 사실성과 판단의 객관성이 상실되어버린다. 그런 식으로 역사성을 몰아붙인다면 누가 역사 가운데서 하나님의 뜻을 알 것인가? 본질을 밝히지 못하니까 비기독교 국가에서는 아예 하나님의 섭리 역사가 실종되어 있다.[43] 하나님이 천지 역사를 주재하신 섭리력은 결코 그렇지 않다. 태양은 만상 위에서 고르게 비치는 것처럼 섭리도 그와 같은 성향 아래 있는 것일진대, 해결책은 역사 자체를 하나님으로서 존재화시키는 방법이다. 그러기 위해서는 역사를 세계의 본질 규명 과정을 통해서 밝혀야 한다. 참으로 "참새 두 마리…… 그중의 하나라도 너희 아버지께서 허락하시지 않으시면 땅에 떨어지지 않는다."[44] 이같은 섭리력은 기독교 국가건 비기독교 국가건 가리지 않고 통용되어야 한다. 세계의 본질이 규명되지 못한 상태에서는 주관이 개입된 역사 구성이 불가피하다. 완벽하지 못한 다리를 건너가야 하기 때문에 규명되지 못한 분야를 주관으로서 메우게 된다. 여기서 오로지 모든 사실을 충실하게 기술하고자 했던 노력은[45] 역사의 본질 규명 과정에 있어서 지고한 진리의 혼으로서 바쳐졌다. 제 역사가를 포함한 지성인들은 아직도 불완전한 바탕 위에서 모략으로 역사관을 세운 것이 분명하다. 그런데도 '그들은 진심으로 자기들이 제창한 진리와 이론이, 혹은 새로운 창안이 우주의 본질 메커니즘을 해명한 것이라

---

42) 『사관이란 무엇인가』, 앞의 책, p.107.

43) 위의 책, p.105.

44) 마태복음, 10장 29절.

45) 『역사학 입문』, 林健太郎 저, 앞의 책, p.69.

고 굳게 믿었다. 그러나 지금은 이 같은 진리성에 대한 확고함이 완전하지 못한 본질의 기반 위에서 구축된 자기기만 역사였다는 것'46)을 비로소 알 수 있다. 일부 진리성으로 전체 절대성을 대변하려 하고 있으므로, 세계가 통합된 본질 구조와 조화될 수 없다. 그렇기 때문에 우리는 세계의 본질을 알아야 역사를 알 수 있는 것이고, 역사가 지닌 객관성을 확보할 수 있다. 이런 근거도 확보하지 못한 채 판단된 역사 위에서는 하나님도 뜻을 드러낼 수 없다. 그래서 객관성을 확보하고자 한 노력이 인류의 지성사에서 줄기차게 이어졌다. 헤겔에게서 역사는 '객관적 정신의 자기표현이었다. 하나님의 뜻이 어떤 개인·종족·민족을 통해서 계시된 것에 불과'47)하다고 한 점도 주관성을 벗어나지 못한 일면에 속하지만, 그것마저 역사에 대한 일종의 편협성을 극복하기 위한 과정으로 본다면, '근대로 와서 神과 자연에 이은 역사가 관심의 중요 대상으로 떠올랐다는 것'48)은 역사를 그렇게 판단할 만큼 세계적인 근거가 확보된 것을 뜻한다.

역사에 대한 탐구 노력이 객관성을 확보하는 과정으로 이어지고, 나아가서 역사의 보편성을 확보하는 단계로 나아간다면 나중에는 개개 역사관과도 호환성과 일치성이 있게 되어 개개 역사의 완성이 전체 역사를 완성하고 섭리 역사를 완성하는 결과를 이룬다. 즉, 역사의 본질이 밝혀지고 세계사가 완성됨으로써 하나님의 주관 섭리가 말 그대로 역사에 있어서 객관성을 확보해 원리화된다. 섭리의 완성은 역사의 본질 규명과 더불어 반드시 이루어질 결과적인 소산물이다.

---

46) 『세계창조론』, 제3편 조물론 편, 졸저, 엮음본, 1998, p.137.

47) 『역사철학』, 최재희 저, 앞의 책, p.88.

48) 『역사주의와 역사철학』, 이한귀 저, 문학과 지성사, 1990, p.1.

그런데도 아직까지는 이 같은 완수 과정이 제대로 뒷받침되지 못해 하나님의 주관 역사가 역사를 통해 어디에서도 보편성을 확보하지 못하였다. 이래 가지고서는 보혜사 하나님이 삼위일체를 통합한 성령으로서 자리매김 될 수 없다. 역사는 세계 본질의 일환인 것이고, 세계 본질은 하나님의 본체이므로 이것을 이 연구가 증거해야 한다. 지금까지 이룬 역사에 대한 판단과 성과들은 낱낱이 세계의 보편성을 확보하기 위한 디딤돌 일환이다. 역사를 통해 하나님의 창조 역사를 섭리로서 기반 짓고자 하므로 보편성을 확보하는 것은 세계 통섭을 위한 과정으로 이어져 진리의 성령이 역사한 성업 안에 귀속된다. 보편성은 노력해야 확보된다. 세계의 본질 규명 노력을 통해 세계적인 여건들을 적극 개선해야 한다.

하지만 통섭을 위한 노력이 인류의 지성사에 있어서 결코 일률적인 것만은 아니었으니, 다양한 형태로 나타난 본질성을 분간해야 했다. 역사는 '인간이 자신의 목적을 추구하는 활동'에 다름 아니다.[49] 당연히 인간은 인간의 역사를 이루고 있고, 세계는 세계의 역사를 이룬다. 개개의 역사가 쌓이고 쌓여 세계의 역사를 이루는 것이고, 세계가 제 영역을 포괄하고 있는 한, 인간의 역사는 나름대로 세계의 보편성을 확보하는 데 기여된 것이다. 역사가 연기적인 사료에 불과하다거나 당대사에 관한 범위를 벗어나지 못하는 것이 문제인 것은 아니다. 이전까지의 역사 연구의 경향이 정치사적 서술에 머물렀지만 오늘날은 '정치, 법률, 경제, 종교, 학문, 예술 등의 분야들을 총괄하는 문화사'에로 확대되었다.[50] '문화사가 이전의 역사학이란 좁은 정

---

49) "모든 역사적 사건, 모든 사회적 관계와 과정은 인간의 작품이며, 또한 그것들은 특정한 의도와 목적을 추구하는 인간에 의해 야기된다."-『신성가족』, 엥겔스 · 마르크스 저, MEW, 제2권, p.98.

치 분야로부터 명실공히 종합 과학으로 만드는 데 기여한'51) 보편적인 정신사요, 이념사요, 세계사가 되었다. 제 영역에 걸친 특수사를 포괄한 문화사적 안목이 개안되어 비로소 섭리사가 전개될 수 있는 기틀을 마련하였다.

개개 역사가 전체성을 확보한 보편성의 획득 성과가 있어 슈펭글러나 토인비가 역사를 종합적인 관점에서 보고자 한 저술들이 등장하게 되었고, 마르크스나 엥겔스처럼 어떤 특정 영역 즉, '물질적 생활의 생산양식이 사회의 사회적, 정치적, 정신적 생활 과정 전체를 제약하고'52) 영향을 미치는 요인으로 작용한다는 법칙성을 주장한 단계로까지 나가게 되었는데, 이것은 모두가 다 섭리를 일관되게 통찰하게 하는 전조라고 할 수 있다. 유물사관의 성격은 역사 과정에서의 객관적인 합법칙성과 사회적 활동과 자유를 밝히고자 한 것인데, 이 같은 판단을 가능하게 한 제반 여건이 바로 세계 가운데 있었다. 어떤 면에서든 한 법칙으로 일관짓지 못할 것은 없다. 뒤보아 레이몽은, '자연과학은 문화의 절대적인 기관(機關)이고 자연과학의 역사가 인류 본래의 역사'53)라고 했으며, 슈펭글러는 '세계를 이해하는 모든 방법은 궁극에 있어서 형태학'54)이란 신념을 견지했다. 그만한 세계성의 성숙으로 보편성을 확보한 것이 다양한 형태의 세계 역사를 일관 지을 수 있는 가능성을 엿보게 했다.

하지만 정작 중요한 것은 역사가 아니라 세계의 본질이다. 역사는

---

50) 『서양사학사』, 앞의 책, p.735.

51) 『역사이해와 비판의식』, 박성수 저, 종로서적, 1980, p.151.

52) 『역사적 유물론』, 스토이스로프 대표집필, 이신철 역, 세계, 1990, p.19.

53) 『서양사학사』, 앞의 책, p.698.

54) 『서구의 몰락』, 슈펭글러 저, 박환덕 · 송동준 해설과 역, 대양서적, 1980, p.156.

세계의 본질이 분열한 것에 대한 일부 형태이다. 역사는 결과 지어진 현상이기 때문에 자체로서는 원동력과 법칙성을 보유하고 있지 못하다. 역사는 세계 본질의 본체 작용 원리를 따라 분열함으로써 통합된다. 역사 작용은 세계 본질의 생성성에 근거한다. 그래서 인간의 역사가 세계의 역사와 함께해서 세계 본질과 구조를 같이한다.[55] 세계가 변하면 역사가 변하고 아울러 인간도 변한다. 그 같은 변함 자체가 역사이다.[56] 이러한 세계 본질의 분열과 변화 과정을 일컬어 역사가들은 '모든 역사적 사건이 발전적인 변화 과정을 따라 역사 전체가 시간적인 구속을 받고 있는 것'[57]으로 보기도 했다. "역사는 시간과 공간 속에서 끊임없이 생성 소멸하는 드라마의 연속이다."[58] 마르크스가 유물사관에 근거해서 판단한 '예언이 오늘날 실현되지 않는 이유 중 하나'[59]는 세계의 법칙성이라고 내세운 것이 외부의 경제적인 요인으로서 본질의 생성하는 세계와 유리되었던 것이다.

그러므로 우리는 역사를 세계의 생성 본질과 연관 지어서 판단해야 과거의 일을 판단하는 것에 국한된 한계성을 벗어나, 과거를 통해 미래의 역사까지 통괄하는 안목을 가질 수 있다. 늘 그렇듯이 역사가는 과거의 역사를 통괄함으로 미래사를 전망하는 것을 사명으로 삼는다.[60] 랑케는 처녀작인 『로마 게르만 제 민족사』의 서문에서, '사람은 역사를 통해 과거를 재판하며, 미래에 도움이 되도록 하기 위하

---

55) 『길을 위하여(3)』, 졸저, 인쇄본, 1990, p.94.

56) 변하기 때문에 역사가 됨.

57) 『사관이란 무엇인가』, 앞의 책, p.51.

58) 『원불교사상 논고』, 김홍철 저, 원광대학교출판국, 1980, p.143.

59) 『사관이란 무엇인가』, 앞의 책, p.95.

60) 『세계를 움직인 백 권의 책』, 신동아 1968년 1월호 부록, 동아일보사, p.114.

여 동시대를 가르친다는 임무를 부여하고 있다'[61]고 보아 역사를 통해 미래를 지향하고자 하였지만, 역사의 본질을 온전하게 밝히기 위해서는 과거만 가지고서는 안 된다. 본질은 모든 것을 밝혀야 하는 것이므로, 한 곳에서 미래의 제 영역까지 통섭할 수 있어야 한다. 그것이 어떻게 가능한가? 세계의 핵심 본질을 규명한 이 연구의 역사의 본질 탐구 노력(섭리론사)을 통해서이다. 이 연구는 보혜사 하나님이 성령으로 강림하신 진리력에 힘입어 인류가 추구한 역사의 본질을 꿰뚫음으로 문명사 전체의 섭리 목적을 일관 지을 것이나니, 이것은 진실로 세계의 본질 규명 작업에 힘입은 바이다. 역사가 현재를 기점으로 다가올 미래와 연관되어져 있다는 것을 확인할 수 있다면, 하나님이 강림하셔서 밝힌 섭리 역사는 삼세 간에 걸친 인류역사를 통관하고도 남음이 있다. 개개의 역사는 결코 독자적일 수 없다. 면면히 전체성을 지향한 섭렵 과정이었나니, 그로써 확보된 객관성과 보편성을 바탕으로 보혜사 하나님이 본체자로서 강림하셨다. 역사의 본질 개념이 세계의 본질 개념을 포함해서 세계가 그대로 神의 본질 개념에 소속되었다. 그 실상을 역사의 본질 규명과 함께 눈앞에 드러내리라. 역사란 무엇인가? 그 해답이 바로 보혜사 하나님이 진리의 성령으로 강림하시어 밝힐 성업 과제였던 것이니, 이로써 하나님은 역사를 통하여 정말 세계를 규합할 진리력을 발휘하리라.

---

61) 『역사학 입문』, 林健太郎 저, 앞의 책, p.43.

제4장

역사의 인식 본질

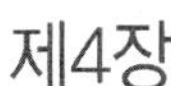

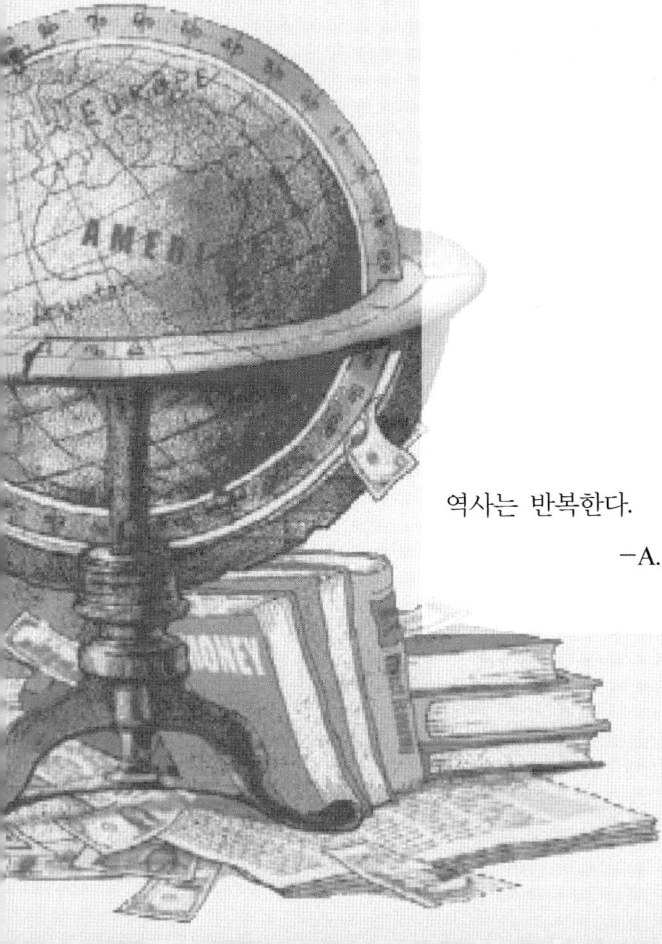

역사는 반복한다.

—A. J. 토인비(1889~1975)—

인식 구조

주어진 사물의 존재 양태에 대한 인식이 그러하듯, 역사도 인간에게 주어진 인식의 여건에 따라서 판단되는 대상인 것을 벗어날 수 없다. 19세기 말까지도 왕성했던 한 견해로서 '비코 이래의 역사는 다름 아닌 인간에 의해 창조된다는 의식이 형성되었었지만',[1] 역사가 인간 중심의 역사로 규정된 것은 역사란 어디까지나 인간이 판단한 인식의 소산이었기 때문이다. 역사의 본질이 역사가 아니라 세계 본질의 영향 아래 있는 것처럼, 역사는 역사 자체가 지닌 객관적인 존재성과는 별도로 인간에게 놓인 인식의 구조적인 특성이 반영되었다. "우리가 파악한 것이 곧 역사의 모든 것이라고 생각하는 것은 잘못이며, 파악한 모든 것은 인식의 상태에 따른 결과 소산이다."[2] "인식의 모든 출발은 오로지 주체적인 인식자의 자각으로부터 비롯된다."[3] 인식의 구조에 따른 반영인 것일진대, 우리가 먼저 알아야 할 것은 판단 대상인 역사가 아니라 역사를 판단하는 인식 자체이다. 인간은

---

1) 『서양사학사』, 이상신 저, 청사, 1984, p.809.
2) 『세계본질론』, 졸저, 청학사, 1997, p.74.
3) 『길을 위하여(2)』, 졸저, 인쇄본, 1986, p.84.

역사상 의식으로서 자각되는 역사적인 여건만 살펴지만, 창조 이래 역사가 존속하였는데도 역사에 대한 의식이 뒤늦게 생긴 것은, 역사에 선행된 인식의 작용 본질이 문제였다. "그리스인들은 기원전 5세기 이전부터 도시국가 체제 속에 살면서 활발한 정치 생활을 하였지만 본격적인 역사 서술을 발견한 것은 역시 헤로도토스로부터이다.'4) 역사의식이 정치의식보다 늦게 일어났고, 그러한 의식이 헤로도토스란 한 개인의 인식세계에 반영된 것이다. 포착된 인식이 있어 역사도 있게 되었다. 역사는 실재하는 그 무엇이지만 이것을 파악하는 인간에 의해 주체적인 통찰을 필요로 하는 문제이다.

그러므로 우리가 관심을 가지고 살펴야 할 것은 역사를 접하고 있는 인식의 구조이다. 인식하는 상황 여하에 따라서 역사라는 모습이 투영된다. 역사는 결국 제한된 인식의 체계를 따르는 구조물이다. 그런 만큼 '인식이 선행되어야 비로소 역사 대상이 인식'된다.5) 아울러 역사를 판단하는 경로인 인식의 구조성을 통해 역사의 본질 면에 접근한다. 인식도 주어진 존재에 따른 본질의 생성 여건을 따른다는 점에서, 인식의 제한적인 분열성이 그대로 역사의 본질 규명 과정에 영향을 미친다. 우리가 "물 자체를 인식할 수 없는 것이라면 그 없음을 통해서 없는 한계 상황을 판단할 수 있다는 것이 시공의 본체 원리가 주는 현상적 특질이다."6) 역사라는 대상도 결국 인식되는 구조물인 바에는 인식의 분열되는 질서를 따를 수밖에 없다. 우리가 '한 공간, 한 의식, 한 순간 속에서 판단할 수 있는 인식은 오직 하나뿐인데',7)

---

4) 『서양사학사』, 앞의 책, p.21.
5) 『길을 위하여(3)』, 졸저, 인쇄본, 1990, p.83.
6) 위의 책, p.171.

이것은 세계의 생성 질서로 인해 부여된 절대적 특성이다. 그런데도 아이러니하게 이 같은 제한적인 질서구조(=인식구조)를 통해 오히려 인식의 저 너머에 존재한 창조구조를 상태적으로 파악할 수 있게 된다.8) '우리가 어떤 사물을 파악하는 것은 그 사물의 구조이기 이전에 그러한 존재 대상을 반영하고 있는 인식의 구조'9)라, 이것이 분열하는 경과를 거치게 되어, 제반 역사 대상을 한꺼번에 판단하지 못하게 한 제한성을 낳게 되었다. 역사된 대상은 언젠가는 전모를 드러내고야 말 본질적인 것이다. 그런데도 그러한 역사를 우리가 분열적으로 인식하고 있어, 언젠가 분열을 다하면 역사라는 대상을 통합적, 통시적으로 판단할 수 있다. 역사가 진행되고 있는 실상은 알파와 오메가를 가늠하기 어려워 무한궤도를 달리고 있는 것처럼 보이지만, 그것은 그야말로 주어진 분열 중의 선상에서 본 한계 인식인 것이며, 역사에 대한 인식은 언젠가는 궁극에 도달한다. 그리하여 역사의 통합성 실상을 한꺼번에 드러낼 수 있다면, 우리는 그렇게 인식된 실상을 통해 끝내 진리의 전모로 계신 하나님의 존재 실상을 확인할 수 있으리라. 역사의 궁극에 하나님이 좌정해 계시다.

물론 본 장은 역사에 대한 인식의 구조적인 한계성으로 말미암아 역사를 통해 전체 세계를 완성할 수 없다.10) 역사의 문제가 그대로 인식의 문제이기는 하지만, 인식은 역사와 세계 완성을 위해서 규명되어야 할 일 분야이다. 그래서 인식의 본질을 규명함으로써 역사의

---

7) 『길을 위하여(2)』, 앞의 책, p.26.

8) 『길을 위하여(3)』, 앞의 책, p.37.

9) 『세계본질론』, 앞의 책, p.317.

10) 인식론만으로는 세계의 궁극 본질을 드러낼 수 없다. 그것은 어디까지나 궁극에 이르기 위한 수단이요 방법적인 길이다.

본질을 규명하고자 하는 것이고, 그것은 역사인식에 대한 구조적인 한계를 통해 세계의 본질이 생성함에 따른 섭리 역사를 통관하기 위한 절차이다. 역사를 통해서도 창조의 실상을 인식할 수 있다는 것이므로, 그 실상의 궁극적인 지평선 상에 하나님이 계시다.

인식 방법

　　과거의 인류도 현재의 인류도 역사적인 시대를 살았고, 또 살아가고 있는 것은 마찬가지이지만, 그들이 모두 역사적인 사실을 역사적으로 인지하였는가 하는 것은 의문이다. 알고 보면 자신이 직접 겪었으면서도 그것을 다 가치 있는 것으로서 여기는 것이 아니다. 공통적으로 겪은 사실에 대해서도 의의 면이나 결과에 대한 해석은 각양각색이다. 그런데도 민족사나 세계사를 들여다보면 전개된 양상이 어떻게 하여 판에 박은 듯 일률적인가? 하지만 일률적인 것처럼 보이면서도 실상은 역사만큼 해석과 판단 관점에 있어서 혼란을 겪고 있는 분야도 없다. 알고 보면 역사는 우리들이 그렇게 느끼고 있는 것일 뿐 구체적으로 가늠하고 있지 못하다. 그리고 과거의 역사를 인지하는 과정에서는 현재의 역사에 대한 의식을 가지고 주어진 사료(史料)에 의존하는 경우가 많다. 여기에서 역사를 인식함에 따른 한계성이 노출된다. 사료가 없으면 역사가 없어지고 사료가 그릇되면 역사에 대한 인식도 그릇된다. 이렇게 되면 우리가 역사를 순수하게 인지하고 있는 것인가에 대해 회의가 생긴다. 우리가 인식하고자 하는 대상은 역사 자체가 최상인데, 접하는 것은 사료이므로, 이것을 극복할 방법은 없는가? 해결할 방법에 대해 지금까지는 단지 그러한 사실이 역사적인 사실인지 아닌지의 여부를 밝히는 데 있었지만, 이제부터는 인식하는 문제에 있어서 합당한 방법론을 모색하지 않을 수 없다. 즉, 인식하고자 하는 대상의 특성에 따라서 인식할 방법을 달리해야 하는 것은 현상과 본질의 존재 접근 과정에서 익히 주지된 바이다. 더군다나 인지하고자 하는 대상이 역사라면, 이미 이루어진 사실들의 총체적인 덩어리를 사료에만 국한시킨다는 것은 있을 수 없다. 어찌 과거 역사가 사료에 의해서만 추출될 수 있겠는가? 여기서 우리는 역사인식의 대상을 전체 세계의 생성 본질로 돌릴 필요가 있다. 인생본질과 우주와 삼라만상 전체를 역사인식의 대상으로 삼아야 역사의 통합적인 생명성을 느끼는 길을 열 수 있다. '인식은 오로지 인식자의 끊임없는 관심도 속에서 얻어지는 것일진대',[11] 무엇을 통하더라도 우리가 역사 세계로 진입할 수 있는 통로는 있다. 역사의 분열상을 본질과 연관 짓게 되면, 인류역사가 태초로부터 결코 단절이 없었다는 것을 알게 된다.

역사는 창조로 인해 만개된 것이고, 그로써 결정되었다. 그 모습이 만 가지로 전개되었어도 하나로 되어 있어, 세계의 본질이 분열된 과정을 역사로서 인식하게 되었다는 사실을 알게 된다. 여기에 인류가 바친 역사인식에 대한 부단한 노력이 있는 것이고, 방법론이 개척되었다. 즉, 역사도 본질 형상화의 한 일환으로서, 진리 일굼을 위한 과정이다. 역사의 본질을 탐구하고자 한 노력이 있어 세계가 드러나게

---

11) 『길을 위하여(1)』, 졸저, 아가페, 1985, p.126.

되었다. 그런 만큼 과거의 본질 분열 파노라마가 확정되지 못한 상태에서는 누구도 세계의 본질을 볼 수 없었다. 지금까지의 역사 과정이 이러하기 때문에 세계가 이렇게 추진되었다는 사실을 밝혀야 한다. 그렇기 때문에 역사에 대한 인식적 접근은 고도한 道의 차원을(무형적인 본질 형상) 의식을 통해서 깨닫는 것이고, 분열 실상을 形而上學的으로 파고드는 것이며, 궁극적으로는 하나님의 뜻으로서 일관 짓는 것이다. 이렇게 되면 우주의 역사가 일순간에 읍해서 다가온다. 인식의 분열이 시간대적으로 질서정연하게 되어, 개별적으로 인식한 것인데도 불구하고 역사의 전체 본질은 하나란 사실을 엿보게 된다. 이것을 지성들이 그동안 각고의 노력을 통해 분열시키기 위해 노력한 것인데, 이제 하나님이 진리의 성령으로서 역사하시사 섭리를 밝히신 마당에서는 이것을 일시에, 통체적으로 직관하는 방법론을 제시할 수 있다. 인류가 그동안 역사를 규명하기 위해 노력한 것은 역사를 통합적으로 판단하기 위해서였다. 역사는 시공간의 본질 구조와 생성적인 특성을 따라 점점이 분열했어도 본질은 하나이고 통체적으로 존재한다. 그래서 본질이 분열되지 않은 상태에서는 역사에 대한 전개와 인식적 규명이 곤란했지만, 세세한 분열이 완료된 오늘날은 개별적으로 나열된 역사를 일시에 통합할 방법론을 강구할 수 있게 되었다.

그렇다면 이 같은 방법론을 누가 제시할 수 있는가? 개개 역사를 전체로써 일관 지을 수 있는 자이고, 하나님의 뜻과 섭리를 통찰한 자이다. 섭리적인 방법으로 전체 역사를 통섭해야 한다는 것인데, 그러한 가능성을 제시할 수 있는 것은 바로 세계의 핵심 본질을 간파했을 때이다. 진리를 인식하기 위해서는 의식과 본질의 세계적 분화가 필수적이고, 역사를 인식하는 것도 외형적인 파악은 물론이고 본질

면에 대한 접근 방법도 개척되어야 한다. 오늘 스쳐 지나갔다고 해서 내일은 무의미한 것이 아니며, 모든 인식이 그러하듯 역사는 성숙된 세계 위에 다시 도래한다.[12] 역사도 마찬가지이다. 지나갔다고 해서 과거 일로써 끝나버리지 않는다. 창조 이래 하나인 본질체로서 현재와 함께하고 있고 현존과의 접함이 가능하며 다시 통합된 본질 상태로 도래한다. 역사는 결코 소멸하지 않는다. 부단히 의식하고자 하는 노력에 의해 살아 있고 현존하는 인식과 함께 하나 되어 있다. '모종의 불가사의 뒤에는 육중한 인식의 저변이 있듯',[13] 역사는 세계가 통합체로서 분열한 생성 본질을 대변한다. 분열함으로 역사도 분열하고 분열로 인하여 삼라만상이 엄밀한 운행 질서상에 놓이지만,[14] 이를 낳은 세계의 근본 바탕은 아예 일체 경계를 넘어 통합적이다. 그래서 분열을 완료한 과거는 하나로 통합되고, 통합된 역사는 언제라도 직관으로 정보 인출이 가능하였다는 것이므로, 이것이 결국은 섭리로서 역사를 일관 지을 수 있는 세계 바탕적인 근거로 작용하였다.

그러므로 역사라는 것도 본질적인 면을 파고들면 세계와 연관되지 않을 수 없고, 보다 선행된 본질의 바탕 틀에 근거해서 본질성을 규정할 수 있게 된다. 그 같은 바탕 안목이 없다면 역사는 영원히 유동적이다. 이렇게 보면 이렇게 보이고 저렇게 보면 저렇게 보인다. 여기서 그 본질을 확정 짓는 작업이 바로 섭리된 역사를 밝히는 것이고, 섭리를 알기 위해서는 하나님의 뜻을 알아야 하며, 하나님의 뜻을 알면 역사도 확정된다. 세상 누구도 역사를 규정할 수는 없다. 오직 강

---

12) 위의 책, p.141.
13) 위의 책, p.123.
14) 위의 책, p.153.

림하신 하나님만 그렇게 주재하신 인류역사를 자체 뜻 안에서 규정할 수 있다. 그렇게 해서 밝히게 된 실적이 곧 이 연구이다. 역사인식의 방법을 통해 도달한 결론은 결국 하나님의 뜻을 알아야 하는 것이며, 하나님의 뜻을 섭리로서 통관하면 인류는 비로소 역사의 본질을 꿰뚫을 수 있는 안목을 제공받으리라.

인식 특성

존재한 모든 역사는 형성된 것이지만 그 과정은 인식된 것이다. 그래서 우리는 이를 근거로 역사에 대한 인식의 특성을 추출할 수 있다. 역사는 존재하지만 역사 자체만으로는 근원성을 파악할 수 없는 그와 같은 인식의 한계가 역사에 대한 인식의 특성으로서 다가선다. 칸트는 그의 인식론에서, '인식의 대상이 아니라 대상의 인식을 문제 삼았거니와',[15] 이렇게 되면 '역사는 책 속이나 사료 속에 있을 수 없다. 사료를 비판하고 해석하는 역사가의 정신 속에 살아 있다'[16]는 말은 일리가 있다. '역사 자체는 인식자의 주관에 관계없이 존재하는 것'[17]이지만, "존재하는 모든 것은 정신에 의해서 발견 또는 인식된 형태인 것을 벗어나지 못한다."[18] 여기서 우리는 인식이 역사와는 상관없이 관념적으로 부유되어버릴 수 있는 가능성을 발견한다. 올바른 인식은 올바른 판단을 가져오고 그릇된 인식은 그릇된 판단을 가져

---

15) 『역사철학』, 최재희 저, 청림사, 1975, p.43.

16) 위의 책, p.108.

17) 『역사학 입문』, 林健太郎 저, 우윤 · 황원권 역, 청아출판사, 1983, p.43.

18) 『신이상주의 역사이론』, 이상현 저, 박문각, 1992, p.153.

오므로,19) 바르게 인식하기 위한 노력이 필요하다. 신교의 창시자인 M. 루터는 이렇게 비난했다고 한다. "코페르니쿠스는 감히 하나님의 말씀에 도전하려는가? 성서에서는 움직이고 있는 것이 태양이라고 말하고 있잖은가? 저 바보는 천문학 전체를 뒤엎으려 하고 있어!"20) 지동설의 주장은 당시의 천문학자들마저 납득하기 곤란한 충격이었다. 하지만 코페르니쿠스적인 인식의 전환은 어떤 분야에서도 일어날 수 있는 사고의 전환 역사이다. 확고하다고 인식한 발판이 전격 허구일 수 있다는 것인데, 그렇다면 神은 존재하지 않는다는 무신론적인 주장도 일격에 무너질 수 있는 그릇된 인식 상일 수 있다. 참으로 우리가 세계의 실상을 잘 파악하지 못하는 것은 전적으로 우리에게 주어진 인식의 제한성에 문제가 있는 경우가 많다.21) 역사도 예외는 없다.

헤로도토스는 페르시아 전쟁사를 썼다. 그런데 만약 쓰지 않았다면? 그리고 쓰기는 했는데 개인의 눈에 비친 편협 투성이라면? 그렇지만 그는 적어도 인식의 객관성을 확보하기 위해서 부단하게 노력했던 것은 사실이다. 형성된 역사도 판단하기 위해서는 다시 한번 인식의 결정과 선택과 회의를 해야 했다.22) 그 같은 인식의 절차를 통해 비로소 역사에 대한 개념이 형성된다. 역사를 객관적으로 인식하기 위해서는 인식적 특성을 최대한 발휘할 역사의식의 성숙과 주체성의 확립이 필요하다. 인식의 주체성은 주관성과 구별되는 그 무엇이다. 그만한 세계성의 성숙 위에서 '세계를 주체적으로 판단한 노력

---

19) 『주체사상의 철학원리』, 장길성 저, 서린당, 1991, p.143.

20) 『21세기 과학 어떻게 오는가』, 아서 S. 그레고르 저, 과학세대 역, 우리시대사, 1996, p.78.

21) 『세계본질론』, 앞의 책, p.100.

22) 『길을 위하여(1)』, 앞의 책, p.75.

이 있었기 때문에 인류역사는 보전의 길을 열었고',23) 하나님의 뜻을 판단할 수 있는 길을 닦을 수 있다. 객관적인 측면에서는 문명이 개명됨으로 역사에 대한 인식도 함께 생겼다고 할 수 있다. 문명 안에서 인간이 역사에 대해 필요성을 느끼게 되었는지도 모른다. 하지만 인식은 세계성이 분열함에 따라 그만한 근거가 생성되지 못한다면 이루어질 수 없다. 흔히 존재는 있어도 삶에 대한 의미를 의식하지 못하는 경우는 얼마든지 있다. 이런 이유로 역사에 대한 인식의 주체적 자각은 특별한 의미를 지닌다. 전 시공의 본질 성숙과 연계된 주체자로서의 통각이 필요하다. 역사인식의 객관성만 가지고서는 해결할 수 없는 선택적인 특성, 그것을 총망라한 것이 섭리이다. 지나온 세월은 역사밖에 볼 것이 없다. 하지만 그 이면에는 세계의 본질성이 내재하였고,24) 하나님의 주재 섭리성까지 포함되어 객관적인 역사를 인식하는 것만으로는 도무지 하나님의 뜻을 판단할 수 없다.

하지만 인식의 특성을 주체적으로 판단하는 것도 그냥 이루어지는 것은 아니다. 결국은 여러 선택된 특성들은 대단원에 걸친 섭리가 완수됨으로써만 주어지는 결과 추출이다. 그렇다면 세계 완성이 있었기 때문에 역사의 특성에 대한 인식이 가능한 것인가? 아니면 역사의 특성에 대해 주체적인 자각이 있어 세계 완성이 이루어지는 것인가? 따지고 보면 이들은 모두 동시 작용이다. 아무리 창조 세계가 분열을 완수했더라도 인식이 없다면 역사도 없으므로, 하나님의 지상 강림과 함께 주재 섭리가 완성된 것은 결국 역사에 대한 인식이 세계 본질의

---

23) 『길을 위하여(3)』, 앞의 책, p.195.

24) 칸트는 "지각의 모든 대상은 필연적으로 공간과 시간 속에 존재하는 것이라고 밝혔다."-『세계사상대계 3 (인간의 발견)』, 박종홍 · 이종우 · 정석해 감수, 신태양사, 1965, p.146.

생성 루트를 따르고 있었다는 것을 증거한다. 눈에 보이는 것만 역사의 전부일 수 없어 역사가 분열함에 따른 세계성의 성숙이 섭리로서 귀결된 것이다. 인식도 역사도 그것은 창조성이 분열함에 따른 유산이다. 역사는 이미 상존한 창조성이 분열한 것에 대한 인식 과정이다.[25] 그래서 역사성에 대한 가치 인출은 하나님이 주관하신 섭리를 통관함으로써 진면목이 나타난다.

현대인들은 분열로 만연된 세계 안에서 확고한 실증을 요구하고 있지만, 참으로 세계의 생성 바탕을 이룬 통합성 안에서는 통관할 수 있는 것이 제일의 진리적 확인이다. 실증도 인식할 수 있는 근거는 가지지만 세계가 분열된 일면목일 뿐이며, 세계가 완료되지 못한 상태이므로 오히려 관념적인 실체성에 머문다. 이런 여건 위에서 섭리가 전 역사를 통관할 수 있다는 것은 하나님이 천지 역사를 완성시킨 것에 따른 창조 사실의 본체적 실인이다. 역사도 본질도 하나님도 존재하는 방식은 시공간을 초월해 있는 통합 본체 방식이다. 그래서 인식 상 이해하기 어려운 아이러니가 발생한다. 통합적인 본체 상태를 이해해 보지만, 만 사람을 이해시키기 위해 우주의 역사가 분열했는데도 불구하고 분열하고 보면 누구도 본체 실상을 이해할 수 없다. 그렇지만 이와 같은 인식 상의 한계 특성을 하나님이 부여하신 창조 뜻을 통해 판단하면, 세계 역사가 고스란히 하나님의 본체적인 특성을 섭리로서 드러낸다. 통관해서 일관시킬 수 있다. 그래서 인간의 역사에 대한 인식이 무궁할 수 있고 모든 것이 하나님이 뜻하신 구속의지 가운데 있다는 것을 확인할 수 있다.

---

25) 역사의 본질은 선재하는 것임.

통합 인식

　"우리는 비록 역사의 연소자이지만 생존하는 고령자이다."26) 역사에 대한 앎과 지식으로 따지면 이전의 어떤 위대한 역사가도 현존하고 있는 평범한 상식인보다 못하리라. 헤로도토스가 어찌 두 차례에 걸쳐 치러진 세계대전을 알겠는가? 이것은 역사가 분열하고 있는 인식의 질서 면에서 본다면 당연하다. 그렇지만 역사의 본질적인 측면에서 본다면 道를 깨친 사람은 가만히 앉아서도 천리를 본다. 헤로도토스나 토인비도 역시 그들이 살았던 시대 이후의 역사는 알 수 없지만, 그렇다고 무조건 미래에 대한 역사의 막을 들여다보지 못했다고 말할 수는 없다. 통합적인 측면에서 본다면 아직 도래하지 않았다고 해서 미래가 존재하지 않는 것은 아니듯, 역사가 이루어지지 않았다고 해서 역사가 없는 것은 아니다. 그러므로 아직 분열되지 않고 도래하지 않은 역사일지라도 의식을 고도화시키면 시공을 초월한 미래에로의 인식이 가능하다. 통합성을 이룬 본질 역사는 아직 분열을 이루지 못했지만 존재하지 않는 것이 아니다. 미래는 드러나지 않았어

---

26) 『길을 위하여(1)』, 앞의 책, p.142.

도 하나님이 이루신 주관 목적이 있어 이미 결정적이다. 우리는 모르지만 하나님은 알고 계시므로 하나님이 임하시면 역사에 대한 초월적 인식도 가능하다. 즉, 시공의 생성 질서 위에서 수놓아진 섭리를 계시로서 받들면 우리는 장차 하나님이 무엇을 위해 역사하실 것인지에 대한 목적성을 엿볼 수 있다. 그것이 바로 통합성을 이룬 역사에 있어서 온갖 분열성을 초월한 통합성 인식이다. 삼세 간에 걸친 역사 정보를 한꺼번에 끄집어낼 수 있는데, 그것은 전체 역사를 한통속으로 한 하나님의 통합 본질 내에서 간파한 인식이다. 그리고 이것은 강림하신 하나님이 어떻게 하여 장래 일을 예고할 수 있는 것인가에 대한 본질적 뒷받침이다. 창조된 세계의 본질이 그러하듯, 완성을 지향한 역사는 하나부터 열까지 분열 이전부터 갖춘 상태이다. 그리고 이것이 현재 주어진 시공간을 통해 엮어져 나오고 있는 중이다. 따라서 우리의 의식은 각성을 통해 시공을 초월한 차원의 세계에 이를 수 있을 뿐 아니라, 미래 역사도 현재의 통합된 인식세계 속에서 내비쳐질 수 있다. "우주는 한통속인 본질로 되어 있어 본질 시공을 통관하게 되면 천만 년 시종이 함께한 생성 역사를 일시에 접할 수 있다."27) 분열된 인식의 질서가 처한 장애를 초극할 수 있다. 드러난 역사와 달리 본질은 통합적이기 때문에 알파와 오메가를 동시에 통섭함이 가능하다. 세계의 전체 역사 과정이 그렇다.

이런 관점에 입각한다면, 우리는 인식 면이든 본질 면이든 어떤 면에서든 역사를 전혀 새로운 차원 관점에서 바라볼 수 있는 통합성적인(시공 초월) 인식 메커니즘을 제공받을 수 있다. 접한 역사만으로는

---

27) 『세계본질론』, 앞의 책, p.291.

무엇으로도 현실 앞에 가로막힌 장막을 거두어낼 수 없었는데 하나님이 성령으로 강림하심으로 인하여 현 시공간을 초월한 역사를 통합적으로 인식할 수 있게 되었다. 하나님이 세계 역사를 주관하신 발자취를 추적할 수 있는 길이 전 역사를 통관함으로써 열렸다. 가장 객관적인 사실 위에서 뜻이 작용하므로, 역사는 하나님이 섭리하신 확고한 존재 근거가 되리라.

제5장

역사의 시원 본질

역사의 시원은 아직 우리가 걷어 젖히지 못
한 미래 가운데서 통합된 형태로 존재한다.

-본문 중에서-

시원에 대한 인식의 특성

태초의 창조가 있은 이래 역사의 시작은 어떻게 된 것인가? 흔히 역사시대라고 한다면 그것은 문자적 기록이 이루어진 이후의 시대를 말하며 이전을 선사시대로서 구분하지만, 이 연구에서 밝히고자 하는 것은 천지가 창조된 시점 자체이다. 태초의 창조로부터 세계와 본질과 생성의 역사가 시작되었다. 그러므로 역사의 시원 문제는 창조까지 소급된다. 역사를 통해 밝힐 하나님의 섭리 역사는 세계의 전체 실상을 포괄한다. 인간이 이룬 역사에만 국한되지 않는다. 보다 근원된 본질을 밝혀야 제 분야에 대한 역사의 시원도 규정할 수 있다. 본질의 시원에 관한 문제는 이미 밝힌 바 있지만, 이 연구에서는 역사와 관련해서 문제를 풀어나가고자 한다. 만물의 역사가 세계의 생성 본질과 연관되어 있다는 것이 사실인 한, 역사는 항상 만물의 시종과 함께한다. 만물은 그들이 존재하게 된 원인이 있다. 어떤 결과와 현상이든 삼라만상 존재에 적용되고 있는 인과관계는 필연적인 것이다. 그래서 오늘날 역사가 존재하게 되었다는 것은 반드시 시원을 밝히지 않을 수 없는 인식이 있어야 한다는 것을 알게 된다. 역사가 그냥 존재하지 않으므로 시원에 대해 원인을 밝혀야 하는 것은 당연한 요청이다. 삼라만상의 제 현상이 그러하듯 역사도 최초 시원이 있어야 한다는 것은 부인할 수 없는데도, 제대로 밝히지 못한 것은 역사에 대한 기록이 없어서 그런 것이 아니다. 기록이 있다 해도 무엇을 시초로 잡을 것인가 하는 것은 또 다른 문제이다. 시초에 대한 확고한 물증을 지녔다고 생각되는 종자 씨앗을 살펴보자. "식물은 종자에서 시작하지만, 그 종자가 한편으로는 식물의 전 생애가 이룬 성과이기도 하다."[1] 즉, 씨가 시초인 것인지 열매가 시초인 것인지에 대한 것은 풀리지 않는 문제이다. 천지가 창조된 시공간 아래서 역사에 대해서 시초를 잡는다는 것은 역사를 떠나서라도 해결하기 어려운 形而上學的인 문제이다. 그런데 이 연구가 역사에 대해 시원(시초)의 문제를 밝히고자 하는 것은 그와 같은 시공간 상의 제약성에 관한 것이 아니다. 최초 시원에 대한 인식이 어려운 것이라면 거기에는 보다 본질적인 문제가 있다. 그리고 그런 문제점을 해결할 고리가 곧 하나님의 천지창조에 있다. 본질보다 근원된 창조 문제를 해결하면 역사의 시원 문제도 풀 수 있다.

즉, 근원적인 측면에서 볼 때 천지가 창조된 것인 한 역사도 최초의 시원은 반드시 있다. 단지 그 시원 상태가 통합성을 이룬 본질로 되어 있어 세상 가운데서 인식하는 것이 어려웠다는 데 있다. 이 같은 통합성 상태는 여러 가지 측면에서 판단될 수 있다. 로크는 생각하길, 인간의 본성은 최초에 백지와 같은 상태에 있다고 보아 경험론을 이루기도 했지만, 이미 모든 것을 갖춘 통합적 본성이라도 다 분

---

1) 『역사철학 강의』, 헤겔 저, 김종호 역, 삼성출판사, 1983, p.153.

열되지 않은 상태에서는 백지처럼 보일 수 있다. 그렇지만 인간이 성장하면서 학습하고 경험을 쌓는 것은 그 같은 노력을 통해 통합성인 본성을 분열시키는 것이다. 그런 분열을 통해서 生의 과정이 전개된다. 우리가 무엇을 통해서도 시원을 알기 어려웠던 것은 최초의 천지 창조가 모든 것을 구유한 통합성에 기인한 데 있다. 이미 출발은 있었는데 분열을 다하지 못하므로 인식함이 불가능하였다. 그런데 오늘날 천고만재된 섭리성을 밝힐 수 있게 된 것은 보혜사 하나님이 지상에 강림한 시점을 기준으로 세계의 창조성이 분열을 극한 때문이다.[2] 하나님은 천지를 창조하기 이전에 모든 것을 창조할 시스템을 완벽하게 구축하신 것이니, 이것이 통합성인 것이고 역사의 최초 시원이다.[3] 창조의 제일 원인이 통합성인 관계로 시원이 항상 모든 것을 압축한 씨와 열매로서 동시에 존재하게 되었고, 이것을 일컬어 원인과 결과가 함께한 상태라고 하였다.[4]

이런 본질적 시원 상태를 좀 더 진전시켜 본다면, 시원을 인식할 수 없는 또 하나의 주된 원인은, 시원은 이미 지난 과거 가운데 있어야 하는 것인데, 곤혹스럽게도 아직 도래하지 않은 미래에 있다는 것이다. 통합성은 우리가 가늠하는 시공간의 분열 질서를 초월해서 이미 존재하고 있다. 따라서 최초의 알파 상태를 찾을 수 없었던 것은 천지가 창조된 구조상으로 드러난 특성이었던 것이지 시원이 존재하지 않아서가 아니다. 그동안 찾아낸 방안이라는 것이 기껏 우연과 선택에 근거한 진화론 정도인데, 진화는 더욱 더 철저하게 최초의 근거

---

2) 구하지 못한 상태에서는 무엇도 시원에 대한 인식적 접근이 어려움.

3) 세계는 이미 모든 것을 갖춘 하나님의 존재 본질로부터 창조를 이루었다는 것이 진정한 알파로서의 시원이다.-『세계창조론』, 제4편 창조증거론, 졸저, 인쇄본, 1998, p.146.

4) "창조된 시원은 알파와 오메가가 함께하는 통체 본질이다."-『세계유신론』, 졸저, 인쇄본, 2000, p.84.

를 문제 삼고 있다는 점에서 진화론으로서는 본질적인 문제를 해결할 수 없다. 이에 대해 회남자는, '우주의 최초 발생과 시원에 대해 명백하게 태시(太始), 태일(太一)이라고 보았다. 즉, 무한한 가능성을 내포한 선재 본질이{太極} 아예 시원의 이전부터 있어서 이것이 만물을 잉태한 시초이고 근원 본체'5)라고 본 것이다.

이처럼 인류가 세계의 본질적인 시원을 밝히기 위해 다양하게 노력한 것은 사실상 본질을 규명하고자 하는 데 있어 진리의 핵심 근거가 이곳에 함재되어 있었기 때문이다. 시원의 본질 안에 창조가 도사리고 있고 神이 존재한 비밀까지 포함되어 있어, 여기서 역사의 시원 문제를 밝히게 되면 그것은 하나님이 이 땅에 강림하신 것이고 태고 이래로 주재하신 섭리 역사가 완수된 결과가 된다. 시원의 문제가 해결되면 인류역사가 완성된다.6) 객관적으로 보아도 역사의 지평선 상에는 심원한 역사적 경과가 있었다. 그러므로 중요한 것은 끝없는 역사를 끝까지 파헤치는 데 있는 것이 아니라 시원의 본질을 밝혀서 매듭짓는 것이다. 문제되는 최초 시원이라는 것이 먼 과거에서도 먼 미래에서도 아닌 현재의 시공간과 함께하고 있는 만큼, 관건은 시원을 새롭게 창조할 수 있는 역사 여부에 달렸다. 최초 시원은 시공간 상을 초월해서 이미 통합적이다. 그렇다면 보혜사 하나님이 섭리를 밝힌 이 시점이 바로 천지 역사의 또 다른 시발점일 수 있다. 역사의 시원은 항상 현실의 시공간과 함께하고 있어, 천지를 창조하신 하나님이 오늘날 새로운 모습으로 강림하시사 역사를 새롭게 창조할 수 있는 근거가 여기에 있다. 창조는 어차피 알파에 대한 자체 고리를 감

---

5) 위의 책, p.17.
6) 『세계창조론』, 제4편 창조증거론, 앞의 책, p.11.

추고 있어 구조적으로 영원히 순환적이다. 창조가 그러할진대 만물의 알파, 역사의 시원도 운용되는 상황은 동일하다. 시원이 시원 속에 파묻혀 있고 역사가 역사 안에 파묻혀 있다. 그렇기 때문에 새로운 시원을 도출시킬 역사가 필요하게 되어, 하나님이 강림하신 것은 이것이 先天 역사를 마무리 짓고 새로운 인류역사의 시원을 이루리라.

창조적 시원

이전에는 만상이 창조된 것이 증거되지 못하므로 다른 분야도 시원이 불투명한 것이었지만, 창조된 사실이 진리적으로 확인된 마당에서는 일체 시원이 창조로부터 시작된다. 창조가 밝혀졌다는 것은 그대로 최초 시원의 상태를 인지하였다는 것이므로, 그것은 곧 창조의 대 본의가 드러난 상태이기도 하다. 역사의 시원은 창조의 알파 상태이다. 그러므로 창조 사실이 증거된 상태와 그렇지 못한 상태에서의 제 영역에 걸친 인식은 판이하다. 알파를 알아야 오메가를 가늠할 수 있고 전체를 인식할 수 있다. 밑도 끝도 없다는 말이 있다. 무궁무진한 것은 인식함이 다함없는 상태이다. 그러한 인식 형태가 오늘날까지 구축된 학문 영역이고 과학이고 진화론이다. 시작이 모호하므로 모든 것이 어렴풋하다. 시원의 문제에 관한 한 오히려 유치한 가설 범주에 머물렀다. 시원은 무량하기만 하다. 파악이 안 되므로 데카르트처럼 궁극 원인을 자기 원인력에 두기도 하였다. 하지만 알고 보면 창조만큼 가장 확고한 시원을 가진 것도 없다. 창조는 만물의 역사 시원을 분명하게 해준다. 그래서 창조에 대해서 밝힌 본의가 고스란히 세계의 기원과 알파 문제를 해결하는 진리가 된다. 직접적인 인식은 불가능하지만, 본의를 이해하면 알파 상태가 명확하다. 그런데도 알파를 분열하는 시간대 안에서 말 그대로 시간적으로만 감지하다 보니까 인지하지 못한 것인데, 일단 그 최초 창조 상태는 시간을 포함한 선상에서 이루어진다. 이렇게 되면 역사 이전은 문자로서 기록되기 이전이 아니라 시간이 창조되기 이전이 된다. 시간이 창조되지 않은 상태에서는 당연히 창조와 하나님이 시간 밖에 있게 되어, 창조되지 않은 상태에서도 有한 하나님의 존재 상태를 유추할 수 있다. 시간적으로 아무런 제약이 없는 가운데서 존재한 有함 상태를 일단은 상정할 수 있다. 만물이 그와 같은 無한 시간대로부터 시작된 것처럼, 사실상 시간은 있다가도 없어지는 것이므로 시간은 절대적이지 못하다. 존재의 生과 소멸에 대한 시간대를 자신이 지니고 있어, 아인슈타인과 같은 과학자는, '시간이 모든 장소에서 똑같이 흐르지 않는 상대적인 것'[7]이란 사실을 밝힌 바 있다. 알파를 시간과 더불어 시간대 안에서 출발한 것으로 생각해서는 안 된다. 그렇다면? 창조는 시간이 창조되기 이전에 모든 것을 다 갖춘 상태이다. 완벽한 시스템을 갖추고 출발된 것이 창조 역사이다. 역사의 창조 시원은 지구의 생성 나이가 몇 십억 년이라든지, 하나님이 태초에 삼라만상을 일주일 만에 창조하셨다는 것을 따지는 것이 아니다. 창조의 시원은 그러한 시간대 밖에서 구축된 것이다. 그리고 그 알파는 과거로부터 미래로 흘러가는 일률적인 것이 아니란 것을 파악하는 것이 중요하다. 어디로부터도 알파는 주어지고, 알파가 오히려 미래 가운데 깊숙이 파묻혀 있

---

7) 『21세기 과학 어떻게 오는가』, 아서 S. 그레고르 저, 과학세대 역, 우리시대사, 1996, p.273.

을 수도 있다. 이미 갖추어져 있지만 찾을 수 없는 상태, 아무런 형태를 갖추지 않았는데도 존재하는 통합성, 그것이 모든 방면에 걸쳐 있는 역사의 시원이다.

그러므로 역사의 알파는 無와 무수한 시간대를 가르는 차원의 강이다. 곧 역사는 가장 완전한 존재자인 하나님으로부터 시작되었다. 하나님은 이미 존재하셔서 만상 가운데서 항상 선재해 계시다. 이 분을 우리가 제대로 따라잡지 못해 존재하신 상태를 가늠하기 어려웠지만, 창조적 시원을 가늠함과 더불어 시간대의 궁극 선상에 있는 하나님의 존재 위치를 파악할 수 있다. 역사의 시작을 無로부터 인식하는 것은 천지가 창조된 때문이다. "만물이 無에서 생겨났다"8)는 것은 시간대의 생성 이전에 창조 역사가 있었다는 것이므로, 이것은 만물의 역사 시원에 하나님의 창조 역사가 포함된 것이다. 만상의 시원에 대한 인식 영역을 확장시켰다. 그 창조 역사를 성현들이 현실의 역사 대에서 미래로부터 받아들였다. 『대학』에서는 日日新이란 말이 있다. 나날이 새롭다. 새롭게 한다. 세월이 지날수록 모든 것이 역사화되고 영원히 구(舊)해버리는데, 어떻게 나날이 新할 수 있단 말인가? 그것은 태초의 궁극 상태가 미래로부터 주어지기 때문에 가능한 것이다. 시간이 다하면 아득하게 멀어지는 것이 아니라 최초인 창조 상태에 가깝게 접근한다. 시간 밖에서 無의 상태로 존재하였던 창조 역사가 창조와 더불어 먼 태초의 과거가 아닌 오늘 이루어지게 된 것이다. 창조 이전에 존재하였던 창조 프로젝트가 영구한 것처럼 보이는 미래로부터 밝혀진다. 그래서 역사의 창조적 시원은 아직 우리가 걸어

---

8) 『철학은 물리학의 도구인가』, 방려지 저, 신하령 역, 서광사, 1992, p.200.

젖히지 못한 미래 가운데서 통합된 형태로 존재하게 된다. 역사의 창조적 시원이 과거가 아니라 미래 가운데 있고, 하나님이 주관하신 뜻과 섭리 안에 있다. 하나님이 역사의 궁극적인 본체자인 것은 창조의 시원을 미래로부터 관장하기 때문이다.

따라서 하나님이 강림하신 성령으로서 밝히고자 한 바도 창조의 시원을 주관하신 섭리이다. 하나님이 역사의 알파와 오메가를 관장하신 결과 주관하신 의지를 일관 짓고 통합해서 목적성을 밝히게 된 것이 이 연구이다. 과거 역사는 물론이고 창조의 시원, 곧 미래 역사까지도 하나님의 뜻으로서 천명하고자 한다. 미래를 관장한 창조의 대시원이 하나님에게 있다는 것을 진리적으로 밝히리라.

신화적 시원

　"우수한 민족 문화의 시원은 대개 신화론적인 우주론에서 비롯된다."9) 역사가 있는 민족은 신화를 가지며, 신화 속에 감추어져 있는 정신으로부터 그 민족의 역사를 발전시킬 힘을 얻는다. 신화가 모든 면에서 알파 역할을 대신하고 있다. 익히 밝혔다시피, 콩트는 그의『실증철학강의』에서, 사회 발전의 제일 시초에「신학적인 단계」를 두었다. "사람은 그 자신에게 세계를 설명하기 위해 신화를 발명하였고, 그렇게 함으로써 특히 사회생활을 하는 인류라는 것을 가능케 하는 조건을 창조하였다."10) 그 자신의 세계(인간 세계)를 설명하기 위한 필요성 때문에 신화를 발명하였다는 것인데, 이런 측면에서 신화는 그렇다면 어떻게 이해할 것인가? 신화를 역사로 간주할 것인가? 아니면 말 그대로 신화로서만 받아들일 것인가? 신화라고 하면 대개 실증성이 결여된 전설적인 이야기로 여긴다. 그래서 진정한 역사의 시작은 탈신화화, 즉 역사로부터 신화적인 요소를 배제시킴으로부터 시작

---

9) "그 일반적인 유형은 창조 신화와 섭리 신화, 그리고 민족 기원 신화와 건국 신화 등이 대표적인 것이다."-『불교학의 이해를 위하여』, 불교신문사 편, 대학문화사, 1984, p.189.

10)『세계사상대계 3(인간의 발견)』, 박종홍·이종우·정석해 감수, 신태양사, 1965, p.243.

된다고 보았다. 많은 역사가들은 주어진 사료들로부터 이적·기사와 전설적인 요소들을 배제하는 것이 근대적인 역사의식을 고취하는 것이라고 자부했다.[11] 그렇다면 신화는 인류의 의식이 개명되지 못했기 때문에 세계를 합리적으로 이해할 수 없었던 근거물인가? '원시적인 문화 민족의 공통된 사상은 자연계에서 일어나는 현상들을 보면서 神의 존재를 시인하고 있고',[12] "대개 단 하나라 해도 무방한 사고 양식인 신화적 방식으로 그들의 인간, 사회, 자연 및 과거, 현재, 미래에 대한 개념을 상징적으로 처리하였다."[13]

신화의 세계를 들여다보면 정말 곤혹스러운 일면도 없잖아 있다. "중국 고대 민족 신앙의 중심을 이루는 것은 역시 天에 대한 신앙이었다. 사람들은 모두 天으로부터 태어났다고 보아 인간의 조상은 天이라고 믿는 신앙이 중국 고대의 민족 신앙이었다."[14] 하지만 그 내부를 들여다보면 사실적 근거들이 희박했다. 『시경』에 기록된 것을 보면, '하늘이 제비에게 命을 내리어 내려가 商(殷의 조상 契를 말함)을 낳게 하시와라고 한 詩와, 周의 강원(姜嫄)이 상제의 발자취{武} 엄지발가락{敏}을 밟고 아기를 배어 후직(后稷)을 낳았다고 노래하고 있는 詩'[15] 등이 그러하다. '현대의 과학에서는 인간 이전의 원인(猿人)과 신인(新人)을 포함하여 이 땅에는 약 200만 년 전부터 인류가 살았다는 주장'[16]이 있지만, 성경에서 말한 인류의 기원 역사는 대략 6

---

11) 『서양사학사』, 이상신 저, 청사, 1984, p.202.

12) 『인간과 자연과학』, 자연과학교재연구회 편, 학문사, 1995, p.90.

13) 『종교현상의 이해』, 김용환 편저, 나무, 1986, p.52.

14) 『유학원론』, 성균관대학교유학과 교재편찬위원회, 성균관대학교출판부, 1995, p.257.

15) 위의 책, p.257.

16) 『세계역사의 대심판(上)』, 김영섭·김암산 계시 수록자, 남궁문화사, 1994, p.14.

천 년 정도이다. 그것도 '오랜 인류는 노아의 홍수 때 전부 떠내려가 전멸하여버려 홍수 이전의 인골이나 유물이 현재 세계에 그렇게 많이 남아 있을 수가 없다'[17]고 하였다. 무엇을 얼마만큼 역사적 사실과 시원으로서 판별할 수 있는가? 분명 인류의 역사 단계에서는 '역사적 사실과 신화, 전설을 혼돈한 역사가들에 의한 신화적인 역사사관이 있었던 것이 사실'[18]이다.

역사 이전의 역사를 대신한 신화에 대해서 그렇다면 우리는 과연 신화를 어떻게 해석하고 이해하여 받아들일 것인가? 역사에 있어서 신화는 역사의 시원을 대신하고 있는 것이 사실이다. 시원을 알고자 해도 더 이상 소급할 수 없다. 그나마 신화가 있다는 것을 다행으로 여긴다. 신화를 역사로부터 배제시킬 수 없다는 것인데, "헤브라이인들은 이미 기원전 1200년경부터 기록을 남기기 시작했고, 그 기록들이 처음으로 정리된 것은 기원전 9~8세기이며, 이 시기에 초기의 전설들을 이야기체로서 연결 지어 기원전 7세기경에 모세의 이름으로 정리되어 법전이 되었다."[19] 하지만 이렇게 해서 남겨진 것 말고 더 이상 무엇을 추가해서 알 수 있단 말인가? 어떤 합리적인 기준점을 찾고 사실성 여부를 따질 수 있겠는가? 당연히 현재의 개념화된 이해 방식인 "이성에 의한, 또는 과학에 기초를 둔 양식과는 틀릴 수밖에 없겠지만 신화는 어떤 원칙도 없이 환상으로 꾸며낸 터무니없는 이야기의 묶음은 결코 아니다."[20] 역사의 처음에는 신화적이고 '추상적

---

17) 『인간의 역사』, 安田德太郎 저, 이상옥 · 임동권 공역, 교문사, 1962, p.60.
18) 『원불교사상 논고』, 김홍철 저, 원광대학교출판국, 1980, p.148.
19) 『서양사학사』, 앞의 책, p.861.
20) 『종교현상의 이해』, 앞의 책, p.48.

으로 사유하였던 것'21)이 현재까지 문명 발달을 향해 점차 개명된 것
이라고 보아서는 안 된다. 현재를 기준으로 하게 되면 무엇이라도 옛
것은 전설이 되고 신화가 안 될 것이 없다. 그러나 현재라고 해서 무
조건 모든 것을 다 알고 있고 해명을 이룬 시대인가? 오히려 너무 모
르기 때문에 신화를 신화 취급하고 있는 것은 아닌가? 온당한 이해와
세계적 바탕에 근거한 해석이 필요하다. 현재는 현재대로 역사의 지
평(시원)과 차단되어 있어 이해하기 어려운 것이듯, '신화는 신화대로
진리를 전달하기 위한 수단'22)이었고, 현재와 하나도 다를 바 없이
그 당시에 취할 수 있은 최선을 다한 이해 방식이었다. 그런데 현재
역사가 신화를 제대로 이해하지 못한다면 현재도 신화적 수준과 오
십보백보이다. 현재를 기준으로 신화를 미신적으로 본다든지 공상적
인 소설처럼 취급한다면 그것은 온전한 이해 관점에 도달한 것이 아
니다. 이것은 어린아이가 세계를 보는 것과는 다르다. 장님더러 코끼
리를 형태 지우라고 한다면 바른 판단을 기대하기 어렵다. 현재까지
확보한 안목 자체가 시원을 바라볼 만한 근거를 확보하지 못하고 있
는데 현재를 과거 역사를 보는 기준점으로 고정시켜버리면 편파성을
면하기 어렵다. 역사에 있어서 신화가 존재하게 된 세계 바탕적인 메
커니즘을 이해해야만 또 다른 원리 방식에 의해서 신화가 역사의 시
원 자리를 차지할 수 있다.

즉, 현대 과학이 실험을 통해 증명하는 방법으로 진리관을 정초한
것은 과학적인 방법론의 탁월함이라기보다는 세계가 분열됨으로 인
한 세계적 근거들이 생성됨으로써이다. 과학이 포착한 법칙과 원리가

21) 『한국철학사상사』, 주홍성 · 이홍순 · 주칠성 저, 김문용 · 이홍용 역, 예문서원, 1993, p.27.
22) 『기독교 사상사』, 길리안 R. 에반스 외 2인 저, 서영일 역, 기독교문서선교회, 1994, p.338.

존재하지 않았는데 과학이 발견해서 생기게 된 것이 아니란 것이다. 모든 것은 이미 태고로부터 존재하였다. 세계의 생성 분열이 활발해 과학도 발달하게 된 것이다. 그렇다면 신화는? 세계의 생성 분열이 다하지 못한 상태에서의 과학적인 세계 인식 방도였다. 신화와 역사와 현대문명은 세계 본질의 생성과정에 있어서의 한 표출인 것이지, 무엇으로도 현대가 신화시대보다 나은 것이 있다고 내세울 것은 없다. 이미 있었는데 다만 분열되지 않은 것뿐이다. 동시이고 동일 수준이다.[23] 현대의 개명된 인식은 개명된 것이 아니다. 더 분열된 것이고 신화는 분열되지 않은 통합 상태이다. 분열되지 않은 집약성은 그대로 통합성이다. 그리고 그 통합성이 바로 창조를 실현시킨 최초 시원이다. 신화는 역사의 시원을 담당한 통합성이며, 통합성은 언제나 한통속인 본질 내에서 꿰뚫어진다. 신화는 현대보다 뒤떨어진 것이 아니며, 선재된 시원으로서 현 시대보다 앞서 있다. 신화가 역사의 시원으로서 확인될진대, 신화로서 표현된 고대인들의 통합적 인식은 그들의 지적 수준이 낮아서가 아니다. 역사의 시원, 즉 선재(미래) 역사를 담당하고 있었기 때문이다.

신화는 과거 역사를 전설적으로 꾸며 놓은 것이 아니다. 아직 도래하지 않은 미래 질서를 선재적으로 인식했다. 통체성으로서는 현 역사가 신화보다도 오히려 늦다. 도대체 합리성이라고는 구하기 어려운 성경의 내용은 과거의 시대라서 그렇게 기록된 것이 아니다. 고스란히 미래의 인류역사에 대한 대 프로젝트일 수 있다. 어떤 신학자는 '인류가 진정으로 나아가야 할 방향은 세계에 대한 인간 의식의 탈신

---

23) 『유학원론』, 앞의 책, p.11.

화화를 주도하는 것'24)이라고 하였지만, 그렇게 되면 인류가 애써 일 군 미래에 대한 청사진을 송두리째 잃어버릴 수도 있다. 전설은 항상 미래에 이루어질 꿈이다. 신화가 지닌 역사에 대한 존재 역할이 그러하다. 모세의 행적과 이스라엘 민족의 구원 역사는 성경에 기록된 과거의 역사적인 전설이 아니다. 하나님이 미래에 이루실 인류 구원에 대한 의지 표명이다. 그렇기 때문에 신화성이 진리로서 인류의 현실 위에 각인되어 있다. 이성을 통한 기준으로 무조건 과거 세계가 신화적인 것이라고 여긴다면, 인류는 영원히 앞날을 내다보지 못하는 눈 뜬 장님이 되어버리리라. 그리고 현대 역사는 인식 메커니즘이 전환된 먼 후일 또다시 신화로서 밀려나버리리라. 우리의 인식이 과거의 신화에 비해 합리적이라는 자부심에 걸맞게 神에 대해서, 道에 대해서, 우주와 세계와 진리에 대해서 알고 있는 것이 무엇인가? 이런 문제들은 오히려 통체 인식 방식인 신화적인 접근이 더 주효하다. 과거에는 어쩔 수 없는 제약성으로 말미암아 통체적인 인식 형태로서 표현한 것이지만, 이제 세계의 본질 생성이 극에 달하여 통합된 지금은 직관에 의한 초월인식도 가능하다. 즉, 이전에는 인식을 위한 바탕 근거를 확보하지 못해 창조된 알파 상태를 판단할 수 없었지만 분열이 완료된 지금은 모든 근거가 마련된 상태이라, 그 의의는 실로 신화가 알파를 대신할 만하다. 인류의 초기 역사가 신화로서 엮어진 것은 역사의 통체성이 분열을 다하지 못한 세계 본질의 일환이었던 때문이지, 결코 古로부터 現으로 진행되는 역사에 있어서 진화된 루트랄까, 발전 방식이 아니었다.

---

24) 「한스 킹의 신론 연구」, 박성주 저, 한신대학교 신학대학원 조직신학 석사학위논문, 1995, p.33.

하늘과 땅에 공통적으로 작용하는 팔괘(八卦)의 원리라든지 이기이
원론(理氣二元論), 음양오행설(陰陽五行說)과 같은 사상 원리들이 고대
인들이 구축한 인식 체계였다고 해서 진리성이 격하될 수는 없다. 오
히려 현대적인 안목이 세계의 본질 생성에 대한 통시 안목을 잃어버
린 장님들일 공산이 크다. 세계의 근원성에 대한 진리 접근 방법은
차원적인 안목에 있어 차이가 있는 것일 뿐, 운위되고 있는 세계는
예나 지금이나 여여할 뿐이다. 참으로 "현대의 물질문명이 인류역사
상 최고요, 최상인 문명 관점을 확보하고 있다는 판단은 착각이다. 인
류가 지혜를 발한 것은 현실이 최고 기준이 아니다."25) 고대인들은
현대인이 규정한 것과 달리 신화적인 접근 방식을 통해 오히려 천지
만물의 되어진 시종을 손바닥 보듯 파악하고 있었다. 불과 81자밖에
안 되는 짧은 문장으로 구성된 『천부경(天符經)』을 대신할 세계 우주
론은 아마도 다시없을 것이다. 어떻게 해서 이 같은 현상이 일어날
수 있는 것인가? 그것은 보다 통합적인 고대에 있어서의 진리 접근
방식이 세계의 창조성을 드러내기에 더 용이한 조건 때문이다. 道에
대한 인식이나 경전의 형성, 신화적인 표현 방식들이 다 그러하다. 고
대인들이 이룬 진리 인식 방식이 바로 통체적이었다는 뜻인데, 오늘
날에 있어 문명 세계를 구축할 수 있도록 기초를 다져준 범상찮은 시
대의 존재가치들, 그러니까 '대략 2500년 전쯤에 중국, 인도, 페르시
아, 그리스 등에 등장했던 위대한 사상가와 종교의 창시자들'26)이 제
시했던 진리가 신선한 진수로서 받아들여졌던 것은 그 속에 바로 삼
라만상 우주의 본체론과 인식론과 우주론이 총망라된 통체성이 함께

---

25) 『세계창조론 서설』, 졸저, 인쇄본, 1998, p.178.
26) 『세계사 편력』, J. 네루 저, 장명국 편역, 석탑, 1982, p.17.

하고 있어서이다. 분파된 진리성으로서는 도무지 이 같은 신비성과 권위를 지닐 수 없고 우주의 알파성과 오메가를 포함할 수 없지만 고대인들이 넘나든 세계는 통체성으로서 그때 이미 현대에 대한 진행 질서를 내포하였다. 그래서 현대문명은 아직도 노자, 佛陀, 예수 그리스도의 정신 경지를 벗어나지 못하였다. 지배 아래 있다. 그들은 통체인 本이고 우리는 말미암게 된 末이다.27) 古와 現이 생성하는 세계에서는 결국 동등한 존재 방식이다. 역사는 종국에 신화란 등식을 성립시킨다. 現은 古로부터의 발전과 진보가 아니며 분열을 이룬 양상의 전개이다. 古는 원석이고 現은 제련된 금속이라고나 할까? 통합성인 본질은 시공을 초월해서 함축되어 있다. 누구라도 처음부터 하나님을 믿기는 어려운 것이듯, 현대인이 대하는 신화란 존재성은 세계의 본질 분열이 완료되기 이전에는 인식적으로 접근하기 어려웠다. 그러한 세계 속에서 세계를 그렇게밖에 볼 수 없었다는 것은 아직 세계가 완전하게 분열되지 못한 상태에서의 현대적 시각(?)인 것이고, 신화란 통체적인 인식 여건은 오히려 미래를 꿰뚫을 능력을 보유하였다. 꿈 많은 소년일수록 먼 미래를 직시하는데 성인들은 현실 속에 안주한다. 소년이 아직 꿈을 실현할 방도를 구체화시키지 못한 것과 고대인이 세계를 묘사할 분열적인 근거를 확보하지 못해 신화적으로 표현한 것은 그 양상이 동일하다. 하지만 어제의 소년은 장성한 오늘의 어른과 다른 존재가 아니다. 신화가 역사가 된 것이고 역사가 신화였던 역사이다.

그러므로 신화는 과거에 인류가 지녔던 인식 메커니즘이 아니다.

---

27) 『세계본질론』, 졸저, 청학사, 1997, p.267.

고대인들이 역사의 시원 부분을 신화적인 방식으로 표현했던 것은 과거의 일이 아니며, 미래의 선재 질서를 예지한 것이다. 지금도 역사는 미래로부터 풀리고 있다. 곧 통합성이 역사의 알파이고 섭리의 종착지이다. 신화는 신화가 아니다. 당시의 살아 있는 역사였고 전체를 통괄하고자 한 추진 메커니즘이었다. 그렇기 때문에 신화는 현대에 있어서도 변함없이 역사의 시원 영역을 담당하고 있고, 신화를 근거로 장차 새로운 문명 역사를 창조하리라. 신화는 역사의 옛 고향임과 동시에 이루어야 하는 역사의 목표이다. 역사는 미래를 직시하지 못하나니, 신화만이 신화 같은 역사를 창조할 추진 에너지를 본유하고 있다. 우리가 태어난 삶의 본향은 언젠가는 다시 돌아가야 할 귀착지가 되는 것이듯, 신화도 인류를 잉태한 시원으로서 인류의 문명 역사가 도달해야 할 본향이다. 신화는 현 시대의 역사가 반드시 구현해야 하는 아직도 남아 있는 역사이다. 진정 신화는 역사인가? 신화 없이 역사는 구성될 수 없다. 이 같은 결론 도달에 역사의 신화적 시원이 있다. 그래서 신화의 본질을 밝히게 된 이 시점은 신화의 새로운 시원으로 다시 돌아온 것이기도 하다. 그리고 이 출발 시점에 정말 하나님이 이 땅에 강림하신 역사적인 사실이 있다는 것을 상기해야 한다. 신화는 알고 보면 역사의 전모이다. 그리고 신화의 장막 한 가운데 하나님이 좌정해 계시다. 신화 같은 역사를 몰아붙이신 하나님이 성령으로 강림하셔서 이 땅에 정말 신화 같은 역사를 창조하려 하신다. 이것은 인류가 맞이한 또 다른 신화적 시원이 아니고 무엇이겠는가?

역사적 시원

역사의 신화적 기원은 통합적인 것으로 무형의 形而上學的인 요소를 내포하고 있다. 그러므로 현실적인 안목에서 필요한 것은 가시화된 인류역사의 시원이다.[28] 그런데 역사의 주요한 자료는 기록에 의존한 관계로 기록 여부에 따라 역사를 인식할 수 있는 시대를 역사시대라 하고 기록의 자료가 전혀 없는 시대를 선사시대라고 한다.[29] 이와 같은 관점이라면 파악이 가능한 인류역사를 한 페이지로 칠 때 선사시대는 백 페이지 이상이라고 감히 추정할 수 있다.[30] 물론 오늘날에는 기록이 없더라도 고고학적인 발굴이나 유적의 탐사 등을 통해 오랜 역사 과정을 추적하고 있는 실정이다. 선사시대에 이루어졌던 언어·불·도구의 발명과 동물 사육·곡물 재배[31] 같은 비약적인 사

---

28) "인류의 역사는 언제부터 시작되었을까? 인류의 역사란 바로 지난날의 인류의 생활이며, 따라서 그것은 지구상에서 인류 생활이 시작된 것과 더불어 시작되었다."-『문화사』, 나종일 외 2인 저, 한국방송통신대학, 1991, p.1.

29) "역사가들은 으레 인류역사의 시작을 인류 생활 자체의 시작보다는 차라리 인류 생활에 관한 기록이 나타나면서부터라고 생각해 왔다. 그래서 이때부터를 역사시대라 하고, 그 이전의 시대를 유사 이전 또는 선사시대라 불러왔다. 기록이 나타난 것은 문자가 나타나면서부터이며, 그것은 지금부터 5~6천 년 전의 일에 불과하다."-위의 책, p.1.

30) 『세계사 개론』, 이동윤 저, 일지사, 1984, p.18.

31) 『인류의 선사시대』, 브라이언 페이건 저, 최몽룡 역, 을유문화사, 1987, pp.189-190.

건들이 기록된 바는 없더라도, 잔존하는 유물의 흔적들은 단계적인 발자취를 말하고 있다.32) 그리고 보면 역사의 시원 문제는 어느덧 기록됨에 의존한 제한성을 넘어서,33) 탐구 활동을 통해 최대한 발견되고 밝혀진 만큼 소급된다. 그래서 역사의 시원은 결국 우리가 아는 것만큼, 부각시킨 만큼으로부터 시작된다. 그렇다면 우리는 그러한 노력을 통해서 과거 역사를 얼마만큼 알 수 있는가? 그리고 세상 가운데서 드러난 것, 남겨진 것만 역사인가란 문제점을 짚고 본다면, 드러난 역사만으로는 부족함이 역력한, 역사에 대한 인식적 한계가 분명하다는 것을 알 수 있다.

선사시대로부터 구분한 그것이 역사의 시원일 수는 없다. 하지만 우리에게는 선사시대를 끝까지 추적할 수 없는 한계도 있다. 그러함에도 역사의 시원을 밝힐 수 있다면, 그것은 통합적인 생성 상 시원이란 우리가 파악하기 어려운 먼 과거에 있는 것이 아니라 미래의 먼 그날에 있게 되는 아이러니가 있다. 즉, 역사를 완전하게 알 가능성은 과거보다는 미래 가운데 있다. 그리고 미래 역사까지 완전하게 아는 그날이 역사의 출발 시원이다. 왜냐하면 역사를 단편적으로 바라보면 일정한 방향으로 흘러가는 것 같지만, 주어진 본질 구조는 생성함으로 순환하기 때문이다. 우리가 역사의 최초 시원을 파악하기 어려웠던 것은 이 같은 통합 공간 안이었기 때문인데, 이미 상존하여 존재한 역사가 섭리로서 분열을 완료하면, 역사는 비로소 최초 시원에 대

---

32) 1859년에 영국의 지질학자나 고고학자들 중 몇 명은 그들의 탐구 업적을 토대로 석기는 인류가 만든 것이며 대 홍수 전, 즉 홍적세에도 인류가 있었다고 세계를 향하여 정식으로 발표함.-『인간의 역사』, 앞의 책, p.62.

33) 과거 시대의 기록이 소멸됨으로써 역사와 문명의 계승이 끊어짐.-『7만 년 하늘민족의 역사』, 유왕기 저, 세일사, 1989, p.113.

한 모습을 드러낸다. 통합 역사가 인식세계에서 가시화된 그 시점이 역사의 최초 시원이다. 지나간 역사가 한 번 스친 것으로 끝나지 않고 다시 통합된 시공간에 도래한다는 것인데, 그렇지만 그렇게 통합된 시원 상태가 선사시대로 다시 돌아간다는 뜻은 아니다. 인류가 최초로 불의 사용법을 발견하였다면 오늘날은 원자력이라는 새로운 불을 발견한 그것이 통합적인 역사 형태이다. 그렇다면 생성 상으로 역사의 시원은 어디에 있는가? 창조 이래로 역사된 시원은 상존한 시원 외에는 다른 시원이 없다. 분열을 극한 매듭과 역사가 무수하게 전환된 시점이 있을 뿐이다. 누가 역사를 매듭지어 전환시킬 수 있다면 그 시점이 곧 역사의 새로운 시원이다. 통합성의 분열이 완료된 시점이다. 생성한 세계가 전환을 이룬 증거이다. 통상 원시시대를 구분한다면, 그때는 "인간이 명확한 자기의 자각을 가지고 있지 않았다는 것은 물론이고, 인간과 자연이 융합되고 자연과 神도 미분화되어 분리되지 못했던 것으로 판단한다."34) 하지만 역사와 인식이 분리되지 못한 상태에서도 세계가 존재하지 않은 것은 아니니, 이러한 존재 상태가 역사의 통합적 시원이다. 통합성 상태로 존재해, 이것이 분열을 다하면 새로운 역사가 출발된다. 역사의 통합적 순환은 창조된 세계의 특성상 영원하게 반복될 것이지만, 인류문명의 시원은 결국 역사가 그 조종(祖宗)이 된다.

그러므로 지성들이 가늠했던 과거를 통한 역사 시원 추적은 사실상 끝이 없다.35) 이미 창생 때부터 시원의 꼬리가 자체 시공의 역사

---

34) 『선과 종교철학』, 아베 마사오 저, 변선환 엮음, 대원정사, 1996, p.354.

35) "우리에게 진정한 시원은 있을 수 없다. 이것이야말로 시원이라고 하는 것에는 항상 무엇인가가 그 시원의 앞에 존재하고 있다. 과거의 전체가 시원 속에 있다."-『종교현상의 이해』, 앞의 책, p.84.

가운데 파묻혀버린 최초 알파를 어디서 찾으란 말인가?[36] 그러므로 이제부터 중요한 것은 그 이유를 아는 것이다. 신앙적인 의미에서 인류의 시원이 아담으로부터 시작되었다고 하는 주장은 참으로 의미하는 바가 크다.[37] 창조된 세계로 인하여 최초의 시원은 분명히 있는데,[38] 성경의 창조론은 그 시원이 바로 통합성에 근거하였다는 것을 의미한 것이다. '역사의 출발점을 원숭이로부터 잡은 진화론자'[39]도 있고, 제(帝)와 조(祖)의 문자적인 개념 형성을 추적하는 과정에서 인류의 시원에 생식적인 개념이 내포되어 있다는 주장도 있지만,[40] 현시대의 개명된 인식세계가 그러하다면 이런 주장들이 어리석다고 반박할 수도 없다. 해결책은 오로지 이 연구의 주장을 뒷받침할 통합적인 본질 역사, 즉 그 시원성을 확인할 섭리를 밝히는 것이다. 그리고 그러한 섭리를 밝힌 하나님의 지상 강림 역사가 사실로서 확인될진대, 그것은 오늘날에 있어서 인류가 새롭게 맞이하는 문명 역사의 대시원을 이루리라.

---

36) 천지가 창조됨으로 역사의 시원 자체가 有한 세계의 본질 자체 속에 포함되어버림.-『세계창조론 서설』, 앞의 책, p.172.

37) 『주체사상의 철학 원리』, 장길성 저, 서린당, 1991, p.162.

38) 가톨릭 신앙은 세계가 시초를 가지고 있다고 가르침.-『토마스 아퀴나스』, A. 케니 저, 강영계 · 김익현 역, 서광사, 1984, p.27.

39) 『인간의 역사』, 앞의 책, p.18.

40) "갑골문자에서 ▽는 여자의 생식기를 의미하며 이것이 후에 帝라는 글자가 되었다. 그리고 祖는 오늘날 示변이 붙지 않고 단순히 且로 되어 이 且는 잘 살펴보면 틀림없이 남자의 성기이다. 바꾸어 말하면 모계 사회에서는 ▽가 씨족의 조상으로서 제사 지냈으나 부계 사회의 시대에 들어서 비로소 且가 조상으로서 제사 지내기에 이르렀다."-위의 책, p.403.

문명적 시원

　창조적 시원이 우주와 有함의 첫 출발 상태라면 신화적 시원은 그 출발이 통합적이고 역사적 시원은 무한소급되어 끝이 없다. 여기에 비해 인류의 문명적 시원은 현재의 문명이 분명한 형태를 지니고 있는 것 이상으로 역사의 시원이 곧바로 문명의 시원이란 확실한 가닥을 잡아 준다. 역사의 오랜 시초인 원시적인 생활 상태를 일러서 문명적이라고 말하지는 않는다. 인류가 적어도 원시생활을 벗어나 문명의 단계, 그렇게 출발되었다고 할 수 있는 상태는 대략 기원전 3000년경의 오리엔트 지역이 첫출발이었다고 한다. 중국의 황하, 인도의 인더스 강 유역과 더불어 인류 최초의 문명이 탄생된 것이다.[41] 그렇게 해서 출발된 형태는 농경이 시작되고 도시가 나타났으며 국가 생활이 시작된 것인데, 이것은 분명 다른 지역에서는 발견할 수 없는 문명의 시발 상태이다. 이러한 문명이 뒤이은 여러 문명으로 전파되어 점차 번성하게 되었다. 문명들은 발생한 지역이 다른 차이점도 있지만, 동양의 문화유산인 중국의 고전 문명이 형성된 것과 서구문명

---

41) 『문화사』, 앞의 책, p.1.

의 모체인 고대 그리스의 문화가 발생된 것은 서로 다른 특성을 가지고 있다.

그렇다면 우리는 지역과 특성을 달리하여 발생한 문명의 시원을 어디서부터 초점 잡아야 할 것인가? 그 시원을 원인적인 측면에서 토인비는 '문명은 아주 살기 좋은 환경에서는 발생하지 않는다'[42]는 주장을 펼쳤다. 극복의 역사, 그러니까 도전에 대한 응전의 과정이 문명을 발생시킨 촉진제란 것인데,[43] 이 같은 원인을 다 수용하고 보아도 문명의 시원 형태는 추적할 수 없다. 토인비 외에도 '헤겔의 변증법적 변화론, 슈펭글러의 생물학적 운명론'[44] 등이 시원을 판단할 만한 관점들로서 제시되고 있다. 그러나 그들은 한마디로 본질적이지 못하다. 관점이란 것 자체가 문명의 시원 판단을 제한해버린다. 문명과 '역사를 생물학적으로 파악'[45]하게 되면(슈펭글러) 당연히 생멸에 대한 한계 의식이 농후하다.[46] 하지만 그렇게 형태적으로 생멸하는 현상이 분명하다 해도 생멸과는 상관없이 영원한 존재가 있다고 한다면 어떻게 할 것인가?

또한 문명 발생의 시원 문제를 현대를 기준으로 하여 시간 안에서 발전적·진보적인 것으로 보게 되면 이 또한 무한소급되는 상태에 빠진다. "구석기나 신석기라는 분류는 현대인이 잡은 기준일 뿐, 과

---

42) 『역사의 연구(Ⅰ)』, 토인비 저, 노명식 역, 삼성출판사, 1983, p.182.

43) 토인비는 문명의 발생에 대해서 문명을 원시사회가 정적인 상태에서 동적인 상태로 전환할 때 일어난다고 보았다. 그는 문명 발생을 인종적, 또는 환경적 요인으로부터 설명하는 학설들을 거부하면서 저 유명한 도전과 응전의 이론을 제시했다.-『서양사학사』, 앞의 책, p.815.

44) 『사관이란 무엇인가』, 차하형 편, 청람, 1985, p.28.

45) 위의 책, p.810.

46) "슈펭글러는 서구의 몰락(1918~1922)을 통해서 단일한 직선적인 역사 발전을 거부하고 여러 문화권이 마치 살아 있는 생물체의 진화와 같이 성장과 소멸의 길을 걸어가며 그에 대한 예측이 가능하다고 보았다."-위의 책, p.19.

거에도 산발적이고 단층적인 문명이 존재했었다는 증거들이 수없이 많았다.”47) 현대문명은 대략 6000년 동안에 이루어진 것으로 보는 데,48) 그나마 4~5천 년 전의 고대 역사는 신화로서 취급하려는 경향이 있다. 시공간적으로 아무리 발생 시원을 소급하려 해도 소급이 안 되는 장애가 있는 것이 분명하다. ‘중국에서 문헌적으로나 고고학적으로 실증되는 최초의 국가는 은왕조(殷王朝)’49)인데, 그렇다면 그 은왕조 이전에는 역사가 없었던 것인가 하면 전혀 그렇지 않다. “원시 사회라도 어떤 문명한 사회보다 역동적으로 발전했던 보다 초기의 단계가 틀림없이 있었으리라는 것은 추리하기가 어렵지 않다.”50) 문명적 시원을 추적해 들어가 보면 예상한 대로 한도 없고 끝도 없다.

그렇지만 제 문명의 발생 여건, 시기, 특성, 형태, 수없는 흥망성쇠, 단절이 있었다 할지라도 그들은 오늘날 우리가 접하고 있는 문명의 특성 형태 이상을 벗어나지 못한다. 오히려 유구한 역사 과정을 통해서 발아된 문명의 씨앗들이 한껏 개화된 상태라고나 할까? 창조로부터 추진된 이만한 역사 과정 위에서 더 이상 남겨져 있을 잠재된 문화 형태는 어디에도 없으리라. 지금까지 움트지 못한 문명적 씨앗인데 우주로부터 갑자기 이식될 리 없다. 설사 남아 있다 할지라도 문명은 상호 간 교감 과정을 거쳤을 때 새로운 문명이 탄생될 가능성이 있다. 기존 문명은 모든 면에서 종말에 처하였고, 설사 무엇인가 잔존해 있다 해도 더 이상 기대할 것이 없다. 문명적 시원이 과거에 어떻

---

47) 『7만 년 하늘민족의 역사』, 앞의 책, p.99.

48) 위의 책, p.109.

49) 『개관 동양사』, 동양사학회 편, 지식산업사, 1987, p.19.

50) 『역사의 연구(Ⅰ)』, 앞의 책, p.88.

게 해서 구축된 것이든 그것은 현 단계의 문명 형태를 낳은 배아들이
다. 현재의 문명 형태는 언젠가 존재한 문명의 시초 단계와 한통속으
로 연결되어 있어 둘이 아닌 하나이다. 어릴 적 겪은 존재 세월과 지
금이 분리될 수 없는 것처럼, 문명적 시원도 마찬가지이다. 문명 역시
한통속인 본질 안에서 초월적인 인식이 가능하다. 굳이 그 시원을 힘
들여 더듬어 갈 필요가 없는 것이, 태초의 문명 시원 뿌리는 바로 현
시공간이 본유하고 있다. 한 밑동, 한 덩어리로서 운위되고 있다. 단
지 본질적인 형태상 문명의 시원 단계가 통합성이란 인자로서 존재
한 것이고, 지금은 만개해서 다채로운 꽃을 피우고 있는 상태이다. 무
조건 인류의 시초 단계가 원시사회인 미개 문명 상태인 것으로 단정
해서는 안 된다. 그것은 미개한 것이 아니라 분열되지 않은 통체 세
계였던 것이며, 오늘날 문명사회를 개화시키기 위해 모든 완성 요인
을 사전에 구유했던 것이다.

고대 문명의 창시자인 수메르(Sumer)인들은 태초에 창조된 우주가
완벽하였다는 사상이 있었다.[51] 그러고 보면 프로이트나 융이 개척
한 심리학의 세계는 "이천오백 년 전에 동양이 제기했던 노·장학이
나 그 밖의 인성 논의의 선을 넘지 못한다."[52] 심리학이란 영역뿐만
이겠는가? 분열된 온갖 양상은 결국 통합성 안에 있는 것이며, 현대
문명이 다양한 것은 태초의 선진 시원문명 형태가 분열된 것이다. 한
통속이면서도 세분화된 모습이라고나 할까? '석기 시대의 인간은 아
직 말을 할 수 있는 특수한 기관을 갖고 있지 못해 온몸을 사용'[53]했

---

51) 『이슬람 입문』, 김정위 편저, 한국외국어대학교출판부, 1993, p.8.
52) 『증산사상중심의 인류갱생철학개론』, 배용덕·황정용 공저, 태광문화사, 1995, p.525.
53) 『인간의 역사』, 조우화 편, 동녘, 1984, p.21.

다고 하는데, 온갖 정보통신기기가 발달해 세계를 손바닥 들여다보듯이 하고 있는 현대의 고도한 문명 형태와 비교한다면 미개한 사회인 것이 분명하다. 하지만 인간이 언어를 발달시키지 못하고 문자가 없었다고 해서 의사 전달이 불가능한 것은 아니다. 비록 손발과 온몸을 이용하였을지라도 그렇게 하는 것이 그들이 원한 통신 내용을 제한시킨 것은 아니다. 오히려 초월적인 정신 능력을 발달시켜서 만사형통했을지도 모른다. 기독교에서 말한 성령의 역사는 이와 비슷한 의사 전달 형태를 취한 것이다. 영통함은 언어와 문자가 발달하지 못했던 시절에 활발했던 통신수단 잔재인가? 긍정적으로 본다면 영성적인 본질 차원 문명을 인류가 그렇게 본유한 것이다. 선진화된 문명적 유산(?)을 미개하다고 본 선조들이 상용화시킨 것이다. 핸드폰으로 하나님과 통화할 수는 없었지만 믿음 있는 자녀들은 영통함을 통해 성령과 교감하고 하나님과 통할 수 있다. 어느 쪽이 더 선진이고 미개한 문명 형태인가? 이제 막 우리는 이 같은 통합적인 문명의 시원 상태를 깨닫고 차원적인 선진 문명에 도달하기 위해 노력하고 있다. 선조들은 그만큼 시공간을 초월하여 현대문명보다 통합적으로 선재되어 있었다고 본다.

따라서 역사든 道든 문명이든 태동하게 된 시원은 모두 창조로 인한 규정으로 말미암아 통합적인 본질 상태를 벗어나지 못한다. 벌써 이 연구만 보더라도 영역별로 주제는 다르다 하나 역사에 관한 본질 문제를 확인하고 있는 중이다. 통합적인 역사를 인식하는 데 있어 그만한 전개 과정이 필요했다는 것인데, 이것은 인류의 제반 역사 과정과 연관되며, 현대문명이 이룩한 결실과도 상통한다. 그리고 강림하신 하나님이 이루고자 한 세계 통합도 그것은 제 문명 간을 단위로 삼음으로써 새로운 문명 형태를 이룰 기반을 터 닦는 것이다. 이것은 한계성에 다다른 先天 문명을 새롭게 생성시키는 원동력이다. 그러나 그렇게 될 수 없다면? 따라서 통합적인 측면에서 본다면 역사의 시원이 그러하듯, 우리는 통합적인 시원 상태를 깨달은 지금이 새로운 인류문명의 출발점이 되며, 그 전환점에 보혜사 하나님이 진리의 성령으로서 강림하신 역사적인 사실이 있다. 종말은 그대로 새로운 시작의 출발점이다. 강림하신 하나님이 어떤 문명 형태를 창출하실 수 있겠는가 하는 것은 이 연구가 밝히겠지만, 그 설정 형태는 태초로부터 이미 통합적이다. 창조와 함께 모든 것을 본유시킨 상태에서 시발되었다.

제6장

역사의 전환 본질

역사는 我와 非我의 투쟁의 기록이다.
−단재 신채호(1880~1936)−

전환 구분

무엇이든지 전환이 이루어진다는 것은 역사적인 것이다. 알고 보면 전환만큼 역사적인 것은 없고, 전환에 역사의 핵심 본질이 내포되어 있다. 나이테는 계절의 변화에 따른 자연의 기록으로서, 그 테 자국을 통해 그 나무가 지닌 연륜을 안다. 역사도 시대 본질이 전환된 나이테로 하여 새롭게 생성된다. 알다시피 역사의 전환은 그냥 일어나는 것이 아니다. 변화와 변혁이 일어난 데는 그만한 계기와 원인이 있다. 지리상의 발견은 유럽 세력 팽창의 시발점이 되었는데,[1] 이 같은 변화는 역사를 구분하는 선으로서 새롭게 생성된 본질을 대변한다. 그런데도 그러한 구분이 후세인들이 세운 역사인식 관점에 따라 분류되었다는 것은 다분히 인위적이다. 전환이 역사적인 것은 분명한데 역사가들은 이런 전환을 단계적으로 구분해서 체계 짓기를 좋아했다. 그러나 전환을 단계로서 인식하는 것은 역사가가 의도한 것이지 역사 자체가 그런 것은 아니다. 사회학자 콩트가 '자기 당대까지의 지식과 문화가 통과해 온 발전 단계를 세 단계로 나누었다는 것'[2]

---

1) 『문화사』, 나종일 외 2인 저, 한국방송통신대학교, 1991, p.165.

은, 말 그대로 한 개인이 그렇게 보았다는 것이므로, 이것은 자각되는 역사의식에 따라 얼마든지 다르게 구분할 수 있다는 것의 한 실례이다. "헤시오도스는 기원전 8세기의 인물인데, 그가 저술한 『노동과 날들』 가운데서는 일종의 시대 구분에 관한 최초의 언급이 있다. 즉, 그는 역사가 금의 시대, 은의 시대, 철의 시대, 동의 시대로 계속되고 있다는 구절을 쓴 것이다."3) 성 아우구스티누스는 "인류사의 본질을 하나님에서 출발해서 하나님에게로 돌아가는 안식의 과정으로 보아 최초 아담에서 노아 홍수까지의 시기를 역사의 말할 수 없는 유아기로서 표현하였고, 메시아로서의 예수가 최후의 심판을 이루기까지를 노성기(老成期), 그리고 최종적으로 하나님에서 영원히 안식하는 시기로 구분하였다."4) 철학자 "야스퍼스는 일종의 정신적 양상에 의해서 세계사를 전사(前史)시대(B.C. 5천 년 이전)·고대 고도 문화시대(B.C. 5천 년에서 B.C. 3천 년)·중핵시대(B.C. 8백 년에서 B.C. 2백 년까지)·과학과 기술의 시대(중세말기, 특히 18세기 이후)로서 사대별(四大別)하기도 하였다."5)

여기서 우리가 알아야 할 것은 많은 사람들이 시도하여 온 시대 구분의 다양함과 함께 역사도 그렇게 변화를 겪어 왔다는 데 있다. 이것은 "역사를 정치, 외교, 군사, 사회, 경제, 문화, 종교와 같은 영역별로 분류한 것과 다르다."6) 분명 시대를 구분하는 것은 시대상의 변

---

2) 첫 번째로는 신학적 단계, 두 번째로는 형이상학적 단계, 세 번째로는 실증적 단계로 봄.-『서양사학사』, 이상신 저, 청사, 1984, p.702.

3) 위의 책, p.25.

4) 『역사철학』, 최재희 저, 청림사, 1975, pp.66-67.

5) 위의 책, p.121.

6) 『역사학 입문』, 로버트 V. 다니엘스 저, 정경현 역, 지식산업사, 1996, p.66.

화를 염두에 둔 것으로서, 그것은 결국 시공간의 본질 생성과 연관된
다. 변화와 전환의 계기가 된 세세한 원인을 밝히는 가운데 역사의
모습이 드러난다. "왜 솔로몬 왕의 죽음과 더불어 신정 정치가 끝나
고 선지자에 의한 선지 시대가 열리기 시작했는가?"[7] 왜 신정 정치
가 끝까지 이어질 수는 없었는가? 하지만 그것은 인간이 의도할 수
있는 역사가 아니다. 인간은 변화를 바라는 자도 있고 원하지 않는
자도 있는데, 역사를 통해서 볼 때는 항상 변화가 일어나기 때문에
변화에 따른 전환을 대비해야 했다. 역사는 그냥 머물러 있지 않다.
영구히 생성하고 생성하기 위해서 변화한다.

따라서 역사에 대해 생성과 분열을 관망한 입장에서 가장 널리 받
아들이고 있는 것은 아무래도 고대·중세·근세라는 시대 구분일 것
이다. 17세기 말엽에 성립된 이 구분에 대한 근거는 르네상스의 인문
주의자들이 자기네들의 이상인 고대 시대와 문예가 부흥한 당대 사
이를 가로막은 야만스런 중간기를 설정하고자 한 데 있었는데, 이것
을 18세기의 계몽사상가들이 동조해서 같은 견해를 취한 것이다.[8]
그들도 역사 과정에 대한 변화를 구분할 만한 뚜렷한 특성으로 인식
한 것이다. 하지만 그러한 구분 역시 임시방편인 것은 분명하다. 칼로
물 베듯 한다는 말이 있다. 시공간 상에서는 그렇게 구분한다고 해서
구분되는 것이 아니다. 그리고 근세란 현재를 출발점으로 한 것인 만
큼 현재란 기준 자체는 끊임없이 변하는 것이다. 즉, 근세는 언제부터
시작하고 중세는 언제까지일까 하는 것은 역사학자들의 자의에 맡겨
진다.[9] 일률적일 수 없다는 말이다. 참고적으로 고대·중세·근대라

---

7) 『기독교와 문화』, 조인서 저, 한올출판사, 1996, p.63.
8) 『세계를 움직인 백 권의 책』, 신동아 1968년 1월호 부록, 동아일보사, p.106.

고 하는 시대 명칭을 최초 역사적인 서술에 등장시킨 사람은 할레 대학 교수인 크리스토프 셀라리우스이다.[10] 그는 콘스탄틴 대제까지를 고대사, 터키의 콘스탄티노플 점령까지를 중세사, 그 이후를 근대사로 구별했다.[11] 어떤 사건을 기점으로 한 시대 전환 인식 관점이다.

　그렇다면 앞으로는? 과거 역사는 그렇게 구분하였더라도 앞으로가 문제이다. 이것은 마치 볼 수 있는 영역만을 근거로 나아갈 진로를 판단하는 것과 같다. 역사의 전체를 통섭하지 못한 만큼 오류도 예상된다. 한 때는 유럽 지역이 세계의 전부로 여겨진 시대가 있어 중국이나 아시아의 역사를 제외한 채 세계사를 서술하기도 했다. 결국 제반 시대 구분은 제 눈의 안경 격이었다는 뜻이다. 따라서 역사 분야에 있어서도 시급하게 요청되고 있는 것은 무엇을 어떻게 해야 역사의 전환 시점들에 대한 기준을 정확하게 잡을 수 있을 것인가 하는 것이다. 그러기 위해서는 먼저 역사의 생성 변화를 가늠할 전환의 본질성을 알아야 한다. 시대를 가른 전환에 역사의 본질이 있는 것이라면 세계사적으로 그러한 본질을 밝히는 것에 역점을 두어야 한다. 그리고 그러한 구분과 기준과 본질을 설정하는 데 있어서 전 역사를 총망라하여 확고하게 시사점을 제시하는 것이 지상 강림 역사이다. 강림하신 하나님은 어떤 형태로든 역사에 대한 가장 본질적인 문제들을 해결하는 성업을 감당하리라.

---

9) 『일본의 역사』, 이노우에 야스시 저, 서동만 역, 이론과 실천, 1989, p.12.

10) 그는(Christoph Cellarius, 1634~1707) 세 권으로 된 신서판 크기의 세계사 교과서를 썼다. 『고대사』: 1685년, 『중세사』: 1688년, 『근대사』: 1696년.-『천지창조의 세계사』, 오카자키 가츠요 저, 김경진 역, 창해, 1997, p.256.

11) 『역사학 입문』, E. 베른하임 저, 박완순 역, 범우사, 1988, p.88.

전환 근거

　과거 역사를 어떤 기준을 가지고 시대적으로, 혹은 특정 사건과 의미를 근거로 해서 구분하는 것은 대개 역사가들의 역사에 대한 지적 판단에 따른 것이다. 그리고 이러한 통찰 방식에 대해 비견할 수 있는 또 다른 역사 전환에 대한 인식방식으로서는 시대를 살아가면서 시대의 대 변환 주기를 통찰한 어떤 획기적인 선언의 경우들이 있다. 역사가가 역사를 구분하는 것은 이미 상존한 역사 자료를 바탕으로 한 것이고, 시대를 선언한 자들은 당대의 주기적 변화 상황을 각성한 자들이다. 관념성을 벗어나 좀 더 현실적이고 생동감 있는 역사를 감지한 자들이 일으킨 용기 있는 통찰이라고 할 수 있다. 하지만 역사적으로 많은 선언들이 있었는데도 문제는 그러한 인식 전환에 따른 근거를 뒷받침하지 못한 데 있다. 누구라도 세상을 깜짝 놀라게 할 선언은 할 수 있다. 그러나 세계의 생성 질서가 그러한 선언과 함께하지 못한다면 실효성을 잃어버린다. 따라서 어떤 근거를 제시할 수 있다면 그것은 분명 인위적인 역사 구분 방식에 비해 역사인식에 있어서 한 걸음 더 전진한 단계이다. 그러함에도 선언한 것이 곧바로 역사를 전환시키는 근거가 되는 것인가 하고 묻는다면 긍정하기 어렵다.

한 일례로서 우리나라에서는 후천 개벽을 선언한 종교 사상이 있다. 이들 사상들이 나중에는 천도교, 증산교, 원불교 등 근대 민족 종교를 창립시킨 근거가 되기도 했는데, 특히 "김항(一夫: 1826~1898)은 정역(正易) 사상을 통하여 신흥 종교들의 후천 도수 근거를 제시하였다(그 중심은 고래로부터 전래된 易임)."12) 물론 易은 세계의 생성 질서를 도수화한 것일 수도 있지만, 易의 진리성을 제대로 해명하지도 못한 상태에서 선언을 해 뜻을 간파한 자 극소수요, 설사 선언이 사실이라 하더라도 세계의 전체성을 구획 지을 만한 근거는 되지 못했다. 더군다나 후천 개벽의 진의에 동조했던 '수운이나 증산, 소태산 등은 모두 자기들이 살던 당대를 시점으로 해서 그 이전을 先天, 이후를 後天으로 구분'13)하였으니, 다분히 주관적인 요소가 농후하다. 설사 그들이 先天으로부터 後天으로 전환된 시대 본질을 정확하게 인식하였다 해도 그러한 사실을 인식한 것 자체가 우주가 변화된 근거는 아니다. 그들은 시대의 전환을 선각함에 따라서 변혁의 때를 예비한 선지자로서의 역할은 수행했지만, 그러한 사실을 자각한 인간이란 존재가 시대 전환을 위한 기준은 될 수 없다. 감히 '수운은 경신(庚申) 4월 5일에 정신개벽의 표어를 세우고 나는 후천 천황씨다',14) 즉 후천 시조란 말을 하였는데, 이것은 전환에 대한 인식을 세계적인 바탕 본질에 근거해서 보지 못한 아전인수격인 판단이다. 전환에 대한 인

---

12) 『원불교사상 논고』, 김홍철 저, 원광대학교출판부, 1980, p.28.

13) 위의 책, p.339.

14) 위의 책, p.350.

식을 보편화시키기 위해서는 세계적인 분열이 완료될 때의 도래를 더 기다려야 했다.

또 한 가지 예로서는 역사가 세계적으로 보편화되지 못한 것인데, 한 문화권에서 일방적으로 시대의 전환을 선언한 경우이다. '그리스도의 탄생을 역사시대에 있어서의 분기점으로 세운 B.C.와 A.D.의 사용'[15]이 그것이다. 그 역사적인 근거는 "말씀(하나님)이 육(인간)이 되었다는 전환에 대한 선언으로서 하나님이 육이 되어 우리 가운데, 하나님이 역사 안에 들어온 사건이 바로 그리스도의 탄생이란 뜻이다. 그래서 탄생 이전의 역사와 탄생 이후의 역사를 엄격하게 구분하였다."[16] 하지만 이 같은 전환 구분이 정말 세계적인 변환을 일으킨 역사적인 바탕이 되기 위해서는 이후의 역사까지 그 같은 의미 기준을 근간으로 해서 완성할 수 있어야 했다. 전환은 항상 세계가 생성함에 따른 본질적인 근거들과 유리될 수 없다. 하물며 '그리스도 탄생을 기준으로 한 기원이 525년에 고안되었었다는 것을 감안한다면',[17] 참으로 인위적인 구분이다. "페타비우스라는 사람이 B.C. 즉, 그리스도 이전이란 연호를 창시한 것이고",[18] A.D.는 "디오니시오스라는 사람이 그 당시 主께서 육신으로 태어날 때로부터라는 말로서 연호를 표시했지만, 나중에는 主의 해(anno domini)라는 말도 함께 사용하게 되어 현대에 와서 후자가 널리 쓰이게 되었다."[19] 그런데도 "그리스도가 그 기원 원년에 탄생하였다는 증거는 아무 것도 없다."[20] 전환

---

15) 『서양사학사』, 앞의 책, p.126.
16) 『역사와 해석』, 안병무 저, 한길사, 1993, pp.350-351.
17) 『천지창조의 세계사』, 앞의 책, p.83.
18) 위의 책, p.229.
19) 위의 책, p.81.

의 근거가 불확실할 뿐 아니라, 一夫 김항이 살아생전에 직접 선언한 후천 개벽이란 시대적 통찰과도 대조된다.

그렇다면 시대의 전환을 인식하는 시점에 있어서 오늘날 우리들이 찾아야 할 확고한 전환 근거가 있다면? 그것은 먼저 전환의 본질을 파악할 수 있어야 하는 것이고, 전개된 전체 역사를 통괄하는 데 있다. "우리가 태어난 지금은 모든 가능한 전례들이 남겨진 시기이므로 지금이야말로 전환의 핵심된 근거를 찾아야 하는 지고한 사명을 가져야 할 때이다."[21] 어떻게 문자로 쓰인 기록의 유무가 인류역사를 구분하는 기준이 될 수 있겠는가? 그것은 부수적인 방편인 만큼, 보다 근원된 세계의 생성 본질이 분열을 완료한 시점에 대한 근거를 찾아야 한다. 전환 시점은 결코 역사를 무 자르듯 해서 분간할 수 없다. 그렇다면? 새롭게 생성된 시대 본질에 근거해야 한다. 세계 본질이 생성함으로써 발생하게 된 전환 근거를 찾는 것이 역사의 큰 변혁 기준이고 확고한 근거이다. 누가 애써 구분하지 않더라도 생성함을 통한 전환 근거는 때가 되면 절로 확정된다. 만인이 직접 전조를 판단할 수 있고 분별할 수 있다. 그런데도 세계는 아직 그 무엇으로도 구분되지 않았고 확정되지 않았다. 역사가 마무리되고 결실을 거두어 매듭을 이루고 나면 그때 역사의 생성 주기가 대 전환점을 이루리라.

그러므로 지금은 지나온 과거를 기준 잡지 말고 다가올 미래를 통해 전환을 위한 역사적 근거를 마련해야 한다. 미래 역사는 반드시 다가오고야 말 절대적인 것이다. 과거 역사를 기준으로 내세우게 되면 누구도 떠오르는 아침의 태양을 새롭게 맞이할 수 없다. 역사는

---

20) 『역사의 연구(Ⅱ)』, 토인비 저, 노명식 역, 삼성출판사, 1983, p.71.
21) 『길을 위하여(1)』, 졸저, 아가페, 1985, p.80.

언제나 생성하고 있기 때문에 인류도 생성하는 역사의 태양을 맞이해야 한다. 그래서 인류가 바야흐로 맞이해야 할 새로운 역사가 하나님을 성령으로서 맞이한 지상 강림 역사이다. 先天 역사의 전환 근거가 하나님의 지상 강림 역사 안에 있다. 역사의 무엇을 절대 기준이라 할 것인가? 그리스도를 기준잡고 보면 성경은 섭리의 완성을 지향한 책이지만, 보혜사를 기준잡고 보면 모든 면에서 하나님의 지상 강림을 예비한 책이 된다. 같은 역사인데도 서구는 서서히 종막을 고하는 역사의 해를 바라보고 있고, 동양의 조선은 이제 막 떠오르는 문명의 태양을 바라보고 있다. 기존 질서 면에서 본다면 생성된 질서는 이질적인 것이 분명하지만 우리가 끝내 지향해야 하는 역사의 태양은 언제나 미래 위에 있다. 미래가 확고한 역사 전환을 위한 절대 근거이다. 그리고 미래를 존재 기반으로 하고 있는 것이 바로 이 땅에 진리의 전모로서 강림하신 보혜사 성령이시다.

전환 원리

얼굴 모습을 보고서 사람을 판단할 수도 있겠지만, 그렇게 하면 겉 모습뿐인 한계를 벗어날 수 없다. 역사도 과정을 통해 이룬 결과를 보고 시대가 전환된 것을 판단할 근거를 가지지만, 정말 중요한 것은 과거의 역사가 아니라 현 시대가 생성해서 이룬 전환 본질이다. 과거와 현재를 통틀어 생성 본질이 작용된 원리를 알아야 전환 기준을 바르게 세울 수 있고, 세계 본질에 근거한 궁극적인 기준을 가닥 잡을 수 있다. 각자 처한 처지와 문화 양식의 차이에 따라서 어느 곳에서는 인정하고 어느 곳에서는 인정하지 않는 그런 기준이 아니다. 만인이 시대와 역사를 초월해서 확인할 수 있는 전환 원리는 다름 아닌 생성으로 인해 전환된 대 역전 주기를 통찰하는 것에서 비롯된다. "주기가 바뀐다는 것은 한 시대의 종말을 의미하고 그 다음에는 새로운 주기, 즉 새 시대가 열린다는 의미가 있다."[22] "그런 시대가 오면 사상에도 도덕에도 예술에도 일대 변화가 일어나기 시작한다. 이것이야말로 시대의 혁명기이고 역사의 주체적인 전환기이다. 세계사는 이

---

22) 『묵시록의 대예언』, 강봉수 저, 민성사, 1999, p.204.

같은 전환을 거듭해서 오늘에 이르렀다."[23] 역사는 항상 변하며 변화를 통해 전환을 이루는 것은 당연하다. 왜 어떻게 해서 그러한 생성 운동이 거듭되고 있는 것인가 하는 것은 역사 생성의 완료된 주기를 관망해 보면 알 수 있다. 결국은 변화를 대관하고 핵심을 간파해야 한다. 역사는 정말 끊임없이 변하였다. 변화가 역사를 이루지만 변화를 일으킨 원인은 생성에 있다. 그래서 큰 변화가 일어난 주기마다 역사에 대한 구분이 있게 되었고 새로운 역사가 더해지게 되었는데, 이 연구가 구하고자 하는 것은 그러한 변화를 모두 통섭할 수 있는 궁극적 기준이다. 우리나라는 사계의 전환이 뚜렷한데, 역사의 전환 본질도 그러하다. 각 계절의 특징은 사계 전환 과정을 모두 관찰했을 때 판단된다. 그런데 지금까지 이룬 역사가 여름까지만 보고 판단한 것이라면? 절대적인 전환 기준을 세우고자 해도 세계 자체가 구분될 만큼 때가 도래하지 않았다. 가을이 되어서야 들녘에 오곡백과가 무르익듯, '우주의 가을은 자연스럽게 전개되는 통일의 시대요, 성숙의 결실을 거둘 시대'[24]이며, 전환에 대한 절대적 기준이 밝혀지는 때이다. 그래서 이전에 세워진 전환 기준을 재편성해서 통섭하는 현상이 일어나게 된다. 그러면서 어느덧 先天의 질서로부터 새 질서 체제로 이행되는 절차를 거친다. 종말은 종말이 있어서 종말인 것이 아니다. 봄의 끝은 어디에 있는가? 그것은 끝이 아니며 곧 이어질 초여름의 시작이다. 이 같은 양상이 그대로 역사 위에서도 적용되는 전환 본질이고 생성 주기이다. 극이 다했다는 것은 큰 변화가 일어난 상태라 새로운 질서 주기를 맞이했다는 말과 같다. 종말은 끝이 아니다. 극이

---

23) 『역사철학 강의』, 최재근 저, 동풍, 1995, p.183.
24) 『묵시록의 대예언』, 앞의 책, p.75.

바뀐 최후의 시대적 전환선이고 새로운 세계 질서가 생성되기 시작한 출발선이다.

만인은 이 시대가 분명히 전환의 때임을 보라. 이 연구는 이미 세계가 맞이하게 된 보혜사 하나님의 지상 강림 사실을 선언하였다. 유사 이래 이보다 더 큰 시대 전환 기준은 없다. 종말을 확정 짓고 새로운 세계 질서를 맞이하였으니, 세계 전체가 그러한 생성 진리를 잉태할 모태 체제를 갖춘 것이다. 그런데도 세상 사람들은 강림을 통해 드러난 창조 목적을 모르고 있다. 하지만 종국에 섭리를 알 수 있다면 역사가 전환된 사실도 안다. 이 연구가 밝히고자 하는 것도 인류의 역사를 하나님의 주관 섭리 안에서 통섭하고자 한 것이었으니, 이같은 성업을 완수하면 하나님의 지상 강림 사실이 인류의 역사를 전환시킴과 함께 확정되리라.

전환 기준

역사상 많은 사람들이 새 시대를 선언하였지만 어떤 선언이 과연 인류역사의 대미를 장식하고 완결 지을 수 있는가? 새로운 진리와 시대적인 비전을 제시하였다고 해서 무조건 지나온 역사가 보따리로 싸매어지는 것은 아니다. 많은 창의적인 발현이 있기는 했지만 무엇 하나 생성하는 세계 가운데서의 끝자락은 휘어잡지 못했다. 새로운 역사를 열어젖힐 것이라면 무엇보다 먼저 과거 역사를 총체적으로 종결지어야 한다. 그리해야 새로운 질서를 창출할 수 있다. 예수 그리스도는 하늘나라의 도래를 약속하고 모세가 받은 율법인 옛 언약, 즉 구약을 종결지었다.[25] 先天 질서를 총결산한 분이라면 이 시대의 역사도 완결 지어야 한다. 무엇을 통해? 어떤 자격과 권능으로? 누구라도 새로운 시대를 주장할 수는 있지만 문제는 어떻게 지금까지의 역사를 마무리 지을 수 있는가? 이것이 세계 앞에 가로놓인 정신적 숙원이다. 과연 누가 이 시대를 매듭지을 수 있을 것인가? 영웅이 나타나서? 어떤 정치가가? 아니라면 재림의 실현이? 무엇이라도 뜻을 이

---

25) 『신국론』, 성 아우구스티누스 저, 조호연 역, 현대지성사, 1997, p.857.

루기 위해서는 그만한 조건이 따르는데 그것이 다름 아닌 천지를 창조하신 분으로서 태초로부터 주관된 섭리 역사를 완결시킨 보혜사 진리의 성령이시다. 하나님이 아니면 역사의 총체를 매듭지을 자 어디에도 없다. 누구도 무량한 역사의 한가운데 우뚝 선 절대 기준이 될 수 없다. 그래서 하나님이 이 땅에 강림하신 것은 모든 면에서 대망했던 새로운 시대를 전환시킬 조건이 된다. 섭리를 밝힐 수 있다는 것은 무엇보다도 과거의 역사를 매듭짓는다는 것이고, 통합 의지를 발현시킨 것은 새로운 생성 질서를 지침하기 위해서이다. 어느 모로 보나 지상 강림 역사는 무량한 역사의 총체성을 가늠하는 절대 기준선이다. 그 역사적인 의의와 근거를 밝히는 것 자체가 하나님의 지상 강림 사실을 증거한다.

　'성인이 출세하는 때가 곧 말세'[26]란 말이 있는 것처럼, 참으로 역사의 대전환을 인식하는 것은 인류역사를 통관하는 것이고, 깨어 있는 하늘의 뜻을 대변하는 것이다. 하지만 아무리 이 땅에 성인이 출세하여 인세의 뜻을 규합하고 하늘의 뜻을 받들었다 하더라도 그것이 시공 전체를 결실 짓는 성업은 아니다. 천지를 창조한 하나님만 주관하신 섭리 역사를 매듭지을 수 있다. 이것을 역사의 본질을 탐구함으로써 밝히고자 한다. 역사상 시대의 전환기에서는 숱한 혁명이 있었는데, '서양역사에 있어서 근대(종종 현대라고도 함)는 17세기의 과학 혁명과 더불어 시작'[27]되었다고도 본다. 그러나 여기서 밝히는 하나님의 지상 강림 선언은 그런 시대적인 변화를 말하는 것이 아니다. 강림 사실은 이전에는 결코 체험하지 못했던 인류역사와 시공간

---

26) 『묵시록의 대예언』, 앞의 책, p.123.
27) 『기독교와 문화』, 앞의 책, p.11.

적 본질과 창조 이래의 섭리를 통합하는 것을 뜻한다. 유사 이래 거대한 전환 기준이 세워진 것이다. 이것이 바로 先天과 後天 하늘을 가르는 보혜사 성령의 강림 기준선이다. 그리고 이런 역사의 대 전환선상에 이 연구의 정립 요청이 있다. 손발을 맞추어 先天과 後天의 하늘 질서가 춤추지 않을 수 없다. 이전까지 주도되었던 세계 질서가 일시에 퇴진하게 되는 역사가 성령의 역사에 의해 주도된다. 이 같은 와중에서 역사의 전환 관점인 섭리적인 통찰이 숨가쁘게 이루어진다. 지금은 先天의 생성 분열이 완료되고 새롭게 생성된 통합 질서의 태동이 맞물려 있다. 그래서 서기 2000년은 태초 이래로 역사하신 하나님이 진리를 본체로 해서 이 땅에 강림하신 역사적인 해이다.[28] 몸소 지상에 강림하심으로써 인류역사가 主의 영광을 맞이하게 되었다. 밝힌 바 지상 강림 역사는 그 무엇으로도 허물 수 없는 先天과 後天의 질서를 구분하는 절대 기준선으로서 전 역사 상황을 통섭하는 절대 판단선이다. 그래서 인류역사가 바야흐로 先天의 분열 하늘을 지나 최후심판을 통해 後天의 새로운 질서를 맞이할 수 있게 되었다.

---

28) 서기 2000년은 『세계유신론』이 저술된 해임.

제7장

역사의 추진 본질

인류는 필요를 느낌으로써 흥망의 역사를
이루었다.

-본문 중에서-

추진 원동력

다양한 인생 삶의 근원을 살펴보면 반드시 그 같은 삶의 형태를 지탱하고 있는 다양한 요소들이 있다는 것을 발견한다. 의욕이 넘치고 삶의 계획을 철저하게 세우는 사람이 있는가 하면, 적정 수준에서 더 이상 나아가기를 머뭇거리는 사람도 있다. 만족함을 미덕으로 삼는 사람도 있고 끝없는 욕망의 노예가 되어버린 사람도 있다. 삶을 추진시키는 요소가 어디에 있든지 삶을 성취하게 하는 원동력은 어디까지나 의지적인 것이고, 정신적인 것이며, 품성을 바탕으로 해서 에너지를 발산한다. 목표 설정과 부여된 상황에 민감하게 대처하는 등 여러가지 경우가 있지만 그중에서도 공통적인 면은 반드시 있다. 무엇을 이룰 수 있길 기대하는 힘과(인위적인 노력) 그 같은 노력을 뒷받침한 힘들에 대해 우리는 그저 운명적인 것으로 받아들이지만, 이것은 정말 인위적으로는 어찌할 수 없는 창조적, 본질적, 섭리적인 것이다. 부여된 인생 역정이 그러한 것이므로, 무궁한 창조 세월 동안 형성된 역사의 본질도 거기에는 무언가 추진된 바탕이 있을 것이 분명하다. 인생이 그러한 것처럼 역사에서도 다양한 요소들이 추출된다.

어떤 한 일면만 부각시켜서 추진 원동력이라고 단언할 수 없다. 한 일면을 강조하게 되면 오히려 사실적인 판단을 그르치는 결과를 가져온다. 다양한 형태 가운데서 본질적인 면을 추출하기 위해서는 다양한 요소들을 포괄한 상태에서 원칙적인 면을 추적해야 한다. 한 가지만 부각시키게 되면 만 가지가 떨어져 나가버리므로 만 가지의 가능한 요소들을 모두 수용해서 핵심된 요소를 꿰뚫어야 한다. 역사된 형태가 다양한 만큼 추진된 원동력도 여러 가지 형태로 복합되어 있을 것은 기정사실이다. 이것을 이 연구에서는 크게 대별해서 물질적, 정신적, 본질적, 섭리적인 요소로 나누어 보고자 한다. 바로 이러한 요인들이 복합되어 역사가 추진된다. 그 가운데서 적어도 역사적인 것이라고 한다면 그것은 평범한 사건의 연속 이상의 것을 말하는 것으로서, 역사의 추진 원동력도 보다 본질적인 방향으로 추적된다. '평범하게 태어난 인간이 어떻게 위대해지는가 하는 것은 하나의 도전이고 용기이며 인욕을 다한 투쟁이다. 역사는 성취하는 자를 위대하게'[1] 하는 평범함을 극복한 인생 역정과도 같다. 그렇게 해서 수놓아진 것이 위인들의 인생인데, 단순하게 살았다고 한다면 그것은 위대하지 않다. 삶의 애환이 있고 고통이 있었으며 투여된 의지력과 결단이 있었다.

역사도 마찬가지이다. 역사는 걸어온 역사만으로 존재하지 않는다. 거기에는 보이지 않는 곳에서의 세계적인 작용이 있었다. 역사를 역사되게 한 동기와 목적을 실현하고자 한 과정이 있었다. 그러한 역사 추진의 근원된 작용·힘·원동력·메커니즘을 역사가들은 하나의 일관된 안목으로 추출해 보려고 노력했다. 그런데 문제는 원동력을

---

1) 『길을 위하여(1)』, 졸저, 아가페, 1985, p.202.

무엇으로 보는가에 따라서 추진 관점이 달라진다는 점은 어찌할 수 없었다. 자동차를 움직이는 힘은 엔진 속에 있는 것인가? 기름 속에 있는 것인가? 아니면 원리 자체에 있는 것인가? 어느 한 가지도 원동력 아닌 것은 없다. 그렇다면 추출된 여러 가지 요소들을 종합해서 통합할 수 있어야 한다. 원동력에 대한 판단을 세분화시킨 분리 작업을 해야 통합이 용이하다. 그러기 위해서 필요한 선결 조건이 곧 세계의 핵심 본질을 규명한 작업이라고 할까? 규명 이전에는 통합을 이루고 싶어도 할 수 없는 제한이 있었던 것이 사실이다.

역사는 과연 진보하는 것인가, 아니면 되풀이되는 것인가? "역사가 진보하고 발전한다는 것이 자명한 진리인 것처럼 보이지만 처음에는 오히려 그 반대였다. 고대인들은 처음에는 神에 의해서 만들어진 황금시대가 있었고, 그것이 점점 타락하여 불행하게 되었다고 생각했다."2) 하지만 이 연구가 밝히고자 하는 것은 진보인가, 퇴보인가 하는 것에 대한 진위를 판별하는 것이 목적이 아니다. 진보든 퇴보든 거기에는 역사를 그렇게 결과 지은 근원된 바탕이 있다. 그중에서도 역사와 사회가 진보한 것이라면 그 기준을 어디에 둘 것인가? 여기에는 전통적으로 관념론과 유물론이 세워져 있다. "관념론은 역사의 근저에 이성·정신·神·절대무(絕對無)와 같은 비물질적·形而上學的인 원리를 놓는데, 유물론은 인간이 살기 위한 생활 자료의 생산양식, 혹은 그 속에 포함된 경제적인 생산력을 인간의 역사를 움직이는 기본적인 동력으로 놓았다."3) 정말 생산양식 내지 생산력이 역사를 구축한 핵심 원동력인가 하는 것은 다시 거론하겠지만, 무엇을 대입하

---

2) 『역사철학 강의』, 최재근 저, 동풍, 1995, p.164.
3) 위의 책, p.165.

든 역사를 추진시킨 동력이 존재하는 것은 분명하다. 그렇게 해서 역사가 존재하게 되었다. 마르크스가 추진 원동력을 경제 양식 가운데서 찾았다면, 성 아우구스티누스는 神에 의한 주재 섭리에서 구했다. 그렇지만 어떤 역사가도(적어도 17세기까지) "역사의 동력, 그 진행과 목표, 발전 법칙을 일관되게 정리해 두지는 못했다."4) 역사를 알아야 동력을 밝힐 수 있고, 동력을 찾기 위해서는 세계의 본질을 규명해야 한다. 역사를 추진시키는 원동력은 다양한 요소들이 복합되어 있다고 했으므로 이들 중 하나라도 빠지면 안 되게 되어 있는데, 문제는 어느 한쪽을 부각시키는 과정에서 다른 요소들을 제거하여버린 데 있다. 해결책은 그들 요소들을 통합해야만 역사 추진의 원동 본질을 밝힐 수 있다. 그 통합 요소는 보다 본질적인 것이고 形而上學的인 것이다.

세상의 무엇도 본질에 바탕된 생성력에 근거하지 않고서는 추진력을 발휘할 수 없다. 그동안 지성인들이 붙들어 놓은 분열적인 요소들은 본질을 파고들지 못한 피상적인 현상을 관찰한 결과물이다. 진화론이 말하는 적자생존 즉, '생존경쟁에서 가장 적합한 자만이 살아남고 그렇지 못한 것은 모두 사멸해버린다'5)는 견해는 살아 있고 현존하는 존재와 역사에 초점을 둔 현실적인 안목이다. 그것은 진화를 일으킨 원동력으로서 갖추어야 할 조건으로서도 미흡하다. 세상 가운데는 드러나지 않은 상태에서도 작용된 수많은 요소들이 있다. 진화적 관점의 문제점은 이 같은 요소들을 하나같이 제하여 버렸다는 데 있다. 세계의 생성 원동력을 오히려 거꾸로 추적한 결과라고 할까? 삼

---

4) 『서양사학사』, 이상신 저, 청사, 1984, p.394.
5) 『21세기 과학 어떻게 오는가』, 아서 S. 그레고르 저, 과학세대 역, 우리시대사, 1996, p.204.

라만상은 태초부터 이미 완성된 상태로 창조되었기 때문에 어느 하나도 그 요소가 결여되면 존재하기 어려워진다. 정말 결격 사유가 발생하면 도태되어버리는데, 그것을 적자생존으로 이해하였다니……. 꿈보다는 해몽이 더 좋다는 말이 있듯, 처음에는 아예 없었던 것이 진화로 인해 발생하게 되었다는 발상은 생명체든 역사든 무엇이든 세계 본질의 생성성, 그러니까 상식적으로 보더라도 정당한 추진 방향이 아니다.6) 그런데도 이 같은 오류 관점이 생물 분야에서 뿐 아니라 각 영역으로 확산되었다는 것은 큰 우려이다. 큰 그릇으로 여러 작은 그릇의 분량은 담아낼 수 있지만 작은 그릇은 때가 되면 결국 넘치고 만다.

뭇 생명체와 더불어 인간과 사회와 우주와 역사가 진화되었다는 생각은 인류가 창안한 최선의 양식이나 안타깝게도 세계 원리에는 역행된 메커니즘이다. 세상에는 만상이 모두 그렇게 해서 진화된 동일한 최고 양식만으로 존재하고 있지 않다. 천차만별한 다양성이 함께 공존하고 있다. 역사 추진도 제 요소들이 항상 경쟁 상태에서 살아남을 수 있는 최고 상태를 유지하고 있지 않다. 최적 요소들이 절대 왕 노릇하고 있는 것도 아니다. 역사 추진은 태초의 창조가 그러하였듯 이미 결정된 요소들이 있다는 것인데, 그것은 여러 가지로 해석할 수 있다. 그 해석을 이 연구는 세계의 본질이 규명되지 못함에 따른 한계 관점인 것으로서 이해할 수 있다. 역사란 과연 과거의 경과로 인한 축적인가, 미래로부터 분열된 인과성인가, 불교에서 말하는 업(*karma*)인가,7) 기독교에서 말하는 예언인가, 아니면 토인비가

<hr>

6) 『세계창조론』, 제2편 창조성론, 졸저, 엮음본, 1998, p.37.
7) "업이란 것은 불교에서만 말하는 것이 아니고 베다, 지나교, 그리고 요가에서도 말하고 있다."–『불교철학의

말한 도전에 대한 응전적 요소인가? 각자 그렇게 해서 들추어내었지만 추진 원동력의 본질적인 요소는 천지가 창조된 원초 에너지 상태를 벗어날 수 없다. 즉, 창조로부터 발생하게 된 원동력은 통합성으로부터 하나하나 풀려난 힘에 의한 것(분열)이지 진화에 의해 발생된 것이 아니다. 도태되는 가운데서도 적자들이 살아남는다는 것은 줄도 없이 연이 홀로 하늘을 난다는 것과 동일한 양상이다(모순). 역사의 전면이 부각되지 못한 상태이기는 하지만 역사를 움직이는 원동력이 삼세 간에 걸쳐 잠재되어 있다가 끊임없이 생성하고 있다는 사실을 알진대, 역사의 추진 원동력이 어디로부터 발생하여 어디로 귀속되리라는 것을 짐작하는 것은 그렇게 어렵지 않다. 존재하고 있는 모든 것은 물질적인 요소에 바탕되어 있지만 그러한 요소들이 언젠가는 정신, 의지력, 본질, 그리고 더 나아가서는 창조된 바탕 위에 귀속되리라. 하나님이 바로 태고로부터 역사를 추진시킨 결정체란 것인데, 그 원동력이 여태껏 보이지 않는 섭리력의 형태로서 주관되었다.

이해를 위하여』, 불교신문사, 대학문화사, 1984, p.50.

물질적 원동력

존재를 유지하고 세계를 지탱한 우선적인 기반은 뭐니뭐니해도 물질적인 것들이다. 육신이 없는 인간은 존재할 수 없다. 물질적 바탕은 누구도 부인할 수 없는 확고한 기반이다. 그런데도 인간들은 역사의 편력 과정에서 물질적 바탕을 제외시키고 관념, 영혼, 정신적인 요소들만 제일로 여긴 적이 있었다. 삶과 역사의 목적을 승화시키기 위해 무시한 것인가? 하지만 인간은 또한 물질적으로 풍요로워지고 싶은 것이 기본적으로 지닌 본성일진대, 오랫동안 잠재된 욕망은 언젠가는 반드시 분출되고야 마는 것이 역사적인 현상이다. 세계의 현실적인 구성이 물질로 되어 있고 물질과 자연으로부터 삶의 역사가 이루어지므로, 이것을 바탕으로 한 전성시대가 도래하리라는 것은 충분하게 예감된다. 세계 안에 잠재된 요소가 있다면 언젠가는 분출되고야 만다. 그것은 어떤 결정적인 원동력이기 이전에 분명하게 존재한 역사 추진의 잠재 요소로서 개화될 시기를 기다렸다. 하지만 이 같은 원동력도 영원한 것일 수는 없다. 잠재된 요소로서 세계의 여건 조성을 위해 부각된 것이기는 하지만, 그것은 세계가 분열을 통해 전체 세계를 완성시키기 위해 자기 역할을 수행한 것뿐이다. 물질적인 기반 없이는 세계가 구성될 수 없는 것이므로, 이러한 조건을 충족시키기 위한 전개이다. 그런데 일부 요소로서 전부를 대신하고자 했을 때의 한계는 분명하다. 지금은 과학이 발달하여 자연의 현상 원리가 명백해 물질을 근거로 한 진리가 힘을 발휘하지만, 그것은 어디까지나 세계를 완성하기 위한 분열 도정인 것을 알아야 한다. 그리하여 분열이 완료되면 물질을 원동력이라고 생각했던 진리성이 본래의 위치로 돌아가 본질 분열의 요인으로서 자리매김된다.

모든 존재에 바탕되었고 잠재되어 있었는데도 인류는 상당 기간 동안 물질이 지닌 역사 추진의 동력성을 등한시 했던 것이 사실이다. 서양의 중세 시대에는 육신을 욕망의 온상으로서 경멸한 때도 있었다. 영혼의 고결성을 위해 오직 神만을 생각하면서 삶을 바치길 촉구하였다. 이런 분위기 속에서는 물질성에 근거한 역사 추진의 원동력을 찾기 어렵다. 르네상스를 통해 인문주의자들이 등장하고 산업 혁명에 따른 자본주의 시대가 열림으로써 비로소 물질주의적 역사 파악과 사회·경제사적인 역사 서술이 시대의 총아로서 등장하게 되었다. 역사의 물질적 추진 원동력이 사회적인 여건의 변혁 조건으로서 진리적인 힘을 얻었다. 시대의 총아란 그만한 조건 형성을 대변한 것이란 뜻이다. 이 같은 무대 여건을 충족시키기 위해 칼 마르크스란 사상가가 나타나, 유물사관적 전조를 튼튼하게 구축하였다. 역사를 정치사나 정신적 요소만으로는 이해할 수 없게 되므로, 과학을 통해 진리성을 확인한 물질적 구조를 통해 역사 추진의 근본적인 동력을 구하고자 한 요구가 일어난 것이다.8) 그리고 그러한 요구를 수용해서 경제생활을 통해 사회구조를 파악하고, 자본주의 체제에 대한 본질 구조, 그리고 유물사관으로 인류역사 전체를 한정 짓고자 했다. 마르크스를 통해 '생산력을 역사 발전의 결정적인 요인으로 생각한 관점이 대두'[9]된 것이다.

역사를 움직이는 주요 요소, 즉 추진 원동력이 모두 경제적인 것[10]이라고 본 관점은 진리로서의 권능을 너무 남용하고 있다는 측면도 보이지만, 한편으로는 나름대로 타당한 논리 근거가 있기도 하다. 자유주의적인 경제 이론의 선구자로 일컬어진 아담 스미스에 따르면, '인간은 언제 어디서나 자신의 물질적·사회적 조건을 개선하려는 심리적인 욕구가 있다. 인간이 생계를 유지하려는 욕구는 모든 형태의 생산력을 활성화시킬 것이고',[11] 이 같은 관점을 기준으로 잡으면 역사 발전 단계에 대한 특성 규정도 가능하다. 가장 원시적인 수렵 사회로부터 근대 자본주의 사회에 이르기까지, 사회 전체가 생계유지와 필요한 물자를 조달하기 위해 유기적으로 움직여야 하며, 이것이 점차 국가를 이루는 요인이 된 것이다. 어떤 분야에서건 변화를 주도한 요인이 확실하게 존재한다면 그것은 역사적인 것이다. 하지만 항상 염두에 둘 것은 그것이 역사의 전부가 아니란 것인데, 역사의 추진 원동력을 추적하는 데 있어서도 상황은 마찬가지이다. 오직 물질 생산이 역사를 진보시키고 발전시킨다는 관점(역사적 유물론)은 이와 대비된 관념론과 비교되고 있을 뿐 아니라, 이에 대한 철저한 분석까지 필요로 한다. 인류는 지금까지 여러 단계의 역사 과정을 거쳐

---

8) 『서양사학사』, 앞의 책, p.651

9) 『마르크스의 역사 이론』, 윌리암 H. 쇼오 저, 구승희 역, 청하, 1987, p.82.

10) 『역사철학』, W. H. 월쉬 저, 김정선 역, 서광사, 1985, p.30.

11) 『현대와 후기 현대의 철학적 논쟁』, 한정선·안드레아스 호이어 저, 서광사, 1991, p.21.

온 것이 사실이고, 그러한 단계들을 구분하는 기준으로서 생산방식을 거론할 수는 있다. '생산하는 방식이 과연 역사 발전의 결정적인 요소가 되어 온 것'12)이 사실인가? 이들 요소를 긍정적으로 본 사람들은 이에 대해 타당한 논거들을 제시하기도 했다. 즉, "원시 시대부터 생산력이 조금씩 발전되어 나오는 과정에서 인류는 자신의 삶을 유지하고 남는 생산물을 생산하게 되었으며, 이때부터 한 사람이 다른 사람의 잉여생산물을 갖게 된 이른 바 착취(搾取)가 시작되었다는 것이다. 이러한 착취가 발판이 되어 계급의 차가 생겼고, 그러한 계급층들이 자기들의 이익을 공고히 하기 위한 조직체로서 국가가 발생하였다."13) 이 같은 관점의 대개가 곧 "역사를 생산력과 생산수단과의 변증법적 전개를 매개로 한 계급투쟁의 역사로 본 마르크스의 유물사관이다."14)

그에 따르면, "물질적 조건은 사회구조의 기초로서, 여기에 대한 조건이 변화되면 조만 간에 법적, 정치적, 이념적 상부구조의 변화가 초래된다."15) "역사를 진보시키는 추진 원동력이 생산양식의 흥망성쇠에 의해 규정된다."16) '인간의 생산력의 발달이 인간 역사의 실마리'17)라고 보았다. 마르크스도 세상의 구성 요소로서 "헌법과 법률, 종교와 예술, 철학과 종교 등을 사회의 상부구조로 설정하고 하부구조인 경제구조와 대비시키지 않은 것이 아니다."18) 하지만 문제는 그

---

12) 『역사철학 강의』, 최재근 저, 앞의 책, p.85.

13) 위의 책, p.85.

14) 『사관이란 무엇인가』, 차하형 편, 청람, 1985, p.15.

15) 위의 책, p.15.

16) 『마르크스의 역사 이론』, 앞의 책, p.110.

17) 위의 책, p.84.

18) 『서양사학사』, 앞의 책, p.656.

렇게 설정한 상부구조를 역사 추진의 원동력으로서 인정하지 않은 것인데, '상부구조는 하부구조인 경제구조에 의해 제약받고 또 결정된다. 도덕·종교·形而上學 등은 자체의 역사를 갖고 있지 않다. 모든 정치적 변화들의 최종적인 원인은 오로지 생산양식과 교환양식의 변화 속에서 찾아질 수 있다'[19]고 극단했다. '인간의 의식, 관념, 공동생활에 있어서의 정신적 생활 과정, 국가, 사회에 있어서의 관계, 사건의 성립과 형성을 근저에서 결정하는 원동력이 모두 물질적 생산 관계라고 함으로써'[20] 이것은 이전에 서구사회를 지배했던 종교적 교조주의(맹목적 신앙)를 대신하려 한 경향마저 지녔다. 그동안 지성들이 미처 부각시키지 못한 역사 추진의 원동력에 대한 줄기는 발견하였지만, 그것이 절대적인 근원인 것으로 착각한 오류이다. 깊은 파도 가운데 파묻히면 좌우 사방이 물기둥으로 보이지만, 잦아지게 되면 더 넓은 수평선이 펼쳐진다. 마르크스를 중심에 둔 유물론자들이 풍미했던 시대의 한가운데서는 세상천지를 온통 물질적인 진리력으로 휘장을 두를 수 있었지만, 그것은 한 때 세계의 본질 분열을 위한 조류에 불과했다. 유물론이란 커다란 파도가 잠재워짐과 함께 여전히 관념적 요소들은 상존하고 있었다. 오히려 한동안 몰아쳤던 물질의 장막이 거두어져 세상의 확고한 원동력이 무엇이라는 것이 명백해졌다. 알고 보면 물질에 바탕된 분열 과정 없이 역사가 세계적인 완성을 기할 수 있겠는가? 원동력이란 본질성이 규명될 수 있겠는가? 뭐니뭐니해도 인간은 생존이 급선무인 것으로서, 기본적인 조건을 뒷받침하는 것이 생산수단이기는 하지만, 그렇더라도 역사를 추진하는 원

---

19) 위의 책, p.656.
20) 『역사학 입문』, E. 베른하임 저, 박광정 역, 범우사, 1988, p.38.

동력적인 요소는 될 수 없다. 그렇다면 추진 원동력은 참으로 어디에 있는가? 이 숙제를 해결하지 못한 와중에서 제반 수단적인 요소들이 득세하였다. 하지만 근원적으로 세계와 존재의 有함 상태를 뒷받침하고 있는 것은 존재를 유지하고 지속시키기 위해 끊임없이 운동하고 있는 생성 시스템이다. 물질적인 수단을 우주의 근원으로 본 유물사관은, 그렇게 볼 수는 있지만 그것은 사실 세계를 거꾸로 판단한 것이다. 이것은 운전자가 자동차에만 내맡겨서는 목적지에 도달할 수 없는 것과 같다. 사람이 직접 운전을 해야 하는데, 지금까지 역사를 움직인 원동력은 이것보다 더 의지적이고 주체적인 것이다. 그것을 이 연구는 하나님이 주관하신 섭리력을 통해 밝히고자 한다. 세계사의 섭리 조류에 따라 유물사관도 나름대로 과정을 충실하게 걸어 나왔다. 역사 추진의 물질적 원동력은 종국에 밝혀질 섭리력에 의해 한계성이 명백해진다. 오히려 물질적인 원동력까지 내포한 상태에서 창조 이래 주관된 역사의 추진 원동력을 밝힐 수 있게 되었다.

정신적 원동력

이 연구가 역사 추진의 요소를 밝힐 수 있는 것은 그만큼 추진 원동력이 전 역사의 과정을 통해 분열을 완료하였다는 것을 의미한다. 따라서 역사 추진의 요소를 파고드는 것은 그 자체가 세계의 본질을 드러내는 과정이다. 즉, 추출된 여러 요소들을 규합하게 되면 추진 원동력을 통합할 수 있게 된다. 통합을 위해서는 본질이 최대한 분열해서 바닥을 드러내어야 한다. 이 같은 일련의 과정이 세계의 실상을 밝히는 것이고 핵심된 원동력을 추출하는 것이다. 앞에서는 생산력이 역사를 추진시킨 한 요소라는 것을 거론하였지만, 대비된 관점에는 종교, 도덕, 철학, 사상과 같은 정신적 요소도 있는 것이다.[21] 정신도 역사를 추진시키는 원동력 중 한 요소이긴 하나 이것도 역시 한계가 있는 것은 마찬가지이다. 마르크스의 유물사관이 인류역사를 한 손 안에 움켜쥘 것처럼 의욕을 불태웠어도 일면을 분열시킨 것에 불과했듯, 정신 역시 물질과 대비해 뚜렷한 특색을 드러내기는 하였지만, 물질처럼 한계성을 지녔다. 그런데도 문제는 그러한 한계성을 파악하

---

21) 『역사철학 강의』, 최재근 저, 앞의 책, p.29.

지 못하고 있다는 데 있다. 그리고 이것이 곧 지성사에서 정신과 물질이 대치될 수밖에 없는 이유이다.

역사를 물질이 아닌 정신의 역사로 본 견해들을 짚어보면 만만찮은 주장들이 있다. 이탈리아의 역사철학자인 크로체는, '역사는 정신과 가장 밀접한 관계를 가지고 있다'[22]고 하였다. 유물사관도 그 상부구조에 있는 정신적 요소를 부인하지 않았다. 가장 본질적인 요소 자리에 유물론자는 물질을 놓았고, 관념론자는 정신을 갖다 놓았다. 그런데도 다른 것은 정신은 다분히 形而上學的인 요소가 농후하다는 것이다. 원동력은 구체적인 실체성을 지녀야 하는 것인데, 정신은 결함이 있는 것처럼 여겨져 한때 물질적 원동력에 혹한 때도 있었다. 물질의 실체를 중력이라고 할 때, 이와 대비된 개념으로서 정신의 본질을 자유라고 한다면 감 잡기가 어려워진다.[23] 중요하게 여긴 관점에 따라서 세계사의 전개 양상이 판이해지는데, 물질이 외면적인 역사의 변화 양상을 다룬 것이라면, 후자는 정신이 그 발전 과정인 것으로 다루었다. 그리고 양 요소가 상호 작용된다는 측면에서는 토인비가 주장한 도전 대 응전 실상도 있다. 외부로부터 주어진 상황 여건이(자연 환경으로부터의 도전) 물질적인 변화와 정신에 있어서 심대한 변화를 일으킨다는 것인데,[24] 그렇게 해서 내린 결론은 뜻밖에도 상식 밖이다. '문명 역사를 발생하게 하는 것은 안이한 생활환경이 아니라 살기 힘든 환경'[25]이라고 주장한 것이다. 하지만 자연적인

---

22) 『신이상주의 역사이론』, 이상현 저, 박문각, 1992, p.138.

23) "자유가 정신의 유일한 진리라고 하는 것이야말로 사변철학(思辨哲學)의 인식 성과이다."-『역사철학 강의』, 헤겔 저, 김종호 역, 삼성출판사, 1983, p.86.

24) 생활의 터와 양식을 둘 다 변경시키는 응전을 통해 새 역사를 창조함.

25) 『역사의 연구(Ⅰ)』, 토인비 저, 노명식 역, 삼성출판사, 1983, pp.22-23.

도전에 대한 인간적인 응전은 주어진 결과에 따른 적자생존적, 최후 승리자적인 요소가 있다. '응전에 성공한 집단만이 새 역사를 지속시킬 비약을 성취할 수 있다고 하므로',26) 역사는 오직 승리하는 자를 선택한 결과를 낳고 만다. 그것은 역사를 방관하는 자들이 주목해야 하는 원동력인가? 로마의 네로 황제 치하에서 기독교인들이 맹수와 목숨을 건 사투를 벌일 때 그러한 모습을 보고 박수를 친 귀족들이 있었듯, 어느 모로 보나 이것은 승리자의 입장에서 내린 오만한 역사 인식의 발로이다. 어떤 형태의 도전으로부터도 굳세게 응전해서 생존 했다고 자부한 지상 최대의 문명권이 세운 거만한 역사 관점이다. 그 것은 누가 언급하지 않아도 현 시대를 주도하고 있는 서구문명이 온 갖 도전에 대해 응전에 성공한 역사적 결정체라는 것이므로, 이것을 은연중 과시하고 싶었던 것인지도 모른다. 이를 위해 지구 상에서 명 멸한 21개 문명권을 분석해서 그 조역을 담당시켰다.

역사 추진은 아무래도 인간을 위주로 한 전개인 만큼, 헤겔이 역사 철학을 통해 강조했던 대로 '역사의 의미는 절대정신이 시간 속에서 수많은 세계사적인 인물들, 예를 들면 시저나 나폴레옹 같은 인물들 을 통해서 실현되어 나가는 것'27)이라고 이해하기도 했다. 절대정신 의 자기 전개 과정에서 역사적 인물들이 인류의 자유를 발전시키고 실현시키는 데 기여한 것으로 해석하였다. 정신이든 물질이든 도전에 대한 응전이든 역사를 이루어 나가는 것은 결국 인간들이다. 神에 의 한 섭리작용도 인간을 통해서 이루어진다. 따라서 헤겔이 주장한 궁 극적 실재로서의 절대정신(Absoluter Geist)은 그 시대에 있어서 표출

---

26) 위의 책, p.22.
27) 『선과 현대철학』, 아베 마사오 · 히사마쯔 신이찌 저, 변선환 엮음, 대원정사, 1996, p.52.

된 세계 본질의 대표성일 수 있다. 가치, 진리에 대한 요구의 반영이
랄까? 구현해야 할 정신의 궁극성이랄까? 섭리, 아니면 하나님의 뜻
이랄까? 이것을 역사를 대표한 인물들이 통찰해서 결집시켰다. 그리
해야 어떤 방향으로든 세계적 분열이 촉진되어 역사가 추진된다. 알
고 보면 역사적인 인물들은 잠재된 원동력을 적극 수용해서 결집시
킨 역할자들로서 역사의 한가운데서 세계적 분열을 촉진시켰기 때문
에, 그러한 과정에서 인간이 지닌 제반 정신적인 요소들이 세계 본질
과의 교감으로 일치되는 현상이 일어난다. 그래서 통합적으로 존재하
였던 절대정신이 인간들이 행한 신념어린 추구를 통해 분출되어 그
것이 시대정신을 대변하게 되었다. 정신의 제 작용 요소들이 세계 본
질을 표출시킨 역할을 담당했다. 그러니까 인간이 역사를 이루는 것
은 세계의 본질이 분열해서 정신적 추구를 뒷받침한 때문이다. 그렇
기 때문에 우리는 '필요를 느낌으로써 흥망의 역사를 이루었고',28)
'지난 세월 동안 하나의 가치로운 有를 획득하기 위해 투쟁'29)했다.
인간에게 주어진 제 정신적인 요소들, 즉 의지・신념・집중・규명・
창의・도전・용기・의욕・정열・탐구・혁신・분별・이성을 역사 추
진의 요소로서 동원하였다. 이들은 인간적인 일을 이루는 데 필요한
원동력임과 동시에 세계적인 본질을 분열시킨 촉진제라고도 할 수
있어, 이것은 그대로 역사를 추진시킨 원동력으로 작용되었다. 그래
서 "세계 가운데서 역사적 의의를 지닌 인물들이 대표된 것은, 역사
는 주체적인 인격을 지닌 이성자가 세계의 본질을 수용하여 가치를
실현시킨 때문이다. 위인은 세계 본질의 대행자로서 시대적 요구와

---

28) 『길을 위하여(1)』, 앞의 책, p.9.
29) 위의 책, p.46.

필연적인 인과성을 하늘로부터 부여받아 수행한 자들이다."30)

콜럼버스31)가 역사상 지리상의 발견이란 신기원을 이룩한 것은 콜럼버스란 한 인간이 성사시킨 쾌거이기 이전에 한편으로는 누구보다도 앞서서 가능성 있는 시대적 여건을 남다른 신념으로 받아들이고 진취적으로 나아간 결과 거두게 된 업적이다. 새로운 일을 개척하는 데는 남다른 용기가 필요한데, 확신하였다 하더라도 결코 쉽지 않은 여정을 이겨 내고 목적지에 도달한 것이다.32) 상식을 타파하므로 인류역사에 큰 파도가 인 것이고, 위대한 발견으로 역사의 커다란 분기점을 마련했다. 어찌 이 같은 요소를 추진 원동력에서 간과할 것인가? 원동력은 거대한 에너지 덩어리가 아니다. 어떤 요소라도 역사를 일으키는 데 적용되었다면 그것은 역사를 추진시킨 원동력이다. 역사의 밑바탕에는 항상 어떤 계기가 있어서 이것이 변화를 일으키는 기틀33)이 되는데, 여기에 인간의 정신적인 자각이 반영된다. 역사 가운데서 작용된 정신적인 요소는 세계 본질의 변화에 대한 인식이고 통찰이며 수용 결과이다. 거기에 역사란 실체가 존재한다. 깨달음, 발견, 행적 가운데 세상을 변화시킨 요소가 있었다면, 그 이면에는 항상 세계의 본질이 뒷받침되었다. 인류는 지금 지상 강림 시대를 맞이하였는데 그 이면에는 정말 강림을 이루신 하나님이 계시다. "알렉산더는 손으로 풀리지 않는 매듭을 칼로 쳐서 끊어버린 과감한 발상 전환으로 아시아를 정복한 대왕이 되었다."34) 하나님의 지상 강림 선언은

---

30) 『길을 위하여(3)』, 졸저, 인쇄본, 1990, p.187.

31) 콜럼버스(Christopher Columbus): 1451(?)~1506.

32) 콜럼버스는 에스파냐 여왕의 도움을 얻어 산타마리아호 등 배 3척과 120여 명의 선원을 데리고 인도에 가기 위해 먼 길에 올랐었다.-『세계의 역사』, 류재탁 감수, 이범기 그림, 삼성출판사, 1996, p.120.

33) 『불교철학의 이해를 위하여』, 앞의 책, p.55.

인류가 미처 생각하지 못한 발상의 전환인 것이 분명하다. 성경에서는 主가 도둑처럼 임한다고 한 것처럼, 무엇이라도 역사 위로 부상되는 과정에서는 도둑처럼 임한 발상처럼 보이지만, 발상을 이룬 입장에서는 만세 전부터 예비된 뜻을 대변한 절대 의지이다. 의문을 통한 자각으로 만상 위에 구유된 창조성을 인지하려고 한 것은 다분히 의지적인 요소를 내포한 역사 추진의 원동력인 것이 분명하다. 그리고 이 같은 일련의 역사가 결국 하나님의 뜻을 대변한 섭리였다는 것을 증거할 수 있다면, 이 모든 것을 주관하신 분이 오늘날 강림을 이루신 하나님이라는 사실도 알게 되리라.

---

34) 『세계의 역사 1000년』, 허순봉 글 구성, 한결 그림, 능인, 1999, p.106.

이성적 원동력

세계는 태초 이래로 유구한 것이지만 인간이 없다면 역사도 없다. 그렇다고 인간이 역사의 전부라는 말도 아니다. 세계가 물질로만 구성되었다면 역사도 물질적인 현상의 분열로서 점철되었겠지만, 역사의 한가운데 인간이 우뚝 서 있어 역사를 추진하는 데 있어 인간적인 요소들이 지배적으로 반영되었다. 그중에서도 이성은 인간이 지닌 정신과 의지와는 또 다른 요소로 역사를 추진시킨 원동력으로서 작용하였다. 한계는 있지만[35] 역사를 정확하게 판단하려 했던 이성적 감찰이 있어 인류역사를 추진 궤도로부터 이탈하지 못하도록 한 것이다. 역사를 그릇되게 판단해서 아전인수격으로 이끈다면 추진이란 개념이 부적절하게 된다. 어리석은 역사가 되풀이된다면 그것은 추진일 수 없다. 그래서 지성들은 이성을 통해 지나온 역사를 면밀하게 분석해 나아갈 길을 밝혔다. 올바른 실천을 유도하고 합당한 목적을 가질 수 있도록 하였다. 이 같은 역할 때문에 이성은 역사를 판단하는 자들에 의해 그 가치성을 높이 인정받았다.

---

35) "지성과 이성만으로서는 정신적 차원의 궁극 세계조차 보지 못함."—『세계본질론』, 졸저, 청학사, 1997, p.40.

볼테르는 '세계 역사를 이끄는 것은 신앙이 아니라 이성이라고 주장했다. 역사의 목적과 의미는 이성에 의해 개선되어지는 것이고, 인간을 무지로부터 해방하여 보다 낫게, 보다 행복하게 만들고 있다'[36]고 인식했다. 역사는 그 궤도를 이탈하지 않는 적정 수준에서 항상 이성적으로 제어되어 왔다.[37] 이성이 세계를 지배하였다고 할까?[38] 세계가 어떻게 이성의 지배를 받을 수 있는가란 반문도 있을 수 있지만, 세계의 제 작용 요소들은 정말 인간이 지닌 이성에 의해 컨트롤된 것이다. 역사가 우연에 의해 이루어진 것이 아니라 이성으로 컨트롤된다면 인류역사는 최상은 아니더라도 적정 수준은 유지되리라. 본질적인 측면에서 판단할진대 현실은 의미 있는 그 무엇이며, 완전하지는 못하더라도 만족할 만한 것이 있는 그 무엇이다. 바로 이런 점에서 이성을 통하면 어느 정도 세계정신의 윤곽을 가닥 잡을 수 있다. 즉, 이성은 주어진 대상을 컨트롤하는 작용도 있지만 목적을 추구하는 작용도 있다는 것인데, 이것은 목적을 이루는 과정에서 부딪히는 대립, 모순된 요소들을 제거함으로써 변증법적으로 추진된다고도 본다.[39] 그래서 헤겔은 '세계사를 정신의 구현으로 보았고, 그러한 진행의 추진요소로서 이성과 자유'[40]를 추출하였다. 즉, 인간은 이성을 통해 참다운 존재를 실현하려 하였고, 이성의 실현은 역사에 의해 구현된다. 이성은 정신에 의해 부각되는 요소로서, 헤겔이 주장한 명제

---

36) 『역사철학 강의』, 최재근 저, 앞의 책, p.43.

37) "세계사는 세계정신의 이성적이며 필연적인 행정(行程)임."—『역사철학 강의』, 헤겔 저, 앞의 책, p.80.

38) "아낙사고라스는 처음으로 이성이 세계를 지배한다고 말했다."—위의 책, p.40.

39) "정신과 현실이, 법과 도덕이, 자연과 이념이 대립을 통해 모순을 제거하는 正·反·合이란 변증법적 전개 속에서 이루어지고, 일단 이룩된 종합은 새로운 테제가 된다."—『서양사학사』, 앞의 책, p.454.

40) 위의 책, p.454.

의 의미는 역사의 현실적인 주체, 혹은 역사의 추진력이 정신에 있다고 본 것이다.[41] 그러한 정신이 이성적인 통찰을 통해 자유를 지향하게 됨으로써 '세계사를 자유의식의 진보'[42]라고 주장하였다. 이성으로 결집된 정신력의 찬연한 서광과 그러한 정신의 결집체인 사상이 역사적 현실을 지배한다는 인식은[43] 세계 역사의 추진 원동력에 있어서 핵심된 요소를 부각시킨 것이고, 이 같은 정신 요소가 결국은 본질적인 요소에 귀속된다. 그리고 이것은 제한적인 것이지만 하나님이 주관하신 섭리 역사의 통찰 관점이기도 하다.

인류가 역사를 제대로 추진시키려면 이성적인 작용 위에 서려는 노력이 필요하다. 하지만 정말 밝혀야 하는 것은 이성적 가치가 지닌 제한적인 한계를 분명히 하는 것이고, 그러한 안목을 통해 하나님의 섭리 역사를 통찰하는 것이다. 이성적인 통찰이 필요한 역사 추진의 방향 설정에 있어서 하나님이 뜻하신 섭리 목적이 반영되어야 한다. 그리고 이 같은 요구에 부응해서 하나님도 이성을 통해 인류가 마련한 감찰 시험대를 통과하기 위해 거의 전능한 지혜의 현신(現神)으로서 강림하셨다. 이적이나 기사를 통해서가 아니라 객관 타당한 진리를 본체로 해서 강림하심으로써 인류가 그토록 신뢰해마지 않았던 일체의 이성적 요구에 부응한 것이다. 그리하여 이성은 인류가 걸어온 역사 추진의 방향을 유도한 전적을 바탕으로 역사 추진의 원동 대열에 참여할 수 있게 되었다.

---

41) 『역사철학 강의』, 헤겔 저, 앞의 책, p.20.
42) 위의 책, p.20.
43) 위의 책, p.40.

05

본질적 원동력

헤라클레이토스는 '세계는 영원한 생멸 유전의 과정이고 만물의 생멸 변화는 대립물의 투쟁이라고 하는 변증법적 투쟁에 의해서 이루어진다. 투쟁은 만물의 아버지요 만물의 왕'[44]이란 말을 하였다. 이를 근거로 해서 헤겔은, '세계는 모순으로 가득 차 있으며, 이 모순이야말로 세계를 움직이게 하는 원리이다. 모순은 대립의 통일로서 세계에 대립을 내포하지 않는 것은 아무 것도 없다. 모순은 모든 사물의 진상으로서, 대립의 투쟁을 통한 모순의 통일에서만 보다 차원 높은 발전을 이룩할 수 있게 된다'[45]고 하였다. 세계는 결코 평탄할 수 없는 正·反·合이란 역사 발전의 추진 굴곡을 가진다. 세계가 모순으로 가득 차 있다고 보면서도, 모순과 대립성을 넘어서 통일을 이루어 나가는 데서 역사를 추진시키는 원동력을 엿본다는 것은 보다 심도 깊은 본질 면에서의 이해가 필요하다. 헤라클레이토스나 헤겔은 이미 본질의 생성적인 면모를 엿본 자들인데, 세계의 인식적인 여건

---

44) 『원불교사상 논고』, 김홍철 저, 원광대학교출판국, 1980, p.151.
45) 「헤겔철학에 나타난 역사의 자유」, 장성호 저, 계명대학교대학원 철학과 석사학위논문, 1995, p.49.

이 성숙되지 못한 관계로 진상을 표현하는 데 장애가 있었다. 핵심 본질이 드러나지 않은 상태에서는 어느 모로 보나 본질의 생성 모습이 모순으로 비친다. 대립 상황은 동양에서 파악된 음양의 이원적 대립구조와도 비슷한데, 그 같은 양극 상태를 모순으로 보고, 생성된 우주적 에너지가 대립되면서도 그 같은 구조 자체가 세계를 이끄는 추진력을 발생시키는 것으로 보았다. 종국에는 극복을 통해 통일됨으로써 합해진다고 했으니, 이것은 본질이 생성함으로 인한 통합 과정을 그렇게 표현한 것이다. 헤라클레이토스가 간파했던 것처럼 어떻게 하여 세계가 영원하게 생멸 유전함을 통해 有한 존재 역사를 지속시킬 수 있는가? 이면에 내재된 에너지는? 이런 것이 존재한다면 이것이야말로 여태껏 구하고자 한 역사 추진의 원동력이 아닌가? 대립과 부정을 통해 역사가 오히려 발전하다니……. 원동력이 있다면 그것은 지속적이고도 꾸준한 그 무엇이어야 할 텐데, 대치되기도 하고 부정되기도 하는 과정을 통해 에너지가 공급된다니! 이것은 근본적으로 세계 전체가 본질이란 존재 에너지로부터 생성되고 있다는 것을 시사하는 것이다. 단지 인식적인 한계상 부정적인 것으로 판단하였지만 세계의 생성은 이런 판단과 상관없이 유구한 것이다.

인간은 神의 존재성을 부정할 자유가 있고 불가지하다고 말할 수도 있다. 지성들은 창조론을 거부하고 진화론을 주장하였고 유물론도 내세웠다. 그들 입장에서 보면 분명 대립되어 있고 결코 융화될 수 없다. 그래서 모순이다. 그런데도 본질의 생성 상에서는 아무런 변동이 없다. 모순도 없고 대립도 없다. 진화론도 유물론도 세계를 완성시키기 위해서 대립된 본질 분열의 한 과정일 따름이다. 그리하여 종국에는 모든 것이 하나로 통합된다. 孔子는 '손익(損益)'을 통해 역사가 발전'46)한다고 하였지만, 이것은 참으로 인간적인 측면에서 본 관점을 대변한 것이고, 본질이 생성한다는 측면에서는 버려질 것이 없다. 생성된 것은 하나도 소멸되지 않고 고스란히 축적되어 세계 완성과 통합을 위해 밑거름으로 작용된다. 이것이 실질적인 의미에서 역사를 추진시킨 보이지 않는 본질의 대 생성력이다. 그 에너지는 태초의 천지 창조와 함께 있은 것이고 완비된 창조력으로부터 발출되었다. 세계적인 양상은 예외 없이 생성으로 인한 전개 모습으로서, 항상 분열함을 통해 축적된다. 세계가 추진된 근원이 여기에 있고 역사가 족적을 남기게 된 근거도 이곳에 있다. 본질이 생성을 통해 축적되지 못하면 역사는 진전될 수 없다. 추진력이 생성을 통한 축적으로 생긴다. 노력했는데 흔적이 없다면 그것은 땅 짚고 헤엄치는 격이다. 역사는 소멸해도 바탕된 본질은 그런 작용을 통해 영구히 생성한다. 참본질로 환원되어 통합된다. 분열된 제 역사 요인들이 통합을 위한 인자로서 낱낱이 축적된다.47) 역사는 그 추진 노선이 근본에 대한 주기적 반복이 아니고 근본으로부터 하나하나 쌓이는 진전에 있다.48) 비록 해체된 문명의 그루터기 위에서도 그 옛날 융성했던 역사는 남겨진 종자 속에 고스란히 저장된다. 그렇지 못했다면 오늘의 역사는 없다. 과거의 역사가 확고할수록 그것은 그대로 미래의 역사를 새롭게 여는 기반이다. 과거 없는 미래는 없다. 과거가 곧 미래이다.49) 분열로서 점철된 과거 역사가 미래의 역사 문을 여는 열쇠이다. 이러한 터

---

46) 『공자사상의 발견』, 윤사정 외 저, 민음사, 1992, p.86.

47) 『세계본질론』, 앞의 책, p.208.

48) 『길을 위하여(1)』, 앞의 책, p.78.

49) 과거는 미래를 성장시키는 뿌리이고, 언젠가 다시 싹을 틔울 종자 씨앗이다.

전 위에서만 易은 곧 新일 수 있다. 변화를 통해 新해, 新이 바로 역사 추진의 원동력이다. 새로움을 향한 혁신이 본질의 축적 메커니즘에 의해 용솟음치고 있다는 사실을 알진대, 온갖 질서가 흐트러지고 혼란한 현세를 일컬어 말세라고 비하할 수 없다. 분열이 극한 세태 위에서도 역사를 추진시키는 원동력은 함재되어 있고, 종말을 맞이했어도 인류가 구원될 역사 에너지는 비축되어 있다. 세계의 문명 역사는 생성하는 것이 분명하고, 인류역사를 추진시키는 원동력은 영구하기만 하다. 이 같은 혁신기에 하나님이 강림하신 것은 현대의 문명이 맞이한 종말의 터전 위에서 역동적인 역사 추진의 에너지를 새롭게 생성시키기 위해서이다.

06

선지적 원동력

헤로도토스가 『역사』를 저술했던 내용을 보면 역사의 대세를 좌우하는 위치에 있던 주역들이 신탁(信託)의 결정에 의존하고자 했던 역사관을 엿볼 수 있다.[50] 그런데 그들이 신중하게 받들었던 신탁은 그 것을 믿는 사람들에게서만 작용된 심리적인 것일 따름인가?[51] 헤로도토스가 살았던 고대사회에서 발상되었던 구시대적인 역사관인가? 하지만 현 시대를 살아가고 있는 한민족이 남북통일 문제에 대해서 신탁을 통해 해결의 실마리를 구할 수 있다고 한다면 한치 앞을 내다볼 수 없는 역사의 소용돌이 가운데서 어떤 행동을 취할 것인가? 남다른 믿음을 가지게 될 것이고 신탁을 이루기 위해 매진할 것이다. 믿음을 현실화해서 끝내 역사화하리라. 꿈과 희망과 미래에 대한 지표 방향이 없다면 역사는 아예 추진되지 못한다. 이상의 불이 꺼진 곳에서는 역사가 이루어지지 않는다. 무엇이 인류의 정열을 불태우고

---

50) "『역사』에서 헤로도토스는 초인간적인 면을 긍정하였다는 점에서 비과학적이라고 비난하지만, 사실의 진상을 찾아내기에 노력하였다는 점, 그리고 사실의 진상을 그대로만 보려고 하지 않고 발전적인 면에서 참고한바 사학의 정신은 오늘에 이르기까지 상당한 영향을 주고 있다."-『세계를 움직인 백 권의 책』, 신동아 1968년 1월호 부록, 동아일보사, p.89.

51) 『서양사학사』, 앞의 책, p.35.

의욕을 북돋을 것인가? 아브라함의 부부는 믿지 못해서 웃었지만, "이삭이 태어나기도 전에 그 아들이 사라에게서 약속되었고(로마서, 9장 9절) 큰 자가 작은 자를 섬기리라고 예언되었다(로마서, 9장 11절)."52) 아직 성취되지 않은 역사에 대해서는 믿음을 가질 수밖에 없지만, 역사가 추진된 원동력이 하나님의 선재 의지력과 표명된 약속을 통해 용솟음쳤다는 것을 안다면, 원동력이 오히려 미래로부터 발동된 통합성의 분열에 있고, 이것을 선지하는 것이 관건이었던 것을 알 수 있다. 세계의 본질은 이미 有한 통합성으로부터 생성하는 것이므로, 역사에 앞서 약속된 이 같은 선재 질서 의지가 길라잡이가 되지 못한다면 인류는 한 치도 전진할 방향을 잡지 못해 방황하리라. 역사 추진의 원동력이 오히려 예지된 형태를 통해 표명될 수 있게 되어 인류가 얼마만한 믿음을 결집시키는가 하는 것이 중요하게 된다. 여하한 상황에서도 역사를 결정짓는 원동력이 되는 것이므로, 하나님이 표방하신 의지 형태로 확증되면 세계 역사가 하나님이 주관하신 섭리가 된다. 백보 양보한다 해도 세계는 통합성에 근거한 창조로 인해 선재된 역사를 내포하고 있어 神의 선재 의지를 표명한 신탁은 내려질 수 있다.

후삼국의 정세를 통일했던 왕건의 아버지는 그의 아들이 천하의 대왕이 될 것을 알고 그릇이 될 수 있도록 준비시켰고, 도선 대사는 그에게 사명을 일깨웠다. 아버지는 아들의 장래에 대해 하늘로부터 비전을 선지 받았기 때문에 모든 길을 예비할 수 있었다. 무학 대사는 이성계가 왕이 될 것을 예지하였는데, 그 같은 예지는 어느 모로

---

52) 『개혁주의 신론』, 헤르만 바빙크 저, 이승구 역, 기독교문서선교회, 1992, p.496.

보나 이성계가 위화도에서 회군할 수 있도록 한 계기가 되었다. 오늘날 인류가 처한 역사적인 상황도 마찬가지이다. 진실로 세계가 처한 종말적 상황을 직시하지 못하고, 하나님이 밝히신 세계 통합 의지를 자각하지 못한다면 어떻게 되겠는가? 세계의 문명사를 이끈 원동력은 과거 역사를 연구하는 것도 교훈을 얻는 것도 아닌, 세계 역사의 진행 방향을 통찰하는 데 있고 대세를 깨달은 선각자의 인도를 따름에 있다. 세계의 생성 방향은 이미 그와 같은 쪽으로 결정되어 있다. 과거 역사를 아는 것은 미래 역사를 알기 위해서이고, 역사의 본질을 탐구하는 것은 하나님이 지닌 선재 의지를 계시받기 위해서이다. 하나님이 인류역사를 주관하신 것은 만세 전부터 결정된 것이다. 이것을 하나님이 선지하신 것은 역사의 방향을 하나님의 섭리 의지 안에 두기 위함이다. 선도된 의지를 발현시키는 데 역사 추진의 원동력이 있다. 섭리가 三世 간을 초월하신 하나님의 인도 의지를 표명하게 될 것이고, 꿰뚫게 될 것이고, 선지력이 만대에 걸쳐 인류역사를 추진시키리라.

07

섭리적 원동력

인간은 인간으로서 인생 역사를 이루어 가고 세계는 세계를 통해 문명 역사를 이루어 간다. 그래서 인간은 인간 역사의 주체가 되어 세계 역사까지 주도하는 것처럼 보이지만, 실상을 보면 "세계는 인간으로서 주도 형성할 수 있는 강력한 생성 공간이 아니다. 끝까지 인내하고 노력했어도 그 결과를 기다려야 하는 운명적인 것이다."[53] 인간은 자신이 직접 엮어 나가고 있는 인생조차 주도하지 못하고 있는데 세계사는 온통 인간이 이룬 역사로 각색되어 있어 세계사를 주도한 神의 섭리가 드러날 여지가 없었다. 神의 주재력을 자연의 힘 정도로 취급하였고, 고대 신전 주변에 나돌아 다니고 있는 동물의 형태를 띠거나 여러 특징들이 조합된 조각상을[54] 통해 미개한 고대인들의 신앙 정도로 취급했다. 이스라엘 민족과 기독교에서는 천지를 창조한 하나님이 아울러 세계 역사를 주관하고, 현재도 우리와 접촉하면서 인간과 세계의 근거와 역사 위에서 주권을 행하고 있다고 믿는다.[55]

---

53) 『길을 위하여(1)』, 앞의 책, p.167.

54) 『세계의 종교 이야기』, 폴 발타 외 저, 엘리자베트 보가르트 외 그림, 윤정임 역, 윤이흠 감수, 미래, 1999, p.110.

그런데도 인류 중 어떤 지성인이나 사상가나 역사가도 세계사의 세세한 영역들을 神의 역사로서 바꾸어 놓지는 못했다. 인간으로서 부여된 삶의 영역을 벗어나지 못하였고, 하나님의 의지가 개입된 섭리 작용이 있었는데도 반영시킨 것을 보면 합리성이 결여되었다. 헤로도토스는 역사의 동인을 神의 섭리로서 간파하였는데,56) 그렇다고 그가 神의 뜻을 낱낱이 알고『역사』를 기술한 것은 아니다. 神에 의한 역사는 있었는데 神에 의해 주관된 세계사는 기술하지 못했다. 그 이유가 어디에 있는가? 당시로서는 하나님의 섭리 역사가 밝혀지지 못해서이다. 하지만 이제부터는 이 연구가 하나님이 강림하신 역사를 기반으로 해서 못 다한 것을 마저 밝히고자 한다. 하나님은 정말 천지를 창조하셨고 만상을 주재, 섭리, 인도, 구원하셨기 때문에 이것을 이 연구가 하나하나 끄집어 내리라. 이를 위해 하나님은 시공을 주도한 특별한 은혜를 지난날의 역사 위에 듬뿍 쏟아 두셨다. 그래서 섭리 메커니즘을 역사 추진의 핵심 요소로서 가닥 잡을 수 있게 되었으며, 그것은 창조와 함께 이미 有한 영원한 생성 에너지였다. 이 같은 역사 추진의 주 동력원인 섭리력이 그동안 비합리적인 것으로 오인되었던 것은, 세계 본질에 바탕된 추진 원동력이 온전히 밝혀지지 못한 것이 원인이다. 그 작용력은 결코 눈으로 볼 수 없다. 하지만 보이지 않는 손이 시장 가격을 결정한다고 본 것처럼 본질은 생성하여 끊임없이 역사를 추진시켰고, 생성이 다한 시점에서 하나님의 주관 섭리가 밝혀지게 되었다.

하나님이 주도하신 은혜에 근거해서 섭리력이 밝혀지게 된 것이라,

55)『기독교와 문화』, 조인서 저, 한올출판사, 1996, pp.20-21.
56)『세계를 움직인 백 권의 책』, 앞의 책, p.88.

이 연구도 세계사를 하나님의 섭리 역사로서 일관시켜야 하는 과제를 안게 되었다. 하나님이 세계 역사를 이끈 주체 원동력으로 등단하게 되심으로써 그동안 펼쳐진 세계 역사가 하나님이 주도하신 섭리 역사로 탈바꿈하게 되었다. 바야흐로 역사의 전면 위로 부각된 하나님을 증거할 수 있게 된 것이다. 아울러 인류의 미래도 하나님이 뜻하신 존재 의지 안에 있는 역사인 것을 확인할 수 있게 되었다. 역사의 추진 원동력이 하나님의 뜻에 의해 일관됨으로, 하나님의 뜻을 아는 것이 그대로 세계 역사의 추진 방향을 지침받는 것으로 연결된다. 강림하신 하나님의 뜻 안에서 만상의 역사가 참으로 드넓게 펼쳐지리라.

제8장

역사의 법칙 본질

역사는 탄생, 성장, 쇠퇴, 그리고 종말의 과정을 거친다.

−O. 슈펭글러(1880~1936)−

법칙의 규정 근거

자연에는 자연의 법칙이 있다. 만사는 말 그대로 자연적으로 이루어지고 있어 가장 자연적인 것은 가장 법칙적이란 뜻도 된다. 살펴보면 물은 반드시 위에서 아래로 흐른다. 사계가 뚜렷한 온대 지방에서는 계절이 봄, 여름, 가을, 겨울 순으로 바뀌지 여름 다음에 봄이 오는 경우는 없다. 자연적인 법칙을 어기면서 자연 위에서 존재하는 자연물은 하나도 없다. 인과란 법칙 아래 있다. 자연은 그만한 연륜과 세월의 흐름 가운데서도 결코 어긋난 적 없는 법칙을 좇아 본연의 모습을 갖추었다. 그렇다면 인류의 역사 행적 면에서도 자연의 법칙성과 대등하리만큼 어떤 역사의 법칙성을 발견할 수 있는가? 기독교에서는 神이 인간 운명을 결정하고 역사를 주관·지배한다는 믿음을 지녔지만, 지금은 그러한 神의 지배력을 자연의 법칙으로 대체시켜버린 학자들의 활약상만 돋보일 뿐이다. 무언가 역사를 지배하는 법칙이 있을 것 같기는 한데, 설사 없더라도 현 역사의 다음에 무슨 일이 일어날 것인지를 전혀 예측할 수 없는 무법칙의 상태로 방치해 놓을 수는 없다고 생각한다.[1) 만약 법칙이 있다 해도 천체 물리학자가 우주의 운행 궤도를 계산해서 일식을 예측하는 것과는 성격이 다르다. "인간의 세계에서 일어나는 사건들은 일회성이라 규칙적인 법칙은 찾기 어렵다."2) 역사에서 있을 법한 필연적인 법칙은 과학에서 구축하고 있는 자연 법칙과는 다르다. 역사에도 정말 어떤 법칙적 유형이 있는 것이라면 그것은 어떤 것이겠는가? "역사철학에서 중요한 것은 역사 속에 법칙이 있는가 하는 문제이다. 역사에는 인류가 미개한 야만시대로부터 오늘의 문명 세계까지 도달한 눈에 보이는 진보가 있었다."3) 바로 그 같은 발전 형태가 곧 법칙인가? 진보와 발전 상태를 법칙으로 본다면 그 법칙은 어느 방면에서도 일관되게 적용될 수 있어야 하는데, 모든 분야가 일괄해서 발전되었다고 보는 관점에 대해서는 회의감이 있다. 그렇다고 '세계에서 보고 있는 모든 결과들이 운명의 산물이라고 여긴다면 그것도 어리석은 일'4)로 치부되리라. 일체 결과들이 어떻게 맹목적인 운명이 만들어 내었다고 할 수 있겠는가? 미처 파악이 되지 않은 것일 뿐, 역사가 어떤 법칙이나 원리를 따른다는 믿음을 저버릴 수는 없는 노릇이다.

이에 자연과학자들이 숱한 자연 현상들로부터 모종의 법칙적 원리를 발견하기 위해 노력한 것처럼 역사에 대해서도 지성들은 '역사적 사건의 원인과 그것을 지배하는 법칙을 발견함으로써 인류의 과거 경험을 체계화시켜 보고자 열심히 매달렸다. 제반 우연성을 배제'5)하

---

1) 『역사의 연구(Ⅱ)』, 토인비 저, 노명식 역, 삼성출판사, 1983, p.438.

2) 『역사철학 강의』, 최재근 저, 동풍, 1995, p.113.

3) 위의 책, p.199.

4) 『역사란 무엇인가(제2판)』, E. H. 카아 저, 김택현 역, 까치, 1997, p.134.

5) "클레오파트라의 코의 생김새, 바야지드가 관절통에 걸린 것, 원숭이가 알렉산드로스 국왕을 물어 죽인 것, 레닌의 사망 등등, 이런 사건들은 역사의 경로를 바꾸게 한 우연들이었다."-위의 책, p.157.

고 필연적인 지배 원리를 밝혀서 과거 경험을 조직화하려는 데 몰두
하였다. 제반 사물 현상 가운데는 일반적인 원인이 내재되어 있다. 그
렇다면 역사에서도 '사물의 본질에서 유래하는 모종의 법칙 또는 원
리를 따르고 있는 것'6)이 아닌가? 세계 전체가 神의 지배하에 있는
것으로 여겼을 때는 미처 고개를 들 틈이 없었지만, 자연 현상의 원
리 규명과 함께 역사에 대해서도 이해 관점이 달라졌다. 특히 "서구
인의 기본적인 신앙은 우주는 항상 법칙에 지배되고 있어서 결코 혼
돈에 침범당하지 않는다는 신념이 있었고, 겉으로 볼 때 혼돈처럼 보
이는 외양을 꿰뚫어 정연한 질서를 발견하려고 노력하였다."7) 뉴턴·
다윈·아인슈타인 등등. 자연의 법칙을 곧바로 역사의 법칙으로서 파
악하려는 시도가 문제가 없는 것은 아니지만, 역사를 어떻게 볼 것인
가 하는 데 있어 "자연과학과 같은 법칙을 사용 기준으로 하여 그러
한 방법과 탐구 노력으로 자연과학과 유사한 법칙을 역사에 있어서
도 발견하는 것이 학문의 목적이라고 생각했다."8)

어떡하든 우연으로부터 일종의 법칙성을 발견하려 한 노력은 인류
의 향상된 역사의식의 일환이라고 할 수 있다. 역사가 주관성에 의해
좌우되는 것이 아니라 객관적인 법칙에 의해 발전한다는 것을 발견
할 수 있다면 그것은 역사의 본질적인 면모에 보다 접근한 것이 된다.
그렇다고 인류역사가 원시공동체→노예제→봉건제→자본주의→사회
주의→공산주의로 나아간다고 하여 이것이 낮은 단계로부터 높은 단
계로 발전한9) 역사의 법칙이라고 보는 것은 어폐가 있다.10) 그것은

---

6) 위의 책, p.151.

7) 『역사의 연구(Ⅱ)』, 앞의 책, pp.306-307.

8) 『세계대백과사전』, CD 두산동아, 역사의 이론과 법칙 편.

변화가 일어난 과정이지 법칙이 아니다. 언젠가는 인간 사회의 발전 과정이 과학적으로 해명되고11) 설명되어야 하는 것은 달성해야 하는 목표이다. 그러나 그러한 법칙성을 제한된 역사 현상에 근거하면 제 눈의 안경 격이 되어버린다. 어떤 분야의 법칙이든 그것은 세계의 본질이 분열함에 따른 규칙성의 일환이다. 법칙이 본질을 규정하는 것이 아니라 본질이 법칙성을 드러낸다. 법칙은 세계 생성의 일환이다. 세계가 그만한 여건을 갖추면 법칙적인 성향을 발견하고 관점도 확보하게 된다. "마르크스가 자본주의의 피폐로부터 변증법적인 유물사관을 세울 수 있었던 것은 그 시대까지의 개별적인 역사를 통괄적으로 인식할 만큼 여건이 성숙된 때문이다."12) "왜 그들이 그 시기에 이르러서 그 같은 역사의 규칙성을 발견하고 일관된 법칙성을 수립하려고 했던가 하는 것은, 세계의 지성이 성숙됨과 아울러 세계의 본질이 완숙된 상황에 대한 통찰이다."13) 그러나 그렇게 해서 확보한 관점도 자연의 현상이 규명됨에 따른 물질적, 지적 성과에 근거한 것이라 법칙이 도리어 세계를 제한하게 된 문제가 발생하였다. 세계적인 역사 현상을 포괄적으로 수용하지 못한 것이다. 법칙이 아닌 가설들이 난무하였는가 하면, 달리했어야 할 역사 이해 방법론에 과학적인 인식론을 일괄 적용시켰다. "역사 법칙에 대해 경험적 사실 또는 역사적 데이터를 가지고 귀납적으로 뒷받침했는가 하면(경험론적 법

---

9) 『재미있는 철학강의』, 한수영 외 저, 중국청년출판사 간, 이성과 현실, 1989, p.372.

10) 역사의 의미를 자연과 사회가 시간에 따라 낮은 단계로부터 보다 높은 단계로 나아가는 객관적이고 합법칙적인 발전과정으로 보기도 함."-『역사철학 강의』, 최재근 저, 앞의 책, p.11.

11) 『역사철학 연습』, 우기동 편역, 미래사, 1988, p.8.

12) 『길을 위하여(3)』, 졸저, 인쇄본, 1990, p.199.

13) 위의 책, p.156.

칙사관) 우주의 진화론적 법칙을 적용하기도 했다(스펜스의 『사회학원리』)."14) 근거한 본질성 자체가 규명되지 못한 상태인데 사관을 확신했을 뿐 아니라, 미래의 역사 진행 상황까지 예측했다. 역사로부터 도출한 법칙성이라기보다는 그 시대에 두각을 나타낸 조류적 관점이랄까? 그러니까 법칙론에 입각한 역사 해석이 각양각색이다. 역사의 법칙 규정에 근거한 진보 이론이 있는가 하면(콩트, 헤겔, 마르크스) 몰락 이론도 있고(플라톤, 아우구스티누스, 슈펭글러) 순환 이론도 있다(마키아벨리, 비코, 토인비). 헤겔은 역사가 3단계의 발전 법칙에 따라 자유의식이 진보한다고 보았고, 콩트는 인류사를 지식의 발달 과정으로 보아 3단계로 구분하였다. 마르크스가 역사의 발전 법칙을 5단계로 본 것은 생산력과 생산 관계에 따른 경제적 모순으로부터의 착안이었다.15)16)

하지만 문제는 그들이 내세운 법칙들이 사실은 법칙이라기보다는 일종의 관점적인 범주를 벗어나지 못했다는 데 있다. 그것은 역사에 대한 구분이고 해석일 따름이지 일정한 공식을 도출한 법칙이 아니다. 인간적인 면에서 볼 때 법칙은 냉혹한 측면도 있지만 그렇다고 법칙이 인간 사회에만 적용되는 것은 아니다. 그런데도 '고대의 선민 이론에서 출발한 역사주의 이래 헤라클레이토스, 플라톤, 아리스토텔레스, 토인비에 이르기까지 인간의 전체 역사가 냉혹한 법칙에 의해 규정된다'17)고 일괄 적용한 것은 제대로 된 법칙성에 근거하지 못한

---

14) 『사관이란 무엇인가』, 차하형 편, 청람, 1985, pp.16–17.

15) 『역사주의와 역사철학』, 이한구 저, 문학과 지성사, 1990, pp.106–107.

16) "헤겔이나 마르크스의 변증론도 근본적으로는 진보사관에 속하는 것이며, 인류 문화의 부단한 발전을 의심하지 않았다."–『사관이란 무엇인가』, 앞의 책, p.237.

17) 위의 책, p.55.

것이 주된 이유일 수도 있다. 그러므로 법칙성을 주장한 역사철학에 속하는 사상들을 어느 한쪽에서 부정하거나 대립 관계로 여길 필요는 없다. 겨울이 되면 곧이어 봄이 올 전조가 가까운 것이듯, 인류가 법칙성을 발견하고자 한 노력은 고스란히 세계의 통합적인 법칙성을 도출하기 위한 전조였다. 버클[18]이 그의 『문명사』에서 주장했던 것처럼, 인간사의 행로에는 보편적이고 일관된 규칙성이란 영광된 원리가 스며 있다고 확신했는데, 이것은 확실히 개명된 인식이다. 그만큼 세계의 법칙성 경로를 판단할 세계성의 분열이 활발했다는 것을 입증하는 통찰이다. 이에 역사의 발전 법칙성을 누가 먼저 발견했는가, 혹은 어떻게 설정할 수 있게 되었는가에 대한 공치사가 있었다. '발전을 방법적인 자각을 통해 역사의 근본 법칙으로 본 것은 헤겔이 처음이다',[19] 혹은 '역사에서의 어떤 커다란 운동 법칙을 최초로 발견한 사람은 확실히 마르크스다'[20]란 지적 등……

그렇지만 그들도 세계의 보편적인 역사 법칙을 드러내지 못한 것은 마찬가지로서, 일부 분야의 추이를 드러낸 것에 불과하였다. 헤겔이 주장한 낡은 것의 필연적 소멸과 새로운 것의 필연적 탄생이란 발전 개념은 사실 그 당시 구 지배 세력과 싸우는 신흥 부르주아지의 입장을 대변한 이데올로기 제공 역할 외 아무 것도 아니다.[21] 마르크스의 유물론적 역사관도 기존의 전 역사관을 불식시키고 유일의 필연적인 발전 법칙을 대변하고 있는 것처럼 보이지만, 알고 보면 이

---

18) 버클(1821~1862): 영국의 정치가, 정치 사상가.

19) 『역사철학 강의』, 최재근 저, 앞의 책, p.59.

20) 『역사와 역사학』, 제등효 저, 최민 역, 형성사, 1983, p.79.

21) 『역사철학 강의』, 최재근 저, 앞의 책, p.59.

역시 얼마나 편향된 역사관이었던가 하는 것을 알게 된다. 유물론적인 세계관을 역사의 발전 법칙에 그대로 반영한 것으로서, '의식 자체가 물질적인 뇌수의 산물이고, 그러한 환경을 반영한 성질을 갖게 된다'[22)는 입장이다. 그렇다면 진화론 역시 온전한 법칙 바탕이 아니다. 진화론은 모든 유기체들이 진화의 법칙에 따라 고대에서 현대로 발전해 왔다는 주장인데, 이것을 역사에 적용하면 역사에서도 어떤 발전 방향이나 예정된 진로를 인정할 수 있다는 것이다. 말하자면 탄생에서 죽음에 이르기까지의 생명 주기는 개개의 동식물에게만 적용되는 것이 아니고 사회, 국가, 역사적 영역에도 적용된다는 이론이다. 이 같은 상위 이론에 근거해서 슈펭글러나 토인비가 문명의 생명주기를 그들의 역사 이론에 적용한 것이지만, 근원된 본질성을 파고들면 역사의 법칙론적 해석이 얼마나 정당화될 수 있겠는가?[23)] 역사의 주체를 절대정신으로 보거나 보이지 않는 운명 같은 신비적인 힘으로부터 탈피시켰다고 해서 무조건 개명된 역사인식인 것은 아니다. 세계의 본질이 규명되지 못해서일 뿐, 어느 곳에서도 세계적인 진실과 존재된 의의는 반드시 있다. 따라서 "제 법칙적 성격과 본질을 정확하게 파악하기 위해서는 다양한 역사시대, 여러 사회 구성체에서 수행하는 특수 기능을 연구하지 않으면 안 된다."[24)] 우리는 역사라는 전반적인 판단 재료가 과학적인 연구 방법에 의해 관념적이고도 신비로운 힘에 의해 지배되고 있다는 것도 인정할 수 있어야 한다. 법칙적인 데만 초점을 두니까 인간이 판단할 수 있는 이성의 작용 범위

---

22) 위의 책, p.83.
23) 『역사주의와 역사철학』, 앞의 책, p.1.
24) 『사적유물론』, F. V. 콘스탄티노프 저, 김창선 역, 샛길, 1988, p.16.

내에서 가늠할 수 있는 법칙성을 구축하게 되는데, 정작 법칙 자체는 여여하게 세계의 생성 본질을 대변하고 있을 따름이다. 인간이 이해하지 못해 신비하게 여기는 것일 뿐, 신비롭다고 해서 법칙적이지 않은 것은 아니다.

역사적 법칙론에 대한 접근은 어떤 역사의 규칙성과 진행 방향과 계획을 사전에 파악했다고 해서 전체 역사를 완전하게 해석하고 법칙론화했다고 말할 수는 없다.[25] 역사는 기대한 대로 통제할 수 있는 것이 또한 본질이다. 토인비가 그의 방대한 문명 비평사적 저술인『역사의 연구』에서 주장한 바, '모든 문명이 발생·성장·쇠퇴·해체의 과정을 피할 수 없다고 본 법칙적 성쇠의 결정론'[26]은 역사의 성쇠 자체가 법칙적인 것이라고 보기 이전에 성쇠를 결정한 본질적인 규정성을 먼저 엿보아야 한다는 것을 시사한다. 그런데도 그 면모가 세계의 본질이 분열을 다하기까지는 나타날 수 없었다. 역사가 결코 피할 수 없는 필연적인 법칙에 따라 전개된 것이라면 그렇게 법칙을 규정한 본질은 보다 근원적인 것이고 창조적인 것이다. 그것을 밝혀야 법칙이 모습을 드러낼 수 있는데, 현상화된 역사로부터 어떻게 구할 수 있겠는가? 붕어빵 속에는 붕어빵인 특성은 있어도 붕어빵이 되게 한 법칙성은 존재하지 않는다. 붕어빵을 만든 규정은 붕어 빵틀이 지니고 있다. 역사의 법칙을 규정하는 결정성은 창조된 통합성으로부터 우러나며, 그렇게 해서 정해진 결정성을 세상이 거역할 수 없는 역사의 법칙으로서 받아들이고 있다. 그런데도 이런 판단이 인간의 이성을 무력화시키거나 운명의 노예로 만들어버린다고 생각해서는 안 된

---

25) 『역사주의와 역사철학』, 앞의 책, p.249.
26) 『역사의 연구(Ⅰ)』, 앞의 책, p.20.

다.27) 어렴풋하게나마 인류는 그 같은 결정적인 창조성을 감지하여 온 것이고 법칙성으로서 인식하려고 한 것인데, 세계의 본질이 분열을 완료하지 못한 관계로 만족스럽게 통찰을 이루지 못했다. 창조의 결정성을 인식하고자 해도 핵심 본질을 초점 잡지 못했다. 역사가들이 역사를 진보·발전적인 것으로 본 것은 세계의 본질이 생성함에 따른 통합 지향 상태를 일면적으로 판단한 것이다.28)

역사의 법칙은 본질의 생성과 분열에 따른 것이지 자체로서 장착하고 있는 원동력에 의한 것이 아니다. 지금까지의 역사는 통합성을 지향해서 무수한 변화를 낳은 것이지, 어떤 가시화된 법칙성을 도출하기 위한 것이 아니다. 그런데도 어떤 발전적인 법칙성을 인식하였다면 그것이 곧 천지가 창조됨으로 인한 결정성인 것이다. 결정성에 의해 우주의 생성 질서가 성립된 것이고 역사 방향도 정해졌다. 그 결정성은 무엇을 근거로 해서 이룬 것이라고 했던가? 하나님의 창조 뜻이 이토록 거대한 역사를 낳았다. 거역할 수 없는 결정성이 가장 주관적인 뜻에 의해서 법칙화되었다니! 그렇기 때문에 인류가 끝내 깨달아야 할 것은 하나님의 뜻이고 이 땅에 강림하신 목적이다. 역사는 영원히 진보하고 발전하는 것이 아니다. 하나님의 뜻을 모르면 겉돌 수 있다. 퇴보할 수 있다. 종국에는 파멸되고 만다. 이것이 역사의 결정적인 법칙성에 대한 참된 통찰이다. 역사의 법칙성 뒤에는 본질의 규정성이 있고, 그 뒤에는 또 창조의 결정성이 있고, 그 뒤에는 다시 하나님이 천지를 창조하신 뜻이 내재되어 있다. 따라서 인류가 종

---

27) 『역사주의와 역사철학』, 앞의 책, p.201.

28) "원래 발전이나 또는 진보라는 개념은 역사의식과 끊을 수 없는 관련을 가진 개념이다. 과거에 대한 관심과 지식을 가졌을 때에 비로소 생겨날 수 있는 개념이며, 과거에 대한 판단을 가지고 현재에 대한 판단과 비교해 보아서 현재가 더 나아졌다고 평가되는 개념을 말한다."-『사관이란 무엇인가』, 앞의 책, p.235.

국에 알아야 할 것은 하나님이 뜻으로서 규정한 주재 섭리이다. 섭리를 모르면 어떤 경우에도 진전과 완성이 없다. 공전하므로 아무리 정열을 바쳐도 성과가 없다. 언젠가는 심판받아 내쳐지게 되리라. 그때가 언제라고 생각하는가? 바로 지금이다. 역사의 궁극적인 법칙 뒤에 하나님의 뜻이 뒷받침되었다는 사실을 깨닫는 순간 인류는 뜻 하나로 모든 역사를 통찰할 수 있다. 그래서 이 연구도 섭리 하나로 일체 뜻을 밝히고자 한다. 보혜사 하나님이 강림하신 순간에 세계가 종말을 맞이한 피할 수 없는 근거를 확인하게 되었다는 사실을……. 하나님이 때를 관망하셔서 천지 역사를 주재한 최종적인 완결체로서 강림하셨다는 사실을……. 귀가 있는 자는 듣고 눈 있는 자는 보아야 한다. 하나님이 주재하신 섭리, 그것이 거부할 수 없는 역사의 결정적인 법칙이란 사실을…….

통합 법칙

역사에도 법칙이 있는가란 의문은 역사철학이 반드시 해결해야 할 근본적인 문제이다. 법칙을 규정한 근거에 대해서는 밝힌 바 있는데, 존재가 있으면 원인이 있으므로 그 원인을 생성시킨 것이 창조이다. 당연히 역사가 있다면 그 역사를 생성시킨 법칙이 있게 되며, 이 법칙은 천지가 창조됨으로써 결정되었다. 그러므로 역사의 법칙성 여부도 역사를 창조한 본질의 전모가 밝혀지면 판단할 수 있다. 당연히 이전에는 생성이 다하지 못한 관계로 불완전한 관점인 상태를 벗어날 수 없다. 나름대로 진상은 판단하였지만 법칙의 본질인 것은 대변하지 못했다. 근원된 시원과 문명의 시초로부터 분열된 인식을 포괄하지 못한 상태에서 결성된 관점은 결국 부분적인 속성 상황을 벗어나지 못한다. 그래서 그 태초의 상태를 이 연구는 창조의 본의 설정 과정에서 통합성으로 출발하였다.

본의 관점에서 볼 때 역사의 법칙은 창조로 인해 이미 결정된 것이고 생성 에너지는 이미 구유되었다. 완성을 위한 요소를 갖춘 첫 출발이 지극한 통합성 상태이다. 그런데도 인류역사가 원시 상태로부터 점진적으로 진화한 단계를 거쳤다고 본 것은, 시원의 통합성을 염두에 두지 못한 관점이다. 진화 관점에 의거한다면 열역학 제2법칙의 경우 상식에 어긋난 상황에 직면한다. 어떻게 해서 "우주의 발전 방향이 시간이 흐를수록 무질서해질 수 있단 말인가?"[29][30] 진화론은 세계의 부분적인 생성 현상을 인위적으로 조직화한 관점이지, 근원된 본질은 아니다. 당연히 일부는 적용될 수 있지만 대치된 부분도 노출된다. 전체 질서를 포괄하지 못했다. "헤겔은 역사 과정의 근본 통솔자를 세계정신이라고 했고, 마르크스는 역사 과정의 진정한 결정자가 물질적 생산력과 생산 관계의 발전이라고 했는데, 이것은 세계의 부분적인 특성을 대변한 것이다. 그러니까 양자의 주장이 대립성을 면하지 못했다. 어느 편도 그 출발점이 부분적이고 편파되었다."[31] 한 나라에서 인준된 주권이 다른 나라에서도 그대로 적용되고 있는 것은 아니듯, 지성들이 내세운 역사 법칙도 제한성을 벗어나지 못한 것은 마찬가지이다.

누구나 법칙성을 규정하려는 데 있어서는 '역사 발전의 통일 원리를 추구'[32]하지 않은 것이 아니었다. 그런데도 그 같은 노력이 분열이 왕성한 생성 도상에서는 도리어 분열을 촉진시킨 결과를 낳아, 그 같은 상황에서는 전체적인 근원성을 파악하기 어려웠다. 누구는 道를 얻고 싶고 역사를 완성하고 싶지 않아서 역사의 무대 뒤로 사라진 것

---

29) 『철학은 물리학의 도구이다』, 방려지 저, 신하령 역, 서광사, 1992, p.167.

30) 엔트로피 법칙은 물질과 에너지는 한 방향으로만, 즉 사용할 수 있는 것으로부터 사용할 수 없는 것으로, 혹은 이용할 수 있는 것으로부터 이용할 수 없는 것으로, 또는 질서화된 것으로부터 무질서화된 것으로 변화한다고 설명될 수 있다. 다시 말해 우주의 모든 것이 체계와 가치로부터 시작하여 끊임없이 혼돈과 황폐를 향하여 간다고 할 수 있는데, "이 법칙은 역사는 진보한다는 지금까지의 개념을 전면적으로 부정한다."-열역학 제2 법칙(엔트로피의 법칙), 인터넷 자료.

31) 『역사철학』, 최재희 저, 청림사, 1975, p.152.

32) 『역사철학 강의』, 앞의 책, p.41.

이 아닐 것이다. 무수한 노력들이 하나도 소홀함 없이 천지를 창조한 통합성, 즉 그 목적을 지향하였다. 무조건 인류역사가 神의 섭리에 의해 인도되었다고 여기거나 기적과 우화와 같은 요소들은 그대로 둔 채 창조 목적을 지향했다고 주장한다면 그것은 어폐가 있다. 역사에 대한 神의 역할을 불합리하게 여겼던 것은 하나님이 역사를 주재하지 않아서가 아니다. 세계의 본질은 생성하는데, 이를 바라본 인류가 생성 역사를 대관하지 못한 것이 주된 원인이다. 헤겔은, '역사의 행정(行程)을 변증법적인 진전으로서 설명'[33]하였지만 그 역시 생성하는 본질의 전모는 담아내지 못했다. '대립물의 투쟁에 의한 역사 발전 이론'[34]은 세계를 지탱한 생성 특성을 드러낸 것이기는 하나, 사실은 자체의 관념적인 한계성을 드러낸 것에 불과하다. 그렇게 보면 또한 그렇게 볼 수는 있지만, 그 뒤에는 보다 심원한 통합 법칙이 생성되고 있다는 사실을 알지 못했다. 창조의 통합적인 특성을 자신이 쓴 색깔 있는 안경 때문에 그렇게 본 격이다.

그렇다면 역사가 영원히 순환한다는 것은 과연 법칙적일 수 있는 것인가? 물론 통합성인 역사 바탕은 알파와 오메가가 꼬리를 물고 있어 끊임없이 순환하는 구조를 이룬다.[35] 하지만 정말 끝없이 순환만 거듭하는 것이겠는가? 노자는 운행이 '아득히 멀리 펼쳐 나아가다 보면(궁극적으로는) 본원으로 돌아오게 된다'[36]고 하였는데, 그것으로 道의 생성과정이 끝나는 것은 아니다. 道는 無極이 太極이 되고 太極이

---

33) 『역사철학』, W. H. 월쉬 저, 김정선 역, 서광사, 1985, p.166.
34) 『마르크스의 혁명적 사상』, 알렉스 캘리니코스 저, 정성진 · 정진상 역, 책갈피, 1993, p.106.
35) 『세계창조론』, 제2편 창조성론, 졸저, 엮음본, 1998, p.97.
36) 『노자도덕경』, 25장.

無極으로 바뀌는 과정에서 궁극성에 다다른 끝이 있게 된다. 이 같은 생성적인 순환성을 다람쥐가 쳇바퀴 도는 것과 같이 여겨서는 안 된다. 현상계에서는 생멸하는 순환이 차원을 달리하는 것이지만 본질은 그 같은 변화가 전혀 없다. 소멸해도 없어지는 것이 아니고 지금 없다고 해서 존재하지 않는 것도 아니다. 확인하는 바 존재의 有無에 대한 판단은 형태상일 뿐, 본질은 차원을 달리하면서 有함 상태를 지속한다.37) 그것이 곧 창조가 지닌 영원한 생성 시스템이다. 운동이 끝이 없으려면 순환하지 않을 수 없다. 그 영원한 에너지가 어디로부터 발동된 것인가? 창조로 인해서 결집된 통합성으로부터이다.

동양의 철인들이 인식했던 道와 太極은 온갖 분열을 주도한 통합 본질이다. 그래서 道로부터 만물이 생기게 되었다고 주장할 수 있었다.38) 제로는 온갖 수의 근원으로서 제로 상태로부터 무한 숫자가 생성된다.39) 역사가 존재하게 된 이유가 통합성이 분열하기 때문이라고 할진대, 역사는 어떤 존재 상태를 불문하고 생성을 통해 통합성을 지향한 것이 제일 원칙이다. 진리적 바탕은 부분적인 관점에서 보았을 때는 전체 본질을 포용하기 어렵지만, 통합적인 법칙 관점을 확보한 상태에서는 제 역사 현상이 본질적인 근거를 지니지 않은 것이 없다. 우연이라고밖에 볼 수 없는 역사적 사건들도 그것은 잠재된 역사 생성의 총체적인 분열 경과에 의한 것이다. 어떤 일면도 통합성을 이룬 역사 현상은 항상 '부분이 전체의 상태를 반영한 결과물'40)이다.

---

37) 『세계본질론』, 졸저, 청학사, 1987, p.358.
38) 『세계창조론』, 제2편 창조성론, 앞의 책, p.40.
39) 『세계창조론 서설』, 졸저, 인쇄본, 1998, p.54.
40) 『세계본질론』, 앞의 책, p.367.

역사는 세계의 근원된 본질이 생성해서 통합되는 과정 위에 있다. 통합성은 분열하기 때문에 생성하는 과정 속에서 역사된 일체 모습이 드러난다. 따라서 어느 역사의 한 장면도 그것은 통합성을 지향한 도상으로서의 징검다리이다. 그러면서도 역사의 한 장면은 역사의 총체적인 정보를 공유하고 있다. 이미 소멸된 역사도 현 시공간 상에서 공존하고 있다. 세계의 본질이 하나이듯 역사도 분리될 수 없는 하나이다. 우리는 그동안 역사의 파편을 붙들고 있었던 관계로 역사가 통합성을 지향한 모습을 볼 수 없었는데, 통합성을 이룬 본질 안에서는 어떤 역사도 버려지는 것이 없다. 다 각자의 존재가치와 역할로서 살아 있다. 무수한 개별 역사가 융화, 통합, 관장될 수 있다.

오늘 세계가 완전하지 못하다고 해서 역사가 끝나는 것은 아니다. 일체 역사는 차후에 생성될 세계 위에서 포용된다. 통합성이 생성을 낳고 생성이 역사를 낳아 새로운 역사를 맞이하게 되는 것은 이미 결정된 통합성으로부터 분열된 것이다. 존재한 통합성이 분열을 다하지 못한 관계로 그 역사를 미지인 미래 역사로서 맞이하고 있다. 역사가 진보한다면 그것은 소멸하지 않기 위해 생성한 것이고, 진보한다는 측면에서 보면 핀트가 맞지 않지만 역사 발전의 대 원칙이 통합성을 지향하고 있다는 측면에서 본다면 포용하지 못할 법칙 개념이 없다. 통합성은 사실상 생성, 분화, 분담, 완성 메커니즘을 포괄하는 궁극적 본체이다. 통합성은 규정된 본질을 내포하고 있어 이것을 법칙성으로 인식한다. 통합성은 유형무형의 역사 현상이 삼세 간을 초월하여 한 체성으로 되어 있어, 과거에 사라진 것처럼 보이는 문명 역사가 오늘날 다시 살아나지 못하리란 법이 없다. 그래서 현존하는 역사는 인류 역사의 총체성을 대변한다. 과거의 역사라고 하여 역사가 소멸해버린 것이 아니다. 통합성을 이룬 현 시공간 가운데서 함께하고 있다. 통합성이 생성하는 한 역사는 반드시 분열된 근거를 남긴다. 그것이 향상을 낳았다면 향상의 근거가 되는 것이고 진보를 낳았다면 진보를 낳은 근거가 된다.41) 그러나 그것은 사실상 진보가 아니라고 했다. 역사는 오직 통합을 향해 나아갈 뿐이다. 만유는 생성함으로써 근본을 축적한다. 퇴보하여 사라진 것 같지만 어느새 진전된 세계로 환도된다. 혼돈된 소용돌이 가운데서도 지향하는 목적은 항상 통합성을 향해서이다. 혼란은 분열이 극에 달한 상태에서의 인식이지만, 분열이 다해 전모가 드러나면 통합된 인식의 확보로 평정된다. 역사는 질서 정연한 단계를 밟기 때문에 분열하는 가운데서도 혼돈은 있을 수 없다. 토인비의 견해처럼 문명이 생멸의 과정을 반복하는 것이라면 어떻게 오늘날과 같은 종합적인 문명 세계가 건설될 수 있었겠는가? 여전히 원시적인 문명 상태를 벗어나지 못했으리라. 소멸한 것처럼 보이지만 규합된 생성 질서에 의해 통합된 것이다. 여기에 곧 역사의 대통합 법칙이 있다. 모든 것이 有한 본질 바탕 위에서 생성된 발자취(역사)이다.

그리하여 통합된 대완성 역사는 무엇보다도 하나님이 뜻하신 창조목적을 완전하게 분열시킨 모습이 된다. 통합은 종국에 만유를 하나 되게 할 것이나니, 그것은 곧바로 하나 된다는 것이 아니라 창조성이 분열을 다했을 때 이루어질 차원적인 통합 역사이다. 이를 위해 인류 역사가 줄기차게 분열하였고 추진된 역사가 진행궤도를 이탈한 경우는 한 번도 없었다. 그래서 이 같은 법칙에 근거해서 역사 현상을 밝

---

41) 『서양사학사』, 이상신 저, 청사, 1984, p.333.

히고자 하는 것이 이 연구의 과제이다. 하지만 이 지혜 정보가 어디로부터 온 것인가? 하나님이 강림하신 증거로서 밝혀진 관점이고, 창조의 본의를 밝히심에 따른 법칙성 규정이다. 통합 법칙은 한 체성인 본체 안이기 때문에 성립될 수 있는 역사의 결정 작용이다.

생성 법칙

천지가 창조됨으로 인해 생성에 근거하지 않은 역사는 하나도 없다. 생성 시스템으로 만물이 無로부터 有하게 되었고 항상 새로운 역사를 창조하고 있지만, 그것이 정말 아무 것도 없는 無로부터의 창조 작용이었던 것은 아니다. 인식상의 한계로 말미암아 그렇게 판단된 것일 뿐, 사실상은 구축된 통합성으로부터 분열된 존재 유지 시스템이다. 창조된 세계에서는 그 경계를 분명히 해야 하는데 새롭게 나타난 모든 것은 이미 있은 것으로부터이다. 즉, 이미 존재한 통합성이 분열해서 나타난 것이다. 생성으로 인해 하나로부터 만물이 생겼다. 창조된 메커니즘으로 有함을 유지시키기 위해, 존재 상태를 지속하기 위해 부단하게 운동하였다. 역사는 언제나 영원함을 위해, 분열하는 힘으로 통합하고 통합하는 힘으로 분열하는 총체적인 생성 시스템 위에 있다. 그래서 만물의 근원된 바탕은 어떤 고정적인 본질체가 아니라 끊임없이 운동하는 생성, 곧 "有한 본질로서의 근원된 바탕 위에 있다."42) "세계의 본질을 형성하는 근간을 이루는 작용이 생성이

---

42) 『세계본질론』, 앞의 책, p.179.

다.”43) 따라서 생성 자체로서는 형태상 생멸이 없을 뿐 아니라 운동 성향도 영원하게 순환한 양상이다. 생성은 창조된 상태이고 존재의 有함 자체이다. “진행과 변화가 아니라 영원성을 유지하기 위한 속성이다.”44) 생성에 진리와 역사와 온갖 존재의 근간이 있다. “세계가 살아 있는 것은 바탕된 본질이 생성하기 때문이다.”45) 생성이 만물을 낳고 역사를 낳으므로 생성과 함께하지 않는 존재 역사는 있을 수 없다. 역사는 생성이란 모체가 잉태시킨 자식이다. 천고만재된 천지 역사가 모두 생성의 경과로 뒷받침되었다.46) 생성된 무수한 경과는 인식 상 즉각적으로 표현될 수도 있다. 하나가 만이라든지 色卽是空, 空卽是色이란 단도직입적인 인식 형태가 그렇다. 무수한 생성 본질을 대관함에서 온 차원 높은 道의 상태를 직시한 것이다. 생성하는 현상에는 엄연한 질서가 있지만, 통합된 의식 차원에서는 곧바로 직시되기도 하는데, 그런 직시의 뒤에는 통합적인 생성 바탕이 있다. ‘주위에 있는 일체가 바로 변증법적인 실례들이고 모든 자연적 과정의 기초가 변증법적인 원리에 의해 운행되고 있다’47)고도 보지만, 그런 변증법적인 운동의 근간에는 생성이 있었다. 이처럼 생성하는 본질에 근거해서 역사도 생성하는 것이며, 그것은 역사를 이루게 하는 지배 원리이다. 역사의 생성 법칙은 세계의 근원 본질에 바탕된 존재 원리이다.

역사는 세계가 운위되고 있는 본질적인 바탕에 근거해서 생성하는

---

43) 위의 책, p.181.

44) 위의 책, p.307.

45) 위의 책, p.186.

46) 위의 책, p.64.

47) 『헤겔의 신 개념』, 박영지 저, 서광사, 1996, p.66.

것이며, 이 같은 생성에 대해 세계는 항상 새로움으로 받아들이고 있다. 구약을 신앙 바탕으로 하고 있는 유태교 세계에 예수가 새로운 약속을 가지고 강림하신 것은[48] 전혀 예측하지 못한 돌연 현상이 아니다. 만세 전부터 예비된 생성에 근거한 섭리적 일환이다. 그러한 역사가 도래했기 때문에 인류의 영혼들이 새로운 영적 양식을 공급받았다. 역사에는 항상 새로움이 도래하는 것이므로, 만인은 이 같은 대세의 파급 현상을 막을 수 없다. 이것이 역사의 생성 법칙이다. 새로운 역사가 생성됨으로써 역사가 有하게 되고, 새 역사를 창조해서 통합성을 지향한다. 역사에는 종말이 있고 사회 현상 가운데는 모순이 있다고 하지만, 진정한 실상은 생성이 있을 뿐이다. 종말과 모순은 인간이 바라본 인식 상의 한계선이다. 역사에 있어서의 종말적 경계선이 본질의 생성적인 측면에서는 오히려 역사 생성의 진입선이다. 어떤 문명 역사가 종말을 고하더라도 달라지게 된 문명의 종자가 다시 발아된다. 그리고 이것이 인류문명이 지닌 역사적인 운명인 동시에 비전이다. 역사의 생성 법칙은 변증법적인 진행 법칙이 아니며, 전혀 새로움을 맞이하기 위한 전환 법칙이고 차원적인 승화 법칙이다. 이미 존재한 통합성이 분열함을 통해 형성된다. 과거에 분열된 역사를 근간으로 하여 미래 역사가 생성된다. 그것을 지성들은 발전 단계와 진행된 상태로서 조직화했지만, 생성은 도래할 미래까지 걸머진 존재의 근간이다. 존재하는 세계만이 전부가 아닌데도 무궁한 생성이 있는 곳에서[49] 역사의 점진적인 분열성을 거론한 것은 인류가 바라본

---

48) "예수님이 구약을 완성키 위해 오심."－『성경의 파노라마』, 헨리에타 미어즈 저, 생명의 말씀사, 1991, p.310.
49) 『세계통합론』, 졸저, 다짐, 1995, p.80.

인식의 한계 폭이다.

　그러므로 이 연구가 역사의 법칙 본질을 밝히기 위해서는 창조 이래 생성된 무궁한 시공간 상의 경과를 모두 동원해야 한다. 역사의 생성 법칙이 形而上學的이었던 것은 본래 생성이라는 것이 경계선을 그을 수 없을 만큼 무궁함을 근간으로 한 때문이다. 이 같은 생성 근간에 하나님이 존재하신 것이므로, 법칙이 결정된 것은 하나님이 천지를 창조하신 有한 세계로서의 역사 자체이다. 알파와 오메가가 함께한 본원 자리에 하나님이 계시고 섭리 역사가 하나님의 뜻을 구현하기 위해 유구하게 생성하였다. 따라서 역사 자체로서는 끝이 없지만 섭리를 통하면 분열된 역사 생성의 본말과 궁극성을 엿볼 수 있고, 목적성을 꿰뚫게 된다. 천고만재된 생성 역사와 진행 목적이 섭리를 통해 밝혀질 것이나니, 섭리는 천만 년에 걸친 하나님의 창조 본의를 포괄하고 있다. 역사가 생성함으로써 섭리가 일관성을 이루었고, 통합성을 향해서 본질력을 축적시킨 것이기 때문에, 생성 없는 섭리 없고, 섭리 없는 하나님의 지상 강림 현실은 없다. 오늘날 하나님이 강림하시기까지는 무궁한 창조 세월이 있었다. 이 같은 생성 법칙이 하나님까지 강림시켰다. 이 연구가 지상 강림 역사를 증거하게 된 것도 세계의 유구한 생성 본질에 근거한 것이다.

분화 법칙

인류역사는 진보의 역사라고도 하는데 감각적으로 가늠하면 타당한 말인 것 같기도 하다. 지식은 축적되고 지혜는 증가하며 문명은 낮은 단계로부터 보다 높은 단계로 진보하는 것처럼 판단된다.[50] 이런 개념을 근거로 해서 '역사의 변화는 발전이라고도 하는데, 그 변화는 보다 좋은 것, 보다 완전한 것으로의 전진'[51]을 의미한다. 이처럼 진보로서의 역사, 혹은 발전으로서의 역사 개념은 정말 다양한 분야에 걸쳐 확인되는 타당한 인식인 것 같기도 하다. 물론 역사가 진보한다는 생각에 대해 반대되는 예들이 없는 것은 아니지만,[52] 역사를 전진과 발전과 진화적으로 보게 된 이면에는 보다 포괄적인 본질작용이 뒷받침되었다는 사실을 알아야 한다. 그것이 세계의 본질이 생성됨으로 인한 분열 개념인 것이고, 분열이 분화를 낳은(만상을 있게 함) 나눔의 원리성에 근거한 것이다. 바탕 본질이 생성하면 세상

---

50) 『역사의 종말』, 프랜시스 후쿠야마 저, 이상훈 역, 한마음사, 1992, p.299.

51) 『역사철학 강의』, 헤겔 저, 김종호 역, 삼성출판사, 1983, p.28.

52) "고대 유태인들에게 있어서 완성이란 미래 속에서 찾아지는 것이 아니라 과거 속에서 발견된다. 역사 진행이 소위 황금시대로부터의 몰락으로 이해됨."-『서양사학사』, 앞의 책, p.329.

은 유동하고 변한다. 그러한 변화를 부분적으로 보면 어느 모로 보나 발전해서 진보하는 것처럼 보인다. 그리고 분열한 원인을 파악하고 보면 진보적인 것으로 인식한 역사에 대한 개념이 더욱 확연해진다. 진보라는 개념 틀을 벗어나 통합성이란 생성 개념이 포괄된다. 인류가 야만시대로부터 문화시대로 접어든 것이 윤리 도덕과 정신 가치 면에서도 그렇게 되었다는 뜻은 아니다. 원래 갖추었고 갖출 것은 태초부터 다 갖추고 출발되었다. 이것이 하나님이 마련하신 창조 바탕이다. 그렇게 갖춘 것이 분열작용에 의해 시공간 위에 나타났다. 통합 개념에 입각하면 물질과 정신과 원시사회에서 문명사회로 전이된 유형의 발전과 진보 형태를 모두 포괄할 수 있다. 분열을 통해 다양한 변화의 바탕이 마련되었다. 창조가 세계의 본질을 규정했기 때문에 세계의 역사가 여태껏 분열한 것이고, 분열한 것을 발전한 것으로 표현한 것이 곧 변증법이다.[53]

생성으로 인한 분열 법칙은 역사의 법칙을 포함해서 다양한 개념을 포괄할 뿐 아니라 창조 이래의 역사가 모두 이 같은 분열작용으로 구축된 것을 알 수 있다. 통합성은 생성을 통해 분열하지 않고서는 역사란 과정을 수놓을 수 없는 것이고, 분열 없는 역사는 있을 수 없다. 분열이 생성으로 이룬 역사가 바로 만물을 만물이게끔 한 분화작용이다. 세계가 생성한 이면에는 항상 분화작용, 즉 통합성이 세분화된 작업이 뒤따랐다.[54] 역사가 특정 영역만으로 점철될 수 없는 섭리로서 정치·경제·사회·문화·예술·종교·학문·철학·과학·

---

53) 헤겔은 그의 역사철학에서 인간의 역사는 발전하는 과정이라는 정식을 세웠다.―『마르크스(생애와 사상)』, 리우스 저, 이동민 역, 오월, 1990, p.70.

54) 『세계본질론』, 앞의 책, p.308.

제도·사상 등을 포괄하지 않을 수 없는 이유이다. 세계의 역사는 이같은 형태적인 분화과정을 통하여 통합성을 지향해온 것이며, 역사의 세세함은 세계가 분열해서 이룬 본모습이다. 역사는 태고 이래로 분열함을 통해 분화되고 분화를 극해 통합된 것이 법칙적인 루트이다. 분화를 통해 창조성을 분열시킨 것이 인류의 전 역사 과정이다.

그러므로 오늘날까지 세계가 다양한 모습으로 분화된 것은 일체가 통합을 위한 조건을 형성시킨 것이며, 하나님이 강림하시기 위한 기반이었다. 세계가 극도로 분화된 터전 위에서 하나님이 세계통합을 위한 에너지를 발동시킨 것이므로, 여기에 하나님이 인류역사를 섭리하신 뜻이 있다. 그러한 뜻을 아는 것이 역사의 법칙성과 작용성을 아는 것이고 통찰하는 것이다. 섭리를 알면 태고로부터 하나님이 인류역사를 주재하신 가닥을 안다. 그 앎의 한 중심에 분화의 법칙이 있으며, 하나님이 이 법칙을 통해 창조 목적을 이루시게 되었다.

05 | 분담 법칙

세계의 본질은 한 체성을 이룬 상태이므로, 제 세계가 분열하고 있다면 부분은 전체를 위하여 존재하고 있는 것이 분명하다. 산을 넘을 때 보이는 산등성이가 최고 높은 줄 알았는데, 그 산을 넘고 보니 더 높은 산이 펼쳐져 있다. 마찬가지로 누구나 전체를 보기 전에는 자기가 속한 세계가 전부인 것으로 안다. 부분에서 보면 부분 이외에는 보이는 것이 없다. 전체성을 파악하는 순간 비로소 자기가 발 디딘 영역이 일부분이었다는 것을 안다. 그런데 전체성을 파악하기 위해서는 세계의 생성 본질을 대관할 수 있는 무수한 시공간 상의 경과가 필요하다. 설사 대관하지 못했다 하더라도 세계 내에서 드러난 대립 구조를 통해 자기가 속한 세계가 부분적인 존재 위치를 점유하고 있다는 것 정도는 파악할 수 있다. 대등한 가치가 하나도 아니고 여기 저기서 존재한다면 그것은 분명 그 세계가 절대세계가 아니란 뜻이다. 그렇다면 취할 태도는? 보다 큰 뜻이 있는 것이고 전체 가운데 속한 세계가 있다. 그런데도 이 같은 사실을 받아들이기가 쉽지 않다. 왜냐하면 아직 전체 가운데의 위치가 부분적이라는 사실을 알 만큼 관점이 개안되지 못한 것이다.

先天에서 인류는 적어도 4개의 특색 있는 세계 종교를 분립시켰다. 그리고 그들은 아직도 자기 종교만이 유일하며 절대적인 세계관을 대변하는 것이라고 굳게 믿고 있다. 그런데 특정 종교더러 전체가 아닌 부분적인 진리인 것을 인정하라고 한다면[55] 용납할 수 있겠는가? 용납하지 않더라도 어쩔 수 없이 그들은 동등한 가치를 지닌 고등 종교 중 하나일 따름이다. 신자 수이든 역사, 경전, 문화적 판도이든 비교되고 견주어진다. 상대성이 농후한데도 자체로서는 주어진 권역을 벗어나지 못한다. 전체 가운데서의 부분적인 역할을 지시할 수 있는 관점을 자체로서는 제시할 수 없다. 세계에 가로놓인 역할 분담 구조를 놓고 보면 어떤 부분도 한 분야로서는 전체를 총괄한 시스템을 갖추지 못하고 있다. 어떤 분야도 그 역할이 분담되어 있다는 사실이 명백하다. 의사는 자신이 전공한 분야의 환자를 진료한다.[56] 만병통치약은 없다. 진리도 존재도 역사도 알고 보면 분담된 자기 역할이 있었다는 것을 알 수 있다. 그러한 부분들이 모여 전체를 구성한 관계로 부분이 전체적인 입장을 관철하기 위해서는 차원을 넘나들어야 하는 문제가 있다. 그래서 우리는 세계의 본질이 분열이 다할 시기를 기다려야 했다. 근대인이 추구한 과학은 절대적이지 않다. "과학은 사물을 탐구의 대상으로 삼으면서도 그러한 탐구의 주체적인 위치에 있는 인간은 문제 삼지 않았다."[57] 부분적인 역할을 수행했다. "일개 세포의 시각에서 보면 생존의 원리가 정복과 투쟁밖에 없지만, 인체

---

55) 『사관이란 무엇인가』, 앞의 책, p.177.
56) 『원불교사상 논고』, 김홍철 저, 원광대학교출판국, 1980, p.393.
57) 『사물의 본질성에 근거한 철학 원론』, 김항배 저, 사초출판사, 1986, p.78.

의 입장에서 보면 각 세포들은 전체적인 조화를 위해 역할을 분담하고 있다.”[58] 각자가 지닌 역할 특성은 분명하다. 부분이 부분으로서 지닌 역할 이상을 기대한다는 것은 어려운 것인데도, 부분인 존재 특성을 수호하려고 한 것이 세계관을 고착화시켰다. 범우주적인 전체 세계관을 주지한다는 것은 진리적인 이상이기는 하나 전체인 존재가 도래하지 않은 상태에서는 불가능한 일이다.

그래서 이 연구가 전체적인 입장에서 통합과 분열과 분화와 분담 법칙을 전개한 것은 세계를 일체로 한 보혜사 하나님의 본체 강림을 증거하기 위해서이다. 유구한 세월 동안 엮어진 인류역사가 각자 역할을 분담하여 세계 완성과 통합을 지향하였다는 것은, 그러한 과정을 내세우는 것 자체가 전체적인 관점을 확보하지 못했다면 있을 수 없는 일이다. 부분은 부분적인 한계에 머물지만, 전체적인 입장에서는 개체가 전체의 본질과 하나 되어 서로 통할 수 있다. 개체 가운데서는 영원히 이질적인 것처럼 보이는 존재 양상들, 즉 대립되고 모순에 찬 절대의식들이 전체적인 차원 관점 위에서는 조화되고 통일된다.

이에 세계 역사가 세계를 완성하기 위해 분담되었다는 것을 뒷받침하기 위해서는 세계 역사를 통찰해야 하고, 분담된 분열 역사를 관철할 수 있어야 하며, 전체성을 본유한 하나님의 뜻을 깨달아야 한다. 어떻게 해서 시공간을 달리해서 추구된 다양한 문화와 역사가 하나님의 주관 섭리를 뒷받침한 진리의 분파 역사이고, 오늘날에 이르기까지 세계 완성을 위해 역할을 분담했던 것인가?[59] 분담된 역사가 분담된 법칙인 것으로서 확인되기 위해서는 반드시 세계 역사가 분담

---

58) 위의 책, p.79.
59) 『세계통합론』, 앞의 책, p.507.

된 전체성을 확실한 존재성으로서 밝혀야 했다. 그리하면 세계 역사가 세계 완성을 위해서 분담된 역할을 정확하게 파악할 수 있다.[60] 이러한 판단을 가능하게 하는 것이 세계의 전체자로서 강림하신 보혜사 하나님이고, 분담된 역할 노정을 설정한 것이 섭리 역사의 밝힘이다. 제 영역이 뜻 하나로 분열되어 나왔다. 하나님의 뜻 하나를 위해서였다고 한다면 거부감이 있을지 모르나, 역사된 뜻을 모르고서는 분담된 역할을 알 길 없다. 다 펴놓아야 하는 것이고, 분화가 완료되어야 한다. 그리하면 시공간을 달리해서 추구된 고유한 문화 양태들이 나름대로 세계 완성을 위해 추진되었다는 것을 알게 된다. 세계가 언제까지 대립되어 있을 수만은 없는 것이 분담 법칙 원리가 있어 하나로 통합될 것이다. 하나님이 일관시킨 섭리 노정을 객관적으로 밝힐 수 있으며, 통합된 판도를 구축할 수 있다. 하나님이 주관하신 섭리 맥은 명백한 것이므로 그 섭리 노정은 세계 완성과 세계 통합으로까지 이어진다. 그래서 분담된 역사의 생성 법칙은 이 연구가 밝혀야 하는 중대한 규정 개념이다. 그리하면 세계가 다 하나님의 뜻 안으로 들어온다. 분담된 영역을 규합하면 하나님의 창조 목적을 완성할 수 있다.[61]

세계 역사가 하나님의 창조 목적을 실현하기 위해서 추진된 분담된 섭리 노정이었다는 것이니, 이 판단은 결코 관념적인 독단이 아니다. 세계 역사는 하나님이 뜻을 이루기 위해 분담시킨 역사 노정인 것이 확실하며, 사실성 여부는 각자 분담된 역할을 전체적인 통찰 안목에서 종합해 보면 알 수 있다. 분담 섭리가 없었다면 오늘날 이룰

---

60) 위의 책, p.505.
61) 위의 책, p.327.

세계 통합을 위한 원리성은 제공될 수 없다. 세계가 원래 하나님으로부터 말미암았고 한 체성인 본질로서 구성된 것일진대, 이 같은 본질 공간 안에서 일체됨을 벗어난 다극성은 있을 수 없다. 다극성은 전체로 존재한 체성의 한 구성 요소이다. 부분은 분담된 속성을 지니지 않을 수 없다. "세계 역사는 세계 완성을 위한 분담된 노정이고, 전체 본질은 세계의 다양성을 통합한 체성을 이룬다."62) 따라서 인류가 끝내 알아야 할 것은 왜 무엇을 위하여 하나님이 세계 역사를 분담시켰는가 하는 목적성인데, '제 역사가 무슨 뜻을 위하여 어떻게 섭리되었는가' 하는 것은 하나님의 지상 강림 목적을 깨달음과 함께 밝혀진다. 이 연구는 막무가내로 "세계 역사가 하나님의 뜻을 위하여 각 영역이 역할을 분담하여 왔다는 사실을 선언하지 않는다."63) 현재의 전개 조건으로 분담 법칙을 주장함에 있어서 무엇이 첨가되어야 할 것인지를 잘 알고 있다. 그것을 앞으로의 저술을 통해 밝히리라. 그런 과정에서 하나님이 섭리하신 분담 가치들이 태초의 창조 목적을 충족시키리라.

---

62) 『길을 위하여(3)』, 앞의 책, p.204.
63) 위의 책, p.124.

완성 법칙

역사는 정체된 부분도 발견되지만, "인류사회를 직선적인 진보와 완성으로 확신한 것은 서구의 계몽사상가들이었다."[64][65] 역사가 진보의 곡선을 그린 것이 분명하다면 거기에는 역사가 진화적이고 발전적인 단계 과정을 거쳤다는 뜻이다. 역사가들은 여기에 대해 역사의 발전 과정을 조직적으로 구분하기 위해 정열을 바쳤다. 그래서 콩트는 역사를 인간 정신의 진보로서,[66] 마르크스는 생산양식에 따라 구분하기도 했다. 하지만 궁금한 점은 그러한 발전과 진보가 도달하게 될 궁극이 어디가 되는가 하는 점이다. 또한 지금의 발전 단계를 최고의 정점으로 본다면 과거는 그보다 못한 후진 단계로 보아야 하는가? 그렇다면 후진 단계의 첫 출발점은? 진보와 발전 관점이 지극히 합당한 관측점을 시사하는 것처럼 보이지만, 사실은 하나를 얻은 대신 나머지를 모두 잃어버린 결과를 면하기 어렵다. 과연 진보로서

---

64) 『사관이란 무엇인가』, 앞의 책, p.19.

65) "18세기의 위대한 이론은 모두 역사가 진보한다는 철학적 견해를 취하고 있었다."-『역사철학 강의』, 헤겔 저, 앞의 책, p.19.

66) 『역사학 입문』, 林健太郞 저, 우윤 · 황원권 역, 청아출판사, 1983, p.85.

도달한 완성을 위한 종점은 어떻게 결정될 수 있는가? 진보란 개념으로서는 어떤 메커니즘도 구축하기 어렵다. 무엇을 향해 진보하는가? 역사가가 점장이라면 역사의 진행 방향을 예측하기도 하겠지만 마르크스의 경우, 인류사회가 최초 원시공동체로부터 최종적으로 공산주의 사회로 발전해 나간다[67]고 본 것은, 발전이 아니라 유물론이 지닌 한계 관점을 노출시킨 것에 불과하다. 역사가 진보해서 도달한 공산주의 사회 이후에는 그렇다면 또 무엇이 있겠는가? 진보한다고 해놓고 그 이후에 대해서는 한계선을 그어버린 자가당착 외에 아무 것도 없다. 역사도 결국은 세계 본질에 바탕되어야 하고 통합, 생성, 분열한 결정성을 따른다. 진보 개념만을 통해서는 역사의 본질을 보기 어렵고 본질을 보지 못한 상태에서의 불완전한 판단이다. 인류역사는 불완전한 것으로부터 완전한 것으로 진화된 것이 아니다.[68] 인식적인 측면에서 근접할 수는 있지만, 관건은 세계의 본질이 분열을 완료해야 한다. 도대체 무궁한 생성만 있는 것이 역사인데 무엇을 진보라 하고 완성이라 할 것인가? 완성을 이루기 위해서는 완성 상황을 규정할 기준을 다시 세워야 한다. 이에 만족할 만한 조건을 찾는다면 그것은 오직 천지를 이룬 바탕 근거인 통합성 상태뿐이다. 세상은 원래 주어진 바탕 본질이 있는 것이므로, 그러한 최초 출발 상태를 지향해서 목표를 달성한 것이 바로 완성된 상태이다. 진보는 밑도 끝도 없는 개념이지만, 통합성인 창조 본질은 분열을 낳는 것이 오히려 역사의 진행 본말을 분명히 한다. 즉, 통합성이 분열을 완료하면 그것은 모든 면에 있어서 더 이상 분열성을 조장할 수 없게 된 세계적 완성

---

67) 『현대와 후기 현대의 철학적 논쟁』, 한정선 · 안드레아스 호이어 저, 서광사, 1991, p.22.
68) 『신은 존재하는가(Ⅰ)』, 한스 킹 저, 성염 역, 분도출판사, 1994, p.164.

상태를 이룬다. 그리고 이를 기점으로 다시 새로운 생성의 기운이 싹튼다. 이것이 역사를 통해 현상적으로 표출되면 완성은 드디어 분열된 세계를 통합할 수 있는 단계에 이른다.

역사가 궁극적인 근원을 향해 진행하고 있는 것은 거부할 수 없는 법칙이다. 역사의 분열은 분열로서 끝나지 않는다. 세계가 분열하는 한 역사는 언제나 완성을 지향해서 생성한다. 종국의 완성을 위해서 분열하는 것이지 소모를 목적으로 분열하는 것이 아니다. 이 같은 지향 상태를 관찰하면 발전으로 볼 수도 있고, 진보되는 상태로 의식할 수도 있다. 하지만 그 원동력은 어디까지나 통합성이 분열한 데서 발생한 것이며, 근원된 에너지는 창조에 있다. 세계의 분열이 완성을 결정한 참된 근거이다. 이것은 만상이 인과란 법칙을 벗어날 수 없는 것과 같다. 통합성의 분열은 반드시 세계적인 완성을 약속한다.[69] 완성은 분열이 다했을 때만 주어지는 미래의 것이지만, 어느 시점 이전이라도 통합성의 상태로서 완성상은 이미 존재했다. 완성이 통합성에 의해 사전에 설정되었다. 이미 선재되었고 이미 만법으로 구비되었다.[70] 플라톤이 설정한 이데아는 선재된 통합성, 그 완전함을 향해 모든 사물과 현상이 지향하고 있는바 목적을 지침한다.[71] 세계를 神이 창조하였다면 세계는 완성을 통해 정말 창조를 이룬 神의 세계를 증거한다. 아울러 세계가 창조된 것까지 증거한다. 그것이 태초의 창조 시 구축된 완성 법칙이다. 그래서 지금까지 분열된 진리와 학문과 문명권이 규정된 완성 법칙을 벗어날 수 없어 궁극적으로는 통합되

---

69) 『세계본질론』, 앞의 책, p.193.
70) 『세계창조론』, 제2편 창조성론, 앞의 책, p.165.
71) 위의 책, p.38.

리라. 역사가 완성을 지향한 것은 참으로 천지가 창조되었기 때문이고, 분열이 완성을 지향한 것은 창조가 설정한 완전한 이데아 때문이다. 완성된 창조가 그 과정을 분열시킨 것이 세계 역사라, 분열한 과정을 규합하지 않고서는 역사가 완성될 수 없었다.

그러므로 오늘날 세계 역사가 분열을 극한 것은 해결하기 어려운 대립성을 낳은 것 같지만 사실은 완성을 향한 필연적인 과정이다. 그런데도 분열로서 극대화된 영역들이 너 나 할 것 없이 나서서 세계를 주도하려고 한다면 그것은 세계의 완성 법칙을 깨뜨리는 파멸 요인이다. 그렇기 때문에 이 연구는 세계의 역사가 무엇을 향해 치달아 왔다는 것을 섭리를 통해 밝혀야 한다. 세계 역사를 매듭지을 수 있는 관건은 하나님의 섭리 의지를 통찰하는 데 있다. 세계와 역사는 말을 하지 않는다. 역사는 창조로부터 하나님의 뜻으로 주재된 것인데, 역사가 최종적인 목표에 도달했다면 인류도 이 시점에서 하나님의 뜻을 깨달아야 한다. 우리는 이상적인 역사의 완성 기준이 무엇이라는 것을 모르는 것이 아니다. 늘 앙망해온 바인데 기독교인들은 이것을 主의 재림 역사를 통해 기대하였다. 그렇지만 이 연구가 하나님의 지상 강림 역사를 증거한 이상은 그 무엇도 더 이상 인류역사를 완성시킬 주축 기반이 될 수 없다. 세계를 완성할 분은 세계의 본유자이신 하나님밖에 없다. 지상 강림 역사가 바로 세계 역사를 완성할 핵심 기반이다. 하나님이 터전을 마련함으로써만 그 위에 결과적인 사실로서 도래하게 되어 있는 것이 재림 역사이리라.72) 아버지가 역사를 완성하면 아들이 때를 맞추어 재림하게 되리라. 세계의 종말 상

---

72) 『세계통합론』, 앞의 책, p.577.

황과 맞물린 때에 보혜사 하나님이 진리의 성령으로서 강림하신 목적은 확고하다. "하나님의 섭리 맥을 이은 기독교 신앙의 바탕 위에서 참다운 수행으로 본질세계의 접근을 지침한 불교, 인류사회가 한 가족처럼 지낼 인륜 질서의 도리를 밝힌 孔子의 가르침 등등, 나름대로 창조 가치를 일군 인류가 지상 강림시대를 맞이해서 바야흐로 통합이란 영광된 역사를 이루게 되리라."73) 역사의 완성은 결국 인류역사가 통합됨으로써 결말을 이룬다. 역사의 법칙을 결정한 것은 하나님의 뜻이며, 인류역사는 그 창조 목적을 여태까지 면면히 펼쳤다. 이에 섭리마저 밝힐 수 있다면 그 의의는 실로 세계의 역사를 매듭짓는 것이다. 하나님의 지상 강림 역사가 세계의 역사를 완성하고 역사의 본질을 최종적으로 규정하리라.

---

73) 『길을 위하여(3)』, 앞의 책, p.312.

제9장

역사의 진행 본질

일체 시종을 관장한 시공의 진리성을 간과
하고서는 누구도 역사의 진행 상태를 가늠
할 수 없다.

-본문 중에서-

시공의 진행 특성

　사람을 겪다 보면 나름대로 개성이 있다는 것을 알게 된다. 역사도 분야별로 비교해 보면 나름대로 특성이 드러난다. 세계 본질의 생동하는 추진력이 있고 거부할 수 없는 법칙이 있으며 진행하는 방향과 목적을 엿볼 수도 있다. 그런데도 막상 역사가 추진된 근거와 방향과 목적을 물으면 어떤 역사가도 대답이 궁하기만 하다. 제 발전 법칙과 사관을 形而上學的으로 각색해서 장대한 체계로 구축하였으면서도 정작 역사의 진행 부분 앞에서는 말꼬리를 감추고 있다. 진정한 핵심을 간파하지 못했다는 뜻이기도 하지만, 한편에서 보면 쉽게 간파할 수 있는 일도 아니다. 세계 자체를 본체로 하신 하나님이 아니고서는 진행 방향과 목적을 제시할 수 없다. 그렇지만 하나님이 직접 밝히시기는 어려운 일이므로 하나님이 이루신 지상 강림 역사를 통하여 인류 역사를 주관하신 본의를 드러내고자 한다. 역사의 진행 추이는 아무나 엿볼 수 있는 영역이 아니며 그것은 당연한 일이다. 인간적인 한계에 대비된 神의 전능성 여부를 떠나서 세계가 생성된 본질 바탕 위에서 그러하다.

역사가 언제까지 과거의 덩어리로만 남아 있을 수는 없다. 역사는 항상 새로운 역사를 낳고, 진행 상태에 있다는 것을 알아야 한다. 인류역사가 어딘가를 향해 분명 진행되고 있다는 것인데, 이것은 역사의 전체 특성 가운데서 현재 부분을 초점 잡아 보면 가늠할 수 있다. 역사의 진정한 본의 핵심을 간파할 수 없었던 연유가 확연해진다. 결국 우리가 역사를 통해 바라는 것을 얻을 수 있는 것은 진행 경과가 도달점에 다다르고 완성되었을 때이다. 역사가 독자적인 것이라면 이미 완료된 과거의 역사에 대해서는 누구라도 확연하게 판단할 수 있어야 한다. 목적과 의미를 알 수 있어야 하는 것인데 아무도 그렇게 하지 못한 것은, 과거의 역사가 현재 역사와 연결되어 있어 아직도 역사가 진행되고 있다는 뜻이다. 완결되지 못한 관계로 추진 방향과 목적을 간파하기 어렵다. 하지만 극에 달한 완결 시점에 이르면 문제가 다르다. 진행 상태가 시사하는 바, 본질을 알 수 있는 길은 오직 역사가 완성되었을 때이라, 그 도달점에 하나님의 지상 강림 현실과 섭리 밝힘이 있다. 역사의 진행은 세계의 생성 본질과 神의 주관 섭리와 무관하지 않다. 역사의 진행이 시공의 생성 추이와 호흡을 같이하고 있다. 창조된 만물은 주어진 시공간과 함께하고 있어 세계의 본질은 이 시공의 분열 질서를 통해 존재성을 드러낸다. 그래서 神의 존재 특성까지 추출하기 위해서는 시공적인 특성을 밝혀야 하며, 시공의 생성을 통해 하나님의 존재성이 현현된다.[1] 神의 존재성이 이러할진대 하물며 역사의 진행 상태는 더 말할 필요가 없다. 과거 없는 미래 없듯, 시공 없는 존재의 역사는 없다. 시공의 생성에 근거해야 역사의

---

1) 시공의 생성 바탕 위에서 神이 드러난다. 시공은 하나님의 존재가 거하는 공간이고 그의 존재를 표출시키는 처소이다.

진행 방향을 판단할 수 있다. 하나님의 뜻과 섭리와 역사가 시공간 위에서 구축된 것은 본질이 생성 가운데 있기 때문이다. '일체 시종을 관장하고 있는 시공의 진리성을 간과하고서는'[2] 누구도 역사의 진행 상태를 가늠할 수 없다. 무엇이든 세계 안에 존재한 본질의 바탕 위에 있어야 생성하는 추이를 가늠할 수 있다. 시공은 태초로부터 모든 것을 구비하였고 함축하고 있는 관계로 통합성인 바탕 본질로부터 무엇이 풀려나온다는 것은 참으로 역사 이전의 역사를 알 수 있는 원인성의 실타래이다. 모든 원인은 창조에 있고 모든 원인은 시공의 분열 경과를 통해 풀려나는 것이므로, 과거 역사는 그러한 결과를 있게 한 원인 덩어리이다. 즉, 역사를 있게 하는 것은 역사를 있게 한 궁극적인 원인으로서의 시공의 생성 경과에 있다. 그래서 생성하는 세계성에 비추면 역사의 진행 상태에 대한 인식이 이루어진다. 그런데 그 시공의 생성에 대한 지혜를 누가 부여할 것인가? 시공의 전체성을 관장한 분이요 태초에 無로부터 시공간 전체를 창조한 분이다. 성 아우구스티누스의 말처럼, "확실히 우주는 시간 속에서 만들어진 것이 아니라 하나님이 시간과 동시에 만드셨다."[3] 창조, 우주, 시공, 역사의 진행은 하나님의 존재 상태에 대한 표출로서, 역사의 진행이 시공의 분열되는 생성 경과를 통해서 점철되었다.

마땅히 역사의 진행 방향과 목적과 근거 메커니즘은 태초에 천지를 창조한 뜻과 주관 섭리에 의해 밝혀질 수 있다. 하나님은 인류의 진행 역사와 섭리 경과를 완전하게 장악한 분으로서, 세계 섭리의 추진 정점에 우뚝 서 계시다. 아인슈타인은 상대성이론에서 '시간은 공

<hr>

2) 『길을 위하여(3)』, 졸저, 인쇄본, 1990, p.315.
3) 『신국론』, 성 아우구스티누스 저, 조호연 · 김종흡 역, 현대지성사, 1997, p.542.

간이란 관념과 분리해서 생각될 수 없는 불가분리'4) 즉, 의도했든 안 했든 절대 독자적일 수 없는 시공 자체가 창조된 대상인 것을 밝힌 바 있는데, 역사도 창조된 결과에 의해 지배받고 있는 것이라면 진행 추이를 거스를 수 없다. 시간은 공간이 존재하는 안에서이고5) 역사 도 역사만으로는 진행 상태를 가늠할 수 없는 것이므로, 세계의 생성 본질에 편승하게 된 것이 역사의 진행 추이이다. 세계가 생성하는 방 향도 결국은 천지가 창조된 목적을 실현하는 방향으로 설정된다. 그 리고 이 목적의 본말을 강림하신 하나님이 밝히셨다. 인류가 나아가 야 할 확실한 역사 진행의 방향을 지침함으로써 오늘날 하나님이 이 땅에 강림하신 목적을 이루시게 되리라.

---

4) 『세계사 편력』, J. 네루 저, 장명국 편역, 석탑, 1982, p.354.
5) 『물리이야기』, 로이드 모츠 · 제프슨 헤인위버 저, 차동우 · 이재일 역, 1992, p.92.

역사의 진행 원천

현대 역사는 과거에 이룬 무수한 역사의 바탕 위에 있다. 현대의 뿌리가 과거에 있어서 고대와 중세를 거쳐서 지금까지 뻗어져 나왔다. 현대가 어느 모로 보나 과거 속에 토대를 두고 있다는 것은 의심할 수 없는 역사 진행에 대한 판단이다. 하지만 어느 누구도 그렇게 해서 진행할 수 있게 된 원천과 원동력이 무엇인지에 대해서는 언급을 피하고 있다. 채집된 골동품과 행적을 기록한 사료가 무슨 역사 생성의 원천이 될 수 있는가? 그래서 참된 원천을 찾기 위해 여러 가지 각도에서 접근하였는데, 뭐니뭐니해도 주축을 이룬 것은 역사의 한 가운데서 그 대를 이은 인간이다. 인간이 역사의 주체자로서 진행 방향을 결정하고 창조해 나간다고 생각했다.[6)7)] 곧 인간이 쌓아 올린 지식과 공덕과 확보한 자유의식이 역사를 진행시킨 추진 원동력이 될 수 있다. 미래를 직시할 수 있는 인간적인 안목과 이념과 사상도 진행을 이루는 원천일 수 있다. 하지만 아무리 노력해도 부딪히는 한

---

6) 『역사주의와 역사철학』, 이한귀 저, 문학과 지성사, 1990, p.1.

7) "역사의 방향은 미리 결정되어 있는 것이 아니라 우리가 어떤 결단을 내리고 어떻게 실천하느냐에 달려 있다."-위의 책, p.218.

계 벽이 있어 역사는 또한 인간의 힘으로는 어쩔 수 없는 섭리, 운명, 혹은 神에 의해 지배되고 있다는 단언이 있기도 했다.8) 그래서 기독교인들에게 있어 "현실 역사는 神에 의해 계획된 영원한 제국으로 향하고 있는 거대한 진행의 한 부분"9)이라고 표출한 신념도 있었다. 중국의 진시황은 천하 통일을 이루었는데 어찌하여 그 이후로 제국이 분열해버렸는가? 분단된 한반도 역사는 장차 어떻게 통일될 수 있을 것인지 가늠하기 어렵다. 역사를 표면에서 볼 수밖에 없어 제한성이 역력하다. 원천을 알아야 근본을 알 수 있고 역사가 진행된 본말을 안다. 역사의 제 본질적인 요소들을 하나하나 점검해 나가야 하는 이유이다. 그렇지만 역시 핵심된 관점은 전혀 엉뚱한 곳에 있다. 현실적인 안목에서는 역설적인 면모가 뚜렷하다. 무엇을 정확하게 보고 진행 원천을 바르게 판단한 것인지는 판가름이 나겠지만, 이 연구가 제기하고자 하는 것은 상반된 여러 요소들을 포괄한 본질적인 것이고 통합적인 그 무엇이다.

불교의 '설일체유부에서는 십이연기설을 업사상과 결합하여 삼세 간에 걸친 업보의 존재 근거를 마련'10)하고자 노력하였다. 과거가 아니면 역사의 진행 원천을 탐구해 나갈 근거를 찾을 수 없는데, 불교는 수행으로 얻은 초월인식을 통하여 업이 존재할 삼세실유(三世實有), 법체항유(法體恒有)란 시공간적 존재 메커니즘을 확보했다. 기독교가 미래 부분에 대해 예언의 성취 여부로서 역사의 진행 원천을 가늠한 것과 비교할 때 오십보백보이다. 이것은 역사의 진행 원천이 과

---

8) 위의 책, p.1.

9) 『서양사학사』, 이상신 저, 청사, 1984, p.87.

10) 『불교학개론 강의실(2)』, 장휘옥 저, 장승, 1996, p.170.

거에만 있다고 생각한 사고틀을 근본적으로 뒤엎는 것이다. 이렇게 본다면 과거의 뿌리 근거가 미래에 있고 미래의 뿌리 근거가 과거에 있다고 보지 못하란 법이 없다. 역사의 진행이 세계 본질의 생성 특성에 근거한 것이라고 보면 미래가 현 존재를 있게 한 무한 근원이라는 사실을 부인할 수 없다. 어떻게 해서 이 같은 일이 일어날 수 있는가? 그것은 창조를 이룬 바탕체인 통합성을 통하여 익히 설명한 바 있다. 역사의 진행 원천은 결국 창조와 통합성 상태를 벗어날 수 없다. 과거의 역사와 미래의 역사는 통체됨과 분열됨에 따른 차이일 뿐, 有함 상태인 역사 자체에 선후가 있는 것은 아니다. 현 역사는 창조와 함께 이미 있은 것이므로 현현됨의 순서에 있어 차이가 있을 따름이다. 그것은 본체가 분열을 다하지 못해서 미래로 남겨진, 장래 역사까지 포함한 선재성이다. 그래서 새로운 역사가 창출될 가능성이 있다면 그것은 바로 미래로부터인 것이고, 미래로부터의 품이다. 미래가 없으면 현재가 곧바로 종말을 맞이하기 때문에 미래는 창조의 무한한 존재 근거이다. 미래는 존재하지만 아직 도래하지 않은 선재 시공이다. 역사가 역사를 낳는 것으로 알지만 역사의 원천은 어디까지나 통합을 이룬 선재성이다. 그래서 로마 제국은 멸망했어도 새로운 제국은 계속 건설되었다. 중세라는 시대는 종식되었지만 하나님의 구원 역사는 끊임이 없었다. 통합성으로부터의 분열이 역사에 대한 진행 인식이 되고 역사는 상황에 대한 현상적 표출이다. 역사의 진행을 통합성에 두면 과거와 미래에 대한 원천 근거를 구분하기 어렵다. 서로가 서로에 대해 근거가 된다. 미래에 대한 역사 작용의 근거가 통합성 속에 내포되어 있고, 그렇게 해서 이룬 과거가 그대로 미래이다. 과거와 오늘의 역사가 내일의 역사를 낳는 것처럼 보이지만 그것은 사실이 아니며, 이미 존재한 역사가 현실 위에 도래하는 것이다. 먼 과거에 神이 존재하였다면 먼 미래 시공간에도 神이 존재한다. 과거는 존재한 형식이고 미래는 도래할 형식이다. 그래서 예언은 미래 역사에 대한 질서의 인식이고 역사는 과거가 아닌 미래에 생성 근거를 둔 질서 시스템이다. 바로 세계의 진행 근본은 통합성으로부터 분열된 생성이며, 지금까지 찾은 생성이 바로 역사 진행의 원천 원동력이다.

우리는 대세를 거스른 것 같은 수많은 혁명을 경험하여 왔지만 그런 역사가 한결같이 새로운 역사를 이룬 주춧돌이 된 역설은 이해하지 못했다. 역사 진행의 모든 원천이 과거에 있다고 생각해, 시대의 흐름에 역행된 것 같은 생성 역사를 받아들이기 어려웠다. 그렇지만 이제는 역사의 진행 원천이 미래로부터 주어지는 것이라는 것을 알았다. 미래의 시공간을 주관하시는 하나님이 인류의 장래 역사에 대한 정보를 밝힐 역사 진행의 원천인 것이다. 성령으로 강림하신 하나님이 역사의 실체적 근거로서 만인이 받들어야 할 거룩한 존령이시다. 삼위일체를 통합해서 본체자로 강림하신 보혜사 진리의 성령이시다.

역사의 진행 메커니즘

사람들은 보통 과거로부터 현재가 되고 현재로부터 미래가 된다고 생각한다. 어린이가 어른이 되고 어른이 노인이 되듯이, 시간도 흐르고 역사도 흘러 과거로부터 미래로 엮어져 나간다. 미래로부터 과거로 흐른다고도 볼 수 있지만[11] 현실적으로 감지하고 있는 인식 개념과 어긋난 진행 상황을 뒷받침하기 위해서는 그만한 본질 메커니즘을 제시해야 한다. 그러지 못하면 역사는 끝까지 현 시대와는 거리가 먼 옛날 일들이라고 생각한다. 역사가 살아 숨 쉰다느니 대화를 해야 한다느니 하는 것도 알고 보면 역사에 대한 교훈과 본보기를 찾아내고자 한 의도이다.[12] 우리는 어느 모로 보나 나타난 현상만을 통해서는 세계의 본질성을 직시하기 어렵다. 칸트가 '인식의 주도권을 객관적인 실재로부터 주관으로 옮겨 놓음으로써 새로운 관념론의 입장을 확립시켰다(코페르니쿠스적 전회)'[13]고 한 평가는 인간이 지닌 인식의 한계를 분명히 하고자 한 노력이다. 플라톤, 마키아벨리, 비코, 슈

---

11) 『역사철학』, 최재희 저, 청림사, 1975, p.53.

12) 『세계의 역사』, 박성수 감수, 금성출판사, 1993, p.1.

13) 「헤겔철학에 나타난 역사의 자유」, 장성호 저, 계명대학교대학원 철학과 석사학위논문, 1995, p.3.

펭글러, 토인비 같은 사상가들이 취한 입장은 '탄생으로부터 유년, 청년, 성숙, 노년, 죽음이라는 생명 주기가 동물이나 식물뿐만 아니라 사회나 민족, 어쩌면 전체 세계에까지도 적용될 수 있다고 본 것'[14]인데, 이것은 역사의 진행 상태를 피상적으로 관찰한 것이다. 피상이란 근본에 대해 그렇지 않은 것이란 뜻이다. 그런데도 피상으로 전체를 판단하다 보니 역사의 진행 상황을 흡족하게 알 수 없다. 진화에 의한 발전이든 생멸성에 근거한 예측이든 그것은 역사의 진행 상태를 추진시키는 근본 메커니즘이 아니다. 진화는 완성을 향한 지극한 메커니즘인 것으로 주장하는데, 별은 어떻게 해서 현재 상태로부터 백색 왜성이나 중성자별 또는 검은 구멍의 형태로 변하여 마침내 소멸되어버리는가?[15] 세계가 진화론이 파악한 그와 같은 진행 경로 위에 있지 않기 때문이다. 세계는 역사가 진행되고 있는 것 이상을 포괄할 만큼 어떤 종합적인 생성 본질을 내포하고 있다. 소멸된 별의 뒤에서 어느덧 또 다른 별들이 무수하게 생성하여 거대한 우주를 이루고 있다. 이런 현상을 파악하기 위해서는 우주를 통괄한 통합 메커니즘을 갖추어야 한다. 우리가 수학적으로 엄밀한 질서 상태를 파악하고 있는 것은 통합 본질의 분열 상태를 인식한 것인데, 우주 자체는 그러한 분열 질서를 초월해 있는 것이 분명하다. 세계는 그 바탕이 통합적인데 분열적으로 판단하게 되니까 진화론, 제3의 물결, 마르크스같은 인류 경제 진행사를 주장하게 된다. 역사는 통합성에 따라 당위성을 가지고 생성할 뿐 아니라 철저하게 연계해서 표출시킨다. 미래 역사는 분열되지 않아 도래하지 않은 것일 뿐이지 존재하지

---

14) 『역사주의와 역사철학』, 앞의 책, p.99.
15) 『물리이야기』, 앞의 책, p.1.

않는 것이 아니다. 시공의 알파는 과거 역사가 아니라 아직 분열되지 않은 미래의 시공간에 있고 현재와도 공존하고 있다. 미래는 현재에 대한 원인의 형태로서, 과거는 현재에 대해 통합의 형태로서 구분 없는 한통속이다. 그래서 "과거가 미래를 비춰줄 수 있게 되고, 미래가 과거를 비춰주는 것도 가능하다."16) 어떻게 과거와 미래가 서로 대화할 수 있는가? 통합성이 종합적인 추진 메커니즘으로 작용하기 때문이다.

그러므로 인간이 과거의 역사를 알아야 하는 이유는 다른 데 있지 않다. 세계의 엮어진 구조가 과거 없는 미래가 존재할 수 없고 미래의 요인 또한 과거 가운데 내포되어 있어서이다. 세계의 본질은 한통속을 이루고 있어 삼세 간에 걸쳐 구분이 없다. 현존이 삼세를 내포하고 있어 과거의 시공간 상에서 결말지어진 것까지 포함한다. 알파와 오메가와 천지의 근원인 하나님이 현존하는 이 시공간 안에서 공존한다. 축구 시합에서 넣은 한 골은 골을 성공시킨 선수 개인의 골이 아니다. 역사상에 나타난 어떤 우연성과 진행성의 표출이라도 그것은 통합성이 생성함에 따른 작용 결과이다. 어떤 역사적인 사실이기 이전에 어제보다 오늘이 나아진 것처럼 여겨지는 것은 세계가 통합성을 지향하고 있는 상태에 대한 인식이다. 미래가 이미 존재하고 있어 이곳에 계신 하나님은 장래 일을 예고하실 수 있다. 왜 우리는 모르는데 선지자는 창세기를 기록할 수 있었는가? 그것을 가능하게 한 메커니즘이 곧 존재한 통합성으로부터이다. 통합성이 일체의 역사를 있게 하였고 전체 역사를 주도하였다. 통합성이 역사를 진행시킨

---

16) 『역사란 무엇인가』, E. H. 카아 저, 김승일 역, 범우사, 1996, p.207.

원동 메커니즘이다. 통합성은 하나로서, 하나가 생성해서 수많은 역사를 있게 하였지만 근본은 여전히 하나이다. 하나인 하나님의 통합성으로부터, 그리고 하나인 통합성을 향해 분열했다. 천국은 이루어졌기 때문에(통합성) 이룬 것을 하나하나 펼쳐 보이고 있는 중이다. 그래서 현 역사가 진행형으로서 진단된다. 이런 이유로 역사가 진행되고 있는 선상에서는 누구라도 과거의 것만을 가지고서는 역사를 정확하게 진단하기 어렵다. 세계가 생성된 메커니즘에 근거해서 미래에 대한 정보까지 수용해서 통찰해야 한다. 이미 성취된 예언의 사례들도 역사적으로 확인할 수 있어야 한다. 과거와 미래를 함께 보아야 역사의 진행 본질을 규명할 수 있으므로, 그 역할을 담당하고자 하는 것이 역사의 본질 탐구 노력이다. 하나님의 섭리는 인간의 탐구 의지와 세계의 본질이 분열을 다했을 때 드러난다. 거기에 역사의 완성이 있고 창조의 목적이 있고 지상 강림 사실이 있다.

역사의 진행 과정

흔히 사상가들은 역사를 통괄해서 체계 짓는데 있어 단계를 구분하거나 매듭짓는 것을 선호한 것 같다. 그러면 지나온 과정이 일목요연하여지고 역사가 마치 나무 단을 쌓아 올리듯 층이 진 것처럼 보인다. 그리고 그렇게 단이 쌓여 역사가 진행되어진 것도 사실이다. 그런데 역사가 정말 그런 단계를 밟아서 진보와 전환을 이룬 것인가 하면 그러한 것은 아니다. 혹자는 '역사 과정을 진행하는 행렬'17)이라고도 했는데, 역사는 그 무엇으로서도 단절될 수 없는 통체성을 이룬 과정에 속해 있다. 진행 중인 행렬은 처음과 끝을 구분할 수 없다. 통체 그대로 파악해야 한다. 역사도 그렇다면 고대와 중세와 근대로서 구분할 수 없다. 편의상일 뿐, 역사는 하나인 통체 과정을 이루고 있다. 그런데도 왜 어떻게 해서 역사란 긴 행렬이 이어지게 되었는가라고 묻는다면, 그것은 천지가 창조된 데 원인을 두지 않을 수 없다. 창조를 필두로 만물의 생성 역사가 있게 된 것이므로, 현 역사의 진행 상황은 그 같은 창조 결과를 나타내기 위한 과정이다. 즉, 역사는 하나

---

17) 위의 책, p.62.

님의 창조 결과를 드러내기 위한 과정에 있어 진상을 알면 그 상황이 참으로 역설적이다. 창조는 완전한 통합성으로부터 분열되었기 때문에 일체가 흐트러짐 없이 진행되고 있는 것인데도 현재의 시점에서 보면 불완전함에서 완전한 것으로 진행되는 것처럼 보인다. 여기에 진화적인 관점이 개입되어 있어, 마치 천동설을 현실적인 감각으로 확인하는 것과 같은 착각을 일으킨다.

창조성의 분열 과정은 여러 각도에서 파악할 수 있다. 그리고 우리가 판단하는 것도 창조성의 분열에 따른 일부분을 역사로서 파악한 것이다. '세계사의 진행을 정신이 자유로 나아가는 거대한 과정으로 본 것이라든지(헤겔)',[18] 사회 발전의 법칙에 따라 원시 공동 사회에서 사회주의 사회로 전망했던 마르크스, 인간이 무지로부터 해방되므로 보다 낫게 보다 행복하게 진보하여 모든 역사가 18세기를 향해 줄달음쳐 왔다고 굳게 믿었던 계몽 사상가 등등.[19] 역사의 진행 상황을 직시하기는 했는데 문제는 역사의 알파와 오메가가 내포된 전체 과정을 통달하지 못했다. 전체를 통관해야 우리는 비로소 과정이 전체성을 대변하는 존재의 지속 상태에 있다는 것을 판단할 수 있다. 존재의 본질은 有함의 과정이 없고서는 존재할 수 없다. 과정은 존재의 본질이 분열되고 있는 상태이다. 그래서 과정만을 놓고 보면 분명 퇴보도 있고 진보도 있다. 그러나 전체 속에서는 그런 개념이 없다. 통체성이 분열된 것으로서 가치가 있을 뿐이다. 하나님이 작정하고 주관하신 역사에 대해 인간적인 몰이해는 있었어도, 하나님은 그런 의혹을 초월해서 보다 높은 뜻으로 존재하신다. 하나님이 유구한 세월

---

18) 『서양사학사』, 앞의 책, p.452.
19) 위의 책, p.348.

동안 역사를 주관하신 사실에 대해서는 우연성을 감안할 수도 있지만, 역사가 존재하는 한 창조된 전체성은 연면하기만 하다. 역사가 있어 창조된 과정은 반드시 확인된다. 그래서 분열된 역사의 과정을 밝히는 것은 그대로 하나님의 존재를 밝히는 과정이 된다. 하나님은 어디에 계시는가? 역사가 분열을 완료한 과정의 저 편에 계시다. 천지가 창조된 바탕을 드러내기 위해서 역사가 지금까지 분열된 과정을 거친 것이라고 할까? 그렇게 해서 분열을 완료하게 된 시점에서 하나님이 준엄한 본체자로 강림하셨다.

05

역사의 진행 방향

역사가 과정을 통해 진행 중이고 추진 원천과 메커니즘이 있는 것을 알았다면 그 다음은 역사가 나아가고자 한 방향이 무엇인가 하는 것을 가늠해야 한다. 과연 우리는 역사의 지향점을 탐지할 수 있는가?[20] 이것은 우리가 어디로부터 와서 어디로 가고 있는가를 알 수 있다는 뜻인데, 이것을 판단하는 것은 결코 쉬운 일이 아니다. 역사가 인간 삶과 연계되어 있는 것이라면 어느 정도는 의도적인 방향 감지가 가능하리라. 하지만 역사는 그 흐름이 도도할 뿐 아니라, 이런 문제를 판단하는 것은 최대한 객관적이어야 한다. 어떤 사회의 분야에서도 그들 세계가 자유 민주주의를 향해서 진보하고 있었다면[21] 그것은 일정한 방향성을 가진 것으로 인정된다. 하지만 부분적인 일면도 있다고 본다. 진보가 방향성이라면 그 같은 방향성을 결정짓는 메커니즘과 기준은 무엇인가? 근대의 자연과학과 지식의 축적 때문인가? 하지만 그런 류는 일시에 무너질 수도 있는 사상누각적 관점이

---

20) 『역사와 역사학』, 제등효 저, 최민 역, 형성사, 1983, p.1.

21) 『역사의 종말』, 프랜시스 후쿠야마 저, 이상훈 역, 한마음사, 1992, p.122.

다. 문명과 야만의 차이는 나치가 자행한 죽음의 수용소를 경험한 이후에는 판별이 불가능해져버렸다.[22]

진보는 모든 영역에서 통괄 적용될 수 있는 객관적인 방향점이 아니다. 현대 과학이 유전자를 조작하지 않았더라도 만생명체는 유구한 세월동안 아무 차질 없이 후세들을 탄생시켰다. 무엇이 더 과학적인가? 토인비는 '역사가 많은 부분으로 나누어진 그 각각이 유사한 발생에서 몰락의 과정을 거치는 것'[23]이라고 하지 않았던가? 어떻게 진보한 유형의 문명 체제가 몰락할 수 있단 말인가? 진행 방향을 잘못 설정한 것이다. 그들, 특히 "역사가들은 역사가 움직여 가고 있는 어떤 방향성을 가정하길 좋아했을 뿐 아니라, 의식적이건 무의식적이건 그 방향성이 보다 저급한 상태에서 보다 고급한 상태로 전진해 왔다고 믿어 왔다. 그렇게 인식했고 그것을 승인했다."[24] 그런데 이러한 문명 전체가 "성장하고 발전하는 과정을 거쳐서 그만 그 이후에는 쇠퇴하여 어떤 것은 몰락해서 소멸하여버리다니……."[25] "진보의 가장 앞장에 있다고 보는 서양 문명이 도리어 몰락의 최첨단에 서 있다는 진단도 나오고 있다."[26] 역사의 흥망성쇠가 확인되고 있는 만큼, 여기에는 그러한 역사의 운동성 전체를 포괄할 수 있는 메커니즘 구축이 필요하다. '세계사가 동방에서 서방으로 진행하는 것이든',[27] 혹은 '인류사가 그리스도 안에서 모든 것이 성취될 그것의 정점을 향해서

---

22) 위의 책, p.33.

23) 『역사학 입문』, 林健太郎 저, 우윤 · 황원권 역, 청아출판사, 1983, p.285.

24) 『역사란 무엇인가(제2판)』, E. H. 카아 저, 김택현 역, 까치, 1997, p.188.

25) 『역사학 입문』, 앞의 책, p.286.

26) 『사관이란 무엇인가』, 차하형 편, 청람, 1985, p.240.

27) 『역사철학 강의』, 헤겔 저, 김종호 역, 삼성출판사, p.194.

진화하고 있는 것이든',28) 그런 류의 단정은 정말 주관적인 가정 상황인 것을 면하기 어렵다. 역사가 진행되고 있다면 그 방향성은 이미 결정적이다. 그런데 우리가 가늠하는 것은 오직 과거의 것을 거울삼아 미래의 방향을 어렴풋이 짐작할 뿐이다. 그래서 슈펭글러는 '역사란 과거에 대한 기록일 뿐만 아니라 미래에 대한 어떤 문화의 진로가 예정될 수 있다'29)는 신념을 피력하기도 했다. 하지만 일단 주어진 것만으로 방향성을 가늠한다면 어려움과 오차가 크다. 그런데도 현재는 역사에 있어서 어떤 완료된 기점이 아닌 것만은 분명하다. 현재역시 진행 상태에 있다. '현재는 과거에 대한 종점이자 미래에 대한 시점으로서 과거와 미래를 종합해야 할 위치에 있지만',30) 그 위치가 유동적이라는 것이 문제이다.

그렇다면 어떤 탁월한 역사가라도 현재진행 중인 역사의 한가운데서 역사 자체만으로 진행 방향을 감지한다는 것은 어렵다.31) 역사의 전체를 통관해야 한다. 내다보아야 한다는 것인데, 말은 쉽지만 아직 도래하지 않은 역사를 누가 미리 알 수 있겠는가? 미래의 역사를 지침할 수 있는 분은 유일하다는 것을 알 수 있다. 그분은 모든 것을 알고 계신 분으로서 역사란 과정 전체를 창조성으로서 분열시키신 분이다. 그분 안에서는 존재하고 있는 모든 것이 이미 있는 것이고, 이룰 것을 이루고 있는 주관 의지 속에 있다. 그래서 우리는 갈 길을 모

---

28) 『복음주의 입장에서 본 기독교 사상사』, 토니 레인 저, 김응국 역, 나침반사, 1988, p.482.

29) 『원불교사상 논고』, 김홍철 저, 원광대학교출판국, 1980, p.144.

30) 『역사철학』, 최재희 저, 앞의 책, pp.6-7.

31) "헤겔은 자유의식의 진보 과정을 그의 변증법에 따라 3단계로 구분하였다. 그리하여 세계사는 중국, 인도, 페르시아의 동양 세계로부터 시작해서 그리스와 로마의 세계로 이어졌고, 서유럽의 게르만 민족의 기독교 세계에서 그 절정에 달한다(『역사주의와 역사철학』, 앞의 책, p.110)"라고 말했다. 이것이 과연 역사의 진행 방향에 대한 올바른 판단이고 거기에 따른 성과, 결과인가?

르고 있더라도 역사 자체는 나아갈 방향이 결정되어 있다는 것인데, 정말 이 시간 이후의 진행 방향이 결정되어져 있지 않은 상태라면 역사는 한 치도 진행이 곤란하다. 사전에 결정되어 있기 때문에 현재의 역사가 순조롭게 유도되고 있다. 결정된 방향성이 현 시점을 통해 나타나고 있는 상태라고나 할까? 닦여진 고속도로를 인류역사가 걸림 없이 질주하고 있다. 역사는 하나도 우연적인 결집일 수 없다. 주제가 분명하여 드라마틱하다. 역사에 있어서 돌연변이란 없다. 그래서 전망이 가능한 것이고, 지성들은 그것을 애써 예측해 보고자 노력했다. 네루라는 인도의 정치가는(1889~1964) 민족의 독립 저항 운동 중 투옥되어 옥중에서 자신의 딸에게 보내는 편지 형식의『세계사 편력』이란 책을 저술했는데,32) 그가 세계사를 전망하면서 쓴 마지막 편지가 1933년 8월 9일이다. 이것은 그가 세계사의 진행 상태를 차창 밖으로 내다보다가 그 시점에서 막이 내려진 상태라고 할까? 하지만 그 이후 우리가 겪은 한 세기 동안에 걸친 진행 역사와 연결시켜 보면 연결된 전후가 별반 이질감 없이 통하고 있다는 사실을 확인할 수 있다. 이후에 전개된 소련과 미국에 의한 냉전 체제와 제2차 세계대전을 발발시킨 나치의 위험성 등이 이미 진단되었다. 그가 생각했던 진단대로 세계사는 그 같은 루트를 크게 벗어나지 않았다.

그런데 여기서 지적하고자 하는 것은 그 같은 한 지인의 역사에 대한 통찰 안목을 강조하고자 하는 것이 아니다. 인류역사 전체를 한눈에 꿰뚫을 수 있어야 하는데, 이것이 문제이다. 미래에 대한 진행 방향을 통찰해서 현재를 지침해야 한다. 어떻게 하면 미래를 꿰뚫을 수

---

32)『세계사 편력』, J. 네루 저, 장명국 역, 석탑, 1982.

있는가? 과거를 통해서 정보를 얻는 데는 제한성이 있다. 미래를 통찰하기 위해서는 삼세 간을 주관하고 계신 하나님의 뜻을 알아야 하고, 우리는 모르지만 본질성 전체를 관장하신 하나님으로부터 지침을 구해야 한다.[33] 우리의 인생 역정에는 애환이 있고 인류의 역사 과정에서는 수많은 성쇠가 있지만, 그렇게 해서 섭리된 추이로서의 결정 방향이 바로 인류역사가 통합되어 하나 되는 데 있다. 그러므로 하나님의 섭리를 도출해서 인류가 나아가야 할 진행 방향을 아는 길은 역사를 주재하신 하나님의 뜻을 수용하는 것이다. 인류역사는 이 같은 목적 성취를 위해 존재하였고 진행되며 펼쳐졌다.

그러므로 이전에는 진리의 고유한 가치를 일구고 수호한 것이 신앙이고 義를 지키며 道를 세우는 길이었지만, 이제는 타 진리와 융화해서 하나 되는 것이 결정된 방향성이다. 어차피 역사는 창조로 인해 완성을 지향하는 것이 거부할 수 없는 목적이고, 하나 되고자 한 것이 역사의 대세 루트이다. 先天 역사는 하나님이 강림하셔서 이룰 새 역사를 위해 준비되었던 것이므로, 그 확고한 방향성을 지성들이 감잡아야 한다.

---

33) "인간은 실험을 통하여 자연의 오직 일부만을 이해할 뿐인 반면, 창조의 주인인 神만이 전체적인 사실에 대하여 알고 있다(역사주의)."-「기독교 역사관」, 이진모 저, 기독교문화연구, 논문, p.146.

06

역사의 진행 목표

역사가 진행되고 있는 메커니즘 근거가 확고하고 모든 면에서 통합을 지향한 방향점이 뚜렷한 것이라면, 최종적으로 알아야 할 것은 도달 목표이다. 끊임없이 진행된 역사가 무엇을 목표로 해서 줄달음쳐 왔는가 하는 데 대해서는 주관적인 요소가 가미될 수도 있다. 한 사람이 무엇을 위해 삶을 영위하고 있는가 하는 것은 그 사람의 겉모습을 보고서는 알 수 없다. 역사도 드러난 사실만을 통해서 보면 진행 목적이 무엇인지 잘 가늠할 수 없다. 목적, 목표 설정은 의지적인 요소가 농후하다. 역사의 진행 목표는 역사의 알파와 오메가를 관장해야 밝혀질 수 있다. 그 역사의 궁극점에 하나님의 뜻이 있고 섭리 밝힘이 있고 지상 강림 사실이 있다. 그래서 끝내 밝혀지게 되는 목표는 전 역사의 과정을 꿰뚫는 섭리성을 띠게 된다. 역사의 목표는 본질적인 요소와 한통속인 성격을 함께 지닌다. 그만큼 역사 전체가 존재화되지 않고서는 찾기 어려운 난제이다. 이 같은 목적 관철 노력 위에 하나님의 주관 섭리와 인류 구원을 위한 의지가 스며 있다. 그런데도 인류역사가 어떤 목적을 이루기 위해 진행되었는가를 묻는다면, 사람의 속마음을 캐묻는 것처럼 주관적일 수 있다. 진행 목표는 의지적인 결정성을 띠어 창조 이래로 연면하고 일관된다. 한결같은 것이라면 거의 절대적이라고 보아도 무방하다. 그런데도 지성들은 역사의 전모에 대해 본질성과 존재성과 의지 목적을 제대로 간파하지 못한 상태에서 판단하였다.

누구라도 산행을 하면 정상이 어딘지 무척 궁금하다. 몇 번을 묻고 확인한다. 역사가 진행되고 있는 도상에서도 상황은 마찬가지이다. "역사가 어디로 흘러가고 있는 것인지, 이룸에 대한 목적은 무엇인지, 대세의 흐름 가운데서도 무슨 역할을 수행하고 있는 것인지 궁금하기 짝이 없다."34) 만약 도달 목표를 확실하게 알 수만 있다면 삶과 인생 역사가 전격적으로 달라지리라. 하지만 우리는 죽음 이후에 이르게 될 목적지를 모른다. 하물며 인류의 역사에 대해서랴? 만약 알 수 있다면 역사는 획기적인 변화가 일어나리라. 그렇지만 역사의 목표 설정은 그만한 근거와 부여한 자로서 지닌 권위가 뒤따라야 한다. 단언하고 가상해서 주장할 수는 있지만 인류가 확인할 수 없는 것이라면 믿음만으로는 해결이 안 된다.

서양에서 최초로 역사에 목적이 있다고 본 목적론적 사관은 기독교에서 나왔다. 인간 역사가 전체적으로 어떠한 의미를 가지며 어디로 향해 가는가에 대한 문제에 있어서, '역사는 구원이라는 하나의 궁극적인 목표를 향해 전개되는 통일된 전체'35)란 해답을 제시했다. '인류의 통일성과 神國을 향한 투쟁과정'36)은 성 아우구스티누스가 『神國論』

---

34) 「헤겔철학에 나타난 역사의 자유」, 앞의 논문, p.1.
35) 『사관이란 무엇인가』, 앞의 책, p.12.
36) 위의 책, p.12.

에서 내세운 개념이기도 하다.37) 하지만 문제는 구원을 향해 걸어온 역사의 근거 제시 여부이다. 수레바퀴가 회전하는 것은 아무런 목적성이 없는 헛돎이 아니다. 바퀴가 도는 것은 회전할 때마다 무언가의 목표를 향해 나아가고 있다고 볼 수 있다(토인비).38) 하지만 역사에 대해서 도출할 수 있는 판단은 안타깝게도 이것이 전부이다. 수레바퀴 자체는 결코 도달 지점을 모른다. 역사가도 마찬가지이다. 그러함에도 목적성을 알 수 있는 것이라면 그것은 역사의 수레바퀴를 회전시킨 하나님이 밝힌 것이다. 그 뜻이 무작정 계시를 통해 전달된 것이라면 받아들이는 절차에 있어 거리감이 있겠지만, 지금은 하나님이 역사 안에 직접 임하여 계시다. 先天에서 진행된 역사란 수레바퀴의 전모를 밝힌 것이다. 그런데 그 목적이 바로 이 땅에 강림을 이루기 위한 것이었다면 어떻게 할 것인가? 역사의 진행 목적은 神의 섭리 목적과 유리될 수 없는, 神의 목적적인 지향 성향이 그대로 역사가 지닌 의미이고39) 삼라만상이 일군 가치이다. 역사에 있어서 어떤 통일적인 목적과 일관된 방향성을 읽을 수 있다면40) 그 같은 목적과 방향은 오직 하나님이 천지를 창조하신 뜻 안에서만 발견할 수 있다. 학문은 세계의 미로를 추적하는 끝없는 탐험이므로, 학문을 통해서는 역사의 미래 목적을 간파하기 어렵다. 아무리 현재까지의 역사가 결과적인 것이라 해도 지금도 역사는 생성하고 있어 전체 과정을 포괄해야 한다. 그런데 일정 분야의 과정 단계만 목적화해버리면, 그러한 관점에 따라 역사의

---

37) "역사 진행이란 인류에게 심어진 하나의 목적에 의해 지배되고 있다는 사상. 실로 인간 역사가 그 전개 과정에서 하나의 높은 목적을, 하나의 이상을 추구하고 있다는 사상은 바로 그에게서 나왔다."-위의 책, p.95.

38) 『역사의 의미』, 칼 뢰비트 저, 이한우 역, 문예출판사, 1993, p.34.

39) 『역사주의와 역사철학』, 앞의 책, p.192.

40) 『역사학 입문』, E. 베른하임 저, 박광정 역, 범우사, 1988, p.164.

진행 방향이 결정되어버린다. 현대인들이 믿어 의심치 않는 과학적 이상 실현은 역사로서 도달할 최종 목적지가 아니다. 콩트는 모든 사회가 거쳐야만 했던 세 가지 단계 중 마지막이 실증주의적 단계라고 했는데, 실증은 창조된 세계가 분열된 것을 증거하는 것 외에 아무 것도 아니다. 도상 가운데서는 역사의 목적과 주재 의지를 도출하기 어렵다. '우리는 자신을 둘러싼 세계의 변화를 인과의 법칙, 그러니까 과학에 의해 이해'[41]할 수는 있지만 도도한 역사의 목적성까지 간파할 수 있는 것은 아니다. 인간이 역사를 이끈 것처럼 보이지만 사실은 세계의 본질을 일부 부각시킨 것이다.[42] 세계가 분열을 향해 치달은 것일진대, 유태교와 기독교에 대한 해석처럼 역사란 '마지막 목표를 향해 전진하는'[43] 그 무엇일 수도 있다. 그렇지만 종국에 밝혀야 할 것은 神의 존재 규명을 통해서이고, 결과로서 주어진 하나님의 섭리 뜻이다. 개명된 지성과 문명이란 것이 창조된 세계가 분화함에 따른 영향력인 것일진대, 하나님이 왜 무엇을 위하여 인류역사를 주관하셨는가 한 의도는 분명하다.

따라서 인류가 이 시대에 알아야 할 것은 하나님이 창조 이래 역사를 진행시킨 섭리의 목표를 규명해서 아는 것이며, 이것을 하나님의 뜻과 연관해서 확인하는 데 있다. 하나님이 인류역사를 섭리하신 항구적인 목적, 그것은 우리가 원래 출발하게 된 시초가 그러하듯 모두가 하나 되는 데 있고, 통합과 합일을 향해 치달은 것이다. 그래서 도달하게 된 합일점에 하나님과 함께한 지상천국이 있다. 역사의 궁극

---

41) 『존 스튜어트 밀(생애와 사상)』, W. 토머스 저, 허남결 역, 서광사, 1997, p.164.

42) 『서양사학사』, 앞의 책, p.775.

43) 위의 책, p.660.

점에 인애하신 하나님이 계시다. 이제 막 드러난 것이지만 거룩한 창조 목적은 이미 만세 전부터 뜻으로 예비되어 추진되었다. 세계가 이토록 분열을 극한 것은 하나님의 항구적인 목적을 실현하기 위해서이다. 이를 위해 하나님이 이 땅에 강림하셔서 창조로부터 작정하신 역사의 목적을 실현하고자 하셨다. 그래서 주재하신 섭리 목적을 밝히지 않을 수 없었는데, 그것은 그대로 현 역사의 진행 초점이고 미래를 향해 나아가야 할 인류역사의 추진 목적이다. 목적과 뜻을 일치시켜 창조 이래의 숙원인 지상 통합 역사를 완수하리라.

제10장

역사의 관점 본질

태양이 아무리 찬란하게 빛나도 지기
마련이다.

-페르디난트 레이먼드-

역사관의 변화 원인

역사를 어떻게 볼 것인가한 역사관은 "역사에 대한 견해, 해석, 사상 등의 의미를 담고 있다."[1] 아울러 역사가의 역사에 대한 의식, 과거의 사실을 볼 때의 고유한 입장, 과거 사실 중 어떤 사실을 선택할 때의 기준, 해석할 때의 해석 원리, 어떤 사실에 대해 가치를 부여할 때의 관점 등도 포함된다.[2] 주관적인 관점에 입각하다 보니 동일한 역사적 사실에 대해서도 다양한 해석이 있었다. 어떤 측면에서는 인류가 걸어온 역사 행로와는 별도로 특색 있는 관점들이 역사를 주도해 왔다고 해도 과장된 말이 아닐 정도로 나름의 사실성(史實性)과 근거를 가진 견해들이 있다. 하지만 어떤 론들을 전개하였더라도 일정 시기가 되면 정립할 수 있어야 한다. 누가 무엇을 어떻게 해서 이 같은 과제를 해결할 수 있을지는 의문이지만 반드시 짚고 넘어갈 것은, 지금까지 양산된 주장들이 과연 절대적인 근거를 확보하고자 한 과정을 거쳤는가 하는 점이다. 긍정적인 측면에서의 제 역사관은 나름

---

1) 『사관이란 무엇인가』, 차하형 편, 청람, 1985, p.9.
2) 『세계대백과사전』, CD 두산동아, 역사관 편.

대로 관점을 확보하기 위해 부단하게 분열되었다고 볼 수 있다. 정립은 분열이 완료되어야 하는 것이므로 과정 속에서는 어느 모로 보나 유동적이다. 제 역사관을 대하는 데 있어서는 이 같은 관점 본질을 파악하는 것이 중요하다. 유동적인 바탕 위에서 관점을 절대화하면, 그로 인해 세계 본질이 고착화되고 대립성이 농후해진다. 제 역사관을 수용해서 포용할 수 있는 안목을 잃어버린다. 역사는 반드시 정립을 위한 때가 있으므로, 이를 위한 여건을 마련해야 한다. 단정해버린 관점으로서는 대립만 낳을 뿐, 본질의 뒷받침을 받지 못한다. 이것이 역사가 지닌 관점상의 본질이고 한계이고 역사관이 변천하게 된 이유이다.

혹자는 인류역사를 '하나님의 구원 섭리 역사'3)로 규정했다. 분명히 그렇게 볼 수는 있다. '선악의 투쟁 역사'4)라든지 신앙적인 측면에서 '인류역사가 하나님의 구속 역사'5)라고 보지 못할 것은 없다. 참으로 "세상사는 하나님을 경외하는 믿음 있는 자녀들을 악의 세력으로부터 보호하고자 한 거룩한 구속사인 것이 맞다."6) 거기에는 원했든 원하지 않았든 추진된 역사가 하나님의 뜻이었다는 믿음이 있다. 이것이 곧 중세 시대에 유럽 세계를 풍미했던 기독교적인 역사관이다. "역사의 주인은 神이며 역사 진행은 神이 설정한 목표, 그러니까 神의 나라를 준비하기 위한 계획에 따라서 전개된다."7) 그런데도

---

3) 『기독교 주체사상』, 장길성 저, 한그루, 1988, p.1.

4) 위의 책, p.17.

5) "창세기는 인류의 역사라기보다는 인류의 구속 역사의 서장이다."-『뉴톰슨 관주성경』, 뉴톰슨 관주주석 성경편찬위원회 편자, 성서교재간행사, 1985, 창세기 서론.

6) 『길을 위하여(1)』, 졸저, 인쇄본, 1985, p.414.

7) 『서양사학사』, 이상신 저, 청사, 1984, p.158.

그 같은 관점을 통해서 보면 역사가 오히려 캄캄해진다. 역사를 일관 짓는 작업이 쉽지 않다. 분열도상에서의 관점인 것이 분명하다. 분열이 다하지 못했기 때문에 역사를 바라본 기준 설정에 따라 장면 전개가 바뀐다. 그것은 분명 전체가 아닌 일면이다. 환한 세상도 눈을 감고 보면 캄캄한 것처럼 역사관도 마찬가지이다. 물론 그들 관점들이 모두 사실성을 결여하였다고 말할 수는 없다. 그러함에도 일면을 드러낸 관점은 많은 부분에 있어서 사실성이 결여된 상태이다.

역사를 발전으로 본 사관은 제국주의의 윤리적 가면이면서 서양 우월적인 승리사관이란 비판은 역사관의 음영을 잘 드러내었다. 한쪽이 부각됨과 동시에 다른 한쪽의 존재가치가 하락된 것이다. 역사를 문명의 발달 단계에서 본다면 구석기→신석기→청동기→철기 시대로 나눌 수 있다. 이것은 인류가 걸어온 발자취의 일부분일 뿐이다. 핵심된 관점에 근거한 역사 구분이 아니다. 잘 알다시피 마르크스의 역사 이론은 사회와 역사에 대해 누구도 착안하지 못한 관점을 제시한 것은 사실이나,8) 안타깝게도 역사가 지닌 전면이 아니다. 그런데도 고착화되면 그로 인하여 가려져버릴 부분이 더욱 커진다. '인류의 발전이 인간의 생산 능력의 확대에 대응한 필연적인 과정(역사적 유물론)'9)이라고 볼 수는 있다. 그러나 이런 관점을 전면으로 내세우면 (세계를 물질의 발전으로서 포착하려는 유물론적인 사관), 다른 한편에서 세계사를 정신의 발전으로서 파악하려 한 관념론 사관과 대립되어버린다.10) 관점의 변화 상태를 파악하기 위해서는 그런 관점들

---

8) 『마르크스의 역사이론』, 윌리엄 H. 쇼오 저, 구승희 역, 1987, p.214.

9) 위의 책, p.209.

10) 『사관이란 무엇인가』, 앞의 책, p.80.

을 양산한 역사의 생성 본질을 파악하는 것이 급선무다. 관점은 어디까지나 세계 본질에 근거해서 형성되고 제공된 것인데, 본질과는 거리를 둔 채 관념만의 놀음을 해서는 안 된다. 형성된 세계를 일괄적으로, 혹은 부분적으로, 혹은 단계적으로 볼 수는 있다. 하지만 그렇게 본다고 해서 지극한 우여곡절로서 점철된 인간 역사의 진리가 곧바로 인출되는 것은 아니다. 역사는 본질의 생성과 유리될 수 없으므로, 생성 결과가 제공하는 관점을 따라야 한다. 사상가들이 시대적인 여건에 따라서 역사관을 전개한 것처럼 보이지만, 사실 거기에는 세계의 본질이 분열함에 따른 관점의 개관이 있었고 만남의 역사가 있었으며 최선을 다해 통찰하고자한 노력이 있었다. 그래서 보다 보편적인 관점을 확보하고자 한 것이 역사관 정립에 영향을 끼쳤다. 제 관점들은 본질이 생성함에 따른 세계성의 변화에 기인한 것이었고, 그렇게 구축된 바탕에 근거해서 형성되었다. 본질이 생성함에 따라 특성을 꽃피운 것이 바로 역사관이다. 그런데도 역사관이 다양하게 전개된 것은 본질이 생성한 데 이유가 있다. 이를 통해 오늘날 이 연구가 제 역사관을 일관시키게 되었다.

역사관의 형성 메커니즘

역사는 역사 자체로서 이루어가고 있지만, 그렇게 해서 이루어진 역사를 어떻게 바라보는가, 판단하는가 하는 것은 또 다른 문제이다. 물론 이것은 세계를 인식하는 문제와 더불어 관념적이기는 하지만 관점은 관점대로 세계성의 본질 규정을 따른다. 세계를 완성하는 것이 역사관을 완성하는 것인가? 아니면 역사관을 완성하는 것이 세계를 완성하는 것인가? 바라본 관점이 세계를 완성시키는 것은 아니지만, 따지고 보면 역사관이 완성되지 못했는데 세계 역사가 완성될 리도 없다. 아무리 역사를 이루어도 관점을 확립하지 못하면 역사가 정착될 수 없다. 관점을 정립하기 위해서는 역사를 정확하게 아는 것도 중요하지만, 보다 중요한 것은 관점을 정립하기 위해 선행된 핵심 본질을 밝혀야 하는 것이다. 그러지 못하면 역사는 하나인데 바라본 관점이 난립되어 세계적인 혼란이 가중된다. 역사의 본질은 물론이고 역사의 진행 방향에 대해서도 판단을 내리기 어렵다. 하지만 알고 보면 이 같은 결과는 세계의 생성 본질이 분열함에 따른 추이인 것이므로, 세계성에 바탕된 형성 메커니즘을 밝히는 것은 관점을 정립하는 제일 지름길이다.

그렇다면 역사관은 도대체 어떤 메커니즘에 근거해서 형성되는가? 우리는 항상 현실을 근거로 해서 과거 역사를 바라보는데, 본질이 분열 도상에 있다면 어디에 근거하더라도 관점을 정립하는 것이 곤란하다. 커다란 굴곡을 거쳐야 한다. 한국의 한 근대정치사를 장식했던 박정희 대통령에 대한 평가는 분분하다. 역사 판단에 대한 의식이 일종의 기단을 형성하고 있어 근거를 확정 짓기 어렵다. 한곳에서는 비가 내리더라도 전국에서 비가 다 내리고 있는 것은 아니다. 기단도 국지성을 이루고 있어 역사적 기단(관점)은 제차에 걸친 시공의 경과 과정 속에서 정립된다. 인간은 주어진 사물 현상을 판단하고 있고 그 근거도 틀림없지만 전체 가운데서는 비교될 수밖에 없는 부분성으로 존재한다. 물론 어제보다는 근거를 더 많이 확보한 상태이기 때문에 현재의 조건은 과거 조건보다 유리하다. 하지만 중요한 것은 과연 현 시점이 역사의 모든 것을 종결지을 수 있을 만큼 세계 본질이 분열을 다한 시점인가 하는 것이다. 우리는 고뇌하는 인간으로서 한계성을 지닌 존재인데, 이것은 그동안 확보한 세계성이 미흡한 때문이다. 세계성이 본질에 근거해서 생성한 것이므로 어느 시점에 도달했다고 해서 총체적인 관점을 확보할 수 있는 것은 아니다. 인간은 판단하면서 존재하지만, 관점은 인간이 점유한 존재 위치와 세계의 생성 본질과 맞물려서 형성되었다.[11]

서양에 있어서 18세기 역사 서술은 '자기 확신과 역사의 진보에 대한 믿음, 그리고 자연법 사상 등을 기본원리로 한 계몽사상에 근거하

---

11) 『길을 위하여(2)』, 졸저, 인쇄본, 1986, p.1.

여 이루어졌고, 이러한 역사 판단의 근본 토대를 이룬 것은 합리주의'
였다.12) 어디서나 합리주의가 제 현상을 규명하는 데 있어 큰 받침이
된 데는 변함이 없다. 한때 세계성의 근저에서 꽃을 피운 계몽 관점
이 오늘날도 세계의 진행 역사에 부합하고 있는가 하면 그렇지 못하
다. 시대를 풍미한 역사관이라도 세계가 생성함에 따라 번성했던 것
이다. 역사관은 세계의 생성 본질에 바탕됨으로써 다분히 세계관으로
서의 특성도 병행해서 드러낸다. 따라서 19세기적인 발전 사관은 그
시대까지를 총망라해서 구축한 관점이다. 그렇게 형성해서 제공할 수
있게 된 것이 소위 사관(史觀)이라는 것이다. 그런데도 중요한 것은
역사관이 세계의 전체 생성 본질을 대변하지 못하고 있다는 점이다.

　통상 각 문화 기단에서 형성된 관점은 역사에 그대로 적용시켜도
될 법한 전부인 것으로 알지만, 그 근저는 역시 부분성을 면할 수 없
다. 동양 사회에서는 불교적인 윤회관에 깊이 젖어 있어 인생, 역사,
우주론에까지 근저를 이루고 있다. 다른 방식으로서는 아예 생각하지
못한다. 그런데 그러한 문화 기단을 벗어나자마자 전혀 기류를 달리
한 희랍적 역사관과 유태적 역사관과 조우하게 된다.13) 진리, 세계,
우주관과 연계되어 있어 역사관을 결코 변경될 수 없는 체제로 여기
지만, 역사는 예외 없이 생성된 본질에 근거한 것이라 나날이 변모해
서 구축된 것이다. 바탕성이 생성하므로 관점도 변하지 않을 수 없다.
물론 본질은 영원한 것이고 생멸함이 없다. 그런데도 본질은 현상계
를 유지시키기 위해 끊임없이 변화를 일으킨 동인이라는 점을 감안
한다면, 생성된 관점이 절대적일 수 없는 것은 당연하다. 기독교가 세

---

12) 『서양사학사』, 앞의 책, p.9.
13) 『사관이란 무엇인가』, 앞의 책, p.79.

계 역사에 대해 하나님의 뜻을 벗어날 수 없는 구속사라고 본 것은 결코 벗어날 수 없는 바탕성이 있었다는 뜻이다. 틀이 있다는 것인데, 그 틀을 벗어날 수 없어 천지가 온통 하나님의 구속 의지 안에 둘러싸여 있다. 역사를 바라보는 눈은 관점을 지배하고 있는 세계관의 영향이 절대적인 것이며, 이런 이유로 역사가들은 역사 서술에 앞서 이론적인 기초 작업 일환인 관점의 근거를 찾기 위해 노력했다.14) 역사관을 형성한 기반은 진리를 이룬 여러 요소들이 영향을 끼친다. 증산사상에서는 특징 있는 시공간관을 가지고 인류역사의 전후 장면을 제시하였고,15) 문화와 사회를 생물체에 견준 순환적인 역사관(토인비, 슈펭글러),16) 유물론에 근거한 역사관, 神에 의한 예정론 등도 있다. 하지만 이들 관점 중 어느 것도 절대적인 우위성을 확보했다고 단정 지을 수는 없다. 역사관을 양산한 요인에 본질의 생성이 있었고, 세세한 분열 과정을 통해 오늘날과 같은 다양한 역사관이 생겼다.

그렇다면 과제는 그러한 역사관을 형성시킨 세계성이 어떤 본질적인 특성으로 관점을 확보하는 데 영향을 미쳤는가 하는 것을 밝히는 것이다. 하지만 이런 문제도 생성 본질을 대관하지 못하면 커다란 곡선을 직선으로 판단하는 오류를 범한다. 세계의 전모가 드러나지 못한 상태라 동일한 오류를 범하는 경우가 비일비재하다. 영원회귀, 원시반본, 윤회, 부활과 재림, 순환사관 등은 세계 본질의 생성과 통합 메커니즘을 지각한 상태이다. 그것은 과거의 요소가 재생된 형태로서, 미래의 시공간에서 다시 존재하게 된다는 신념을 내포하고 있다.

---

14) 『세계를 움직인 백 권의 책』, 신동아 1968년 1월호 부록, 동아일보사, p.103.

15) 『증산사상중심의 인류갱생철학 개론』, 배용덕 · 황정용 공저, 태광문화사, 1995, p.470.

16) 『역사의 종말』, 프랜시스 후쿠야마 저, 이상훈 역, 한마음사, 1992, p.116.

그런데 세계의 창조 본질이 통합성으로부터 분열한다는 것은 양산된 다양한 역사관을 수용하고도 남음이 있다. 과거는 흘러갔다고 해서 소실된 것이 아니며, 미래는 도래하지 않았다고 해서 존재하지 않는 것이 아니다. 창조로 인해서 사전에 존재하고 구유된 것이 오늘날 나타나게 되어 회귀, 반본, 윤회, 순환, 재림하는 것처럼 보인다. 과거 역사가 미래에서 반복되거나 판에 박은 듯하게 재현되는 역사는 없지만, 역사를 이룬 요소들은 엑기스화되었다가 생성하는 시공간 위에서 다시 드러난다. 이런 생성성을 부분적으로 보면 순환사관, 종말사관으로 표현된다. 관점은 말 그대로 보이는 대로 본 것이므로 사관의 측면에서는 근거 없는 주장이 아니다. 세계가 지닌 본질로서의 특성을 적나라하게 나타내었다. 다만 세계의 알파와 오메가를 포함한 생성 주기를 대관하지 못한 관계로 분열을 완료한 차원 관점을 확보하지 못한 것뿐이다.

세계 역사는 거대한 생성 본질의 도상 가운데 있어 마르쿠스 아우렐리우스(로마 제국 몰락기의 황제)는 '정말이지 지금 일어나고 있는 모든 일들이 과거에도 일어났고 또 미래에도 일어날 것'17)18)을 생각하면서 스스로를 위로했다. 그러나 순환성이 그렇게 반복되는 영원한 것인가 하면 그런 것은 아니다. 여기에 통합성을 지향한 역사의 지극한 형성 메커니즘이 있다. 순환사관을 극복할 수 있는 차원 관점이다. 역사관은 세계의 생성작용에 따라서 형성된 것이다. 역사는 과거만을 통해서는 관점을 형성할 수 없다. 역사가 정말 회귀하는 성격이 있고

---

17) 『역사란 무엇인가(제2판)』, E. H. 카아 저, 김택현 역, 가치, 1997, p.69.
18) 제1차 세계대전의 발발 이후 과학과 문명의 진보에 대한 심각한 회의감에서(직선적인 역사관), 때를 같이하여 슈펭글러와 토인비에 의한 순환사관이 태어났다.―『역사이해와 비판의식』, 박성수 저, 종로서적, 1980, p.16.

미래로부터 도래하는 것이라면 그만한 선재 본질을 뒷받침한 통합적인 생성 메커니즘을 밝혀야 한다. 그리해야 문명 역사가 생장, 성장, 개화, 쇠퇴, 해체에 이른다는 순환성과[19] 기독교가 말한 역사의 종말성을 극복할 수 있다. 분열을 극한 해체와 종말 국면을 전환시키고, 구원을 위한 통합 에너지가 생성된 근거를 확인해야 한다. 반복과 진보와 회귀, 성장과 쇠퇴와 몰락을 거치는 생명 주기, 순환과 직선적 사관을 종합한 헤겔의 변증법적 역사관 등등.[20] 이들은 세계 본질이 분열된 과정을 개념 지은 것이다. 통합성의 생성 과정에서 "도전과 응전, 후퇴와 복귀, 패주와 제거, 분열과 재생이 반복된다."[21] 그러나 그냥 반복하는 것은 아니다. 통합하기 위해서 분열하는 것이고 분열하기 위해서 생성하는 것이며 영원성을 지속시키기 위해서 소멸, 제거되었다. 하지만 어떤 형태의 생성도 창조된 세계에서는 無가 없다. 소멸해도 존재하고 언젠가는 통합된 형태로 환도된다. 여기에 제 역사관을 통합할 수 있는 형성 메커니즘이 있다. 그리고 이 같은 관점의 중심에 강림하신 하나님이 계시다. 우리는 존재하는 자로서 부분적인 일면성을 벗어나지 못하지만 하나님은 세계의 알파와 오메가를 함유하면서 전체 본질성을 통괄하신다. 통합적인 관점은 하나님이 강림하셨기 때문에 확보할 수 있게 된 세상 역사를 바라보는 안목 형태이다.

---

19) "불교에서도 세계의 성주괴공(成住壞空)이라는 순환사고가 있다."―『종교란 무엇인가(종교와 절대무)』, 니시타니 게이이치 저, 정병조 역, 대원정사, 1993, p.293.

20) 전진하면서 순환성을 내포하기 때문에 역사 과정은 타래를 틀면서 향상하는 과정이 됨.―『역사철학』, 최재희 저, 청림사, 1975, p.86.

21) 『역사의 연구(Ⅰ)』, 토인비 저, 노명식 역, 삼성출판사, 1983, p.623.

역사관의 관념성과 가변성

역사를 바라보는 눈은 다양하고, 관점을 형성하는 것은 세계성에 근거한다. 로마 제국의 흥망사를 살피고 나폴레옹의 정치적 야망을 평가하는 것은 확고한 사실성에 근거한 것이지만 현재 역사가의 입장에서는 관념적인 판단인 것을 벗어날 수 없다. 과거 역사는 이미 이루어진 것이다. 어떤 형태로든 결정되어졌다. 이 같은 특성이 있는 역사의 본질을 역사가들이 밝히기 위해 노력하였다. 초점을 맞추어야 할 것은 역사는 자체가 생성한다는 것과 이것을 바라보는 관점이 세계성에 근거하고 있다는 데 있다. 그래서 역사 판단은 현 시대까지 확보한 관점에 근거한 제한점이 노출된다. 역사가 진보해서 발전하는 것으로 인식하였다면, 그것은 이를 바라본 인간의 지성이 개오되고 현 세계를 뒷받침하고 있는 세계가 생성하기 때문에 그렇게 판단한 합작품인지도 모른다. 그러니까 역사든 무엇이든 본질 자체는 영원한 것이고 동일한 것인데 이를 바라본 관점이 끊임없이 변한 것이라고 할까? 그 이유는 역사를 끊임없이 생성시킨 세계성 때문이다.

고대 희랍의 역사에 대해 중세인들과 르네상스를 주도한 인문주의

자들이 바라본 시각은 다른 것이었다. 과거 역사는 항존하는 것이지만 이것을 오늘날 어떻게 해석하는가 하는 것이 관건인 것은 역사를 바라보는 자의 주체적인 통찰 권한 때문이다. 孔子의 위대성은 그 당시 아무도 돌보지 않았던 경전을 수집해서 선진 문화를 집대성해 해석을 한 것인데, 그러한 발상과 업적이 역사적인 가치를 발한 것이다. 그런데 孔子가 그와 같은 노정을 걷지 못했다면? 역사는 다분히 우발적이고 주관에 의해 좌우되는 것처럼 보이지만, 孔子가 이룬 업적은 세계성에 근거한 확고한 세계의식의 표출 경위이다. '세계와 역사가 통찰자의 주체 의지에 의해 정립되는 것은 사실이나'22) 그 통찰 이면에는 그 당시까지 생성된 관점 메커니즘이 반영되어 있다. 지금 이 연구가 전개하고 있는 역사론도 마찬가지이다. 역사에 대한 해석 관점이 상이한 것은 세계의 본질 규명 여부가 낳은 차이점이라, 역사를 완성하고 하지 못한 여부가 분명하다. 세계가 생성하는 과정에서는 완성이 새로운 분열을 낳는 원인이 될 수 있다. 역사를 판단하는 인식 원리라든지 역사 이론, 철학, 해석 관점들이 모두 여기에 해당된다.23) 구축한 관점 체계에 따라서 역사는 전혀 새롭게 구성될 수 있다. 역사와는 별도로 역사를 바라보는 관념성의 구축이 "역사에 대해 다양한 해석을 허용하였다."24) 포퍼는 그가 확보한 해석 관점에 따라 역사를 '열린사회와 닫힌사회와의 투쟁'25)으로 보기도 했다. 어떤 역사가는 그가 살던 시대상을 반영하여 '인간생활에 있어서 神의 개입

---

22) 『길을 위하여(3)』, 졸저, 인쇄본, 1990, p.185.

23) 『역사학 입문』, 林健太郎 저, 우윤·황원권 역, 청아출판사, 1983, p.63.

24) 『역사주의와 역사철학』, 이한귀 저, 문학과 지성사, 1990, p.185.

25) 위의 책, p.185.

을 믿었던 데 반해(헤로도토스)',26) 현 시대는 神의 개입을 철저하게 제거시킨 것이 합리적인 역사관이라고 여긴다.

그렇다면 역사는 도대체 무엇이 변하여 발전한 것인가? 역사 자체 인가 아니면 이를 바라본 관점인가? 神의 개입을 저지한 현대의 무신 론적 역사관은 관점 면에서 과연 최적 상태라고 할 수 있는가? 역사 든 관점을 뒷받침한 세계성이든 본질이 생성하고 있는 것은 사실이 지만, 발전하는 것이라고는 말할 수 없다. 역사는 역사이고 관점은 관 점이다. "왜 똑같은 사실(史實)에 있어서 역사가의 해석에 따라 역사 가 다른 의미로 다가오는가?"27) 그것은 발전이 아니라 세계성이 생 성된 진심 본질에 얼마만큼 접근했는가의 여부에 달려 있다. 역사를 바라보는 의식의 정도와 태도, 객관성의 확보 등도 영향을 미치지 만,28) 보다 중요한 것은 진심 본질로의 근접성 여부이다. 정도에 따 라서는 구축된 역사관이 일시에 무너질 수도 있고 가치성을 부활시 킬 수도 있는 관점의 초월성 내지 가변성 폭이 크다. 결국 역사가 생 존하는 현대인의 '끊임없는 재해석 요구에'29) 부응해야 하는 것은(그 필연성은 피할 수 없음) 세계가 생성함에 따른 통합 관점의 확보 때 문이다. 역사가 본질론 상으로 분열을 다하지 못하다 보니 완성을 이 루는 그날까지 '끊임없이 재해석되지 않을 수 없는 관점의 가변성 위 에 있는 것이고',30) 이미 확보된 관점도 완성을 위한 징검다리였다. 도상에서는 무수한 시행 과정이 있기 마련이다. 실패도 부정도 완성

---

26) 『서양사학사』, 앞의 책, p.29.

27) 『역사란 무엇인가』, E. H. 카아 저, 김승일 역, 범우사, 1996, p.6.

28) 『동양철학은 물질문명의 대안인가』, 김교빈 외 13인 저, 웅진출판, 1999, p.38.

29) 『역사와 진실』, A. 샤프 저, 김택현 역, 청사, 1982, p.291.

30) 위의 책, p.293.

된 시점에서 보면 일시에 전환될 수도 있는 초석일 뿐이다. 이전에 알지 못했던 새로운 사실들이 더해진다고 해서 관점이 가변선상에 있는 것은 아니다. 언급했듯, 관점은 서서히 달라지는 것이 아니라 지금까지 보아온 세계상을 일시에 뒤집어버릴 수 있다. "왜 역사가들은 동일한 사실에 대하여 서로 다르게 해석하고 평가하였는가?"[31] 여기에는 역사의 주관성과 객관성과 절대성이 주효했다. 진실은 있지만 사실적인 객관성만을 추출하기는 어렵다. 관점은 초월적인 본질로부터 생성된 차원성의 노출이다. '神의 계시는 만인에게 동등한 것인데 인간들이 이것을 달리 해석하였고',[32] 절대 계시를 담은 성경의 구절조차 해석을 할라치면 주장들이 분분하다.[33] "道 일원이요 하나인 본체를 달리 인식하고 안 것은, 道의 전체성(통체성)을 보지 못한 소이이다."[34]

하갈이 여행을 떠나 먹을 것이 없어지고 마실 물이 없어 죽을 지경이 되자 하나님이 하갈의 눈을 열어 주시므로 우물이 거기 있다는 것을 알게 되었다. 우물이 갑자기 나타난 것이 아니고 본래 거기 있었는데 하갈이 보지 못했던 것이다.[35] 역사는 본래 여여한 것인데 관점이 조건을 구비하지 못하면 있는 사실조차 파악하지 못한다. 이것을 세계의 본질성에 비유하면 세계는 통합성으로서 이미 有한 것인데도 분열이 다하지 못해 제대로 된 관점을 제공하지 못한 것이라고 할까?

---

31) 위의 책, p.1.

32) 『길을 위하여(1)』, 앞의 책, p.141.

33) "성경은 해석자를 필요로 함."-『기독교 사상사』, 길리안 R. 에반스 외 2인 공저, 서영일 역, 기독교문서선교회, 1994, p.368.

34) 『길을 위하여(3)』, 앞의 책, p.30.

35) 『성서의 지혜와 철학』, 마빈 토케이어 저, 정을병 역, 신원문화사, 1981, p.72.

가변성이 있으니까 천동설처럼36) 대 우주의 운행 체계도 달리 판단하게 된다.37) 더 나아가서는 "생명과 인간의 기원을 설명하는 데 있어 神이라는 가설이 필요 없게 되었다. 모상으로 여긴 神으로부터 인간은 그 모상에 대한 관심을 하찮은 동물에게로 돌려버렸다."38) 어떻게 하여 이 같은 변화가 있을 수 있는가? 神과 인간과의 관계를 지탱시킨 믿음은 정말 버려도 되는 것인가? 세계가 완성되면 그렇게 확정될 수도 있어 배제할 수 없는 것인데도 말이다. '마르크스의 물질주의는 자본주의적인 시민 사회의 한 발전 단계에서 형성되었던 하나의 역사 파악이고'39) 조류 관점이었던 것이 분명하다(근원적이지 못함). 神을 인간의 모상으로 본 것이나 뒤집어서 동물로 본 것이나, 그렇게 바꾸어 볼 수 있다는 것은 세계의 본질성이 확정되지 못함에 따른 가변적인 관점이다. 안중근의 역사적 행보에 대해 한쪽에서는 테러범으로서 지탄하고, 또 다른 쪽에서는 義士로서 추앙하고 있다. 가치 판단이 지극히 상대적이다. 가치 기준을 어디에 두느냐에 따라서 현 시점이 황금시대로부터 퇴보함일 수도 있고 유토피아를 지향한 진일보 상태일 수도 있다. 같은 해를 서편에서 보내면 석양이 되고 동쪽에서 맞이하면 일출이 된다. 서구문명이 몰락하는 것인가, 아니면 동양 문명이 일어서는 것인가? 그것은 우리가 서 있는 위치에 따라서 엇갈린 판단 차이다. 분열하는 세계상 위에서의 관념성과 가변성은 피할 수 없는 것이므로, 이를 극복하기 위해서는 세계의 근원

---

36) 『세계사상대계 3(인간의 발견)』, 박종홍 · 이종우 저, 정석해 감수, 신태양사, 1965, p.90.

37) 천동설은 행성의 운행 체계를 전체적인 입장에서 볼 관점을 확보하지 못했기 때문이지 달리 이유가 있는 것이 아님.

38) 『신은 존재하는가(Ⅰ)』, 한스 킹 저, 성염 역, 분도출판사, 1994, p.477.

39) 『서양사학사』, 앞의 책, p.659.

본질을 규명한 바탕 위에서 전체성을 통괄한 입장을 견지해야 한다. 상대성을 초월한 보편적 관점 기준, 그 기준의 한 중심에 서 계신 분이 오늘날 강림하신 보혜사 진리의 성령이시다. 세계와 역사의 생성 차원 위에서 전체를 관장하심으로써 하나님은 우리가 벗어날 수 없는 역사관의 관념적인 가변성을 확정 지어주셨다.

역사관의 한계와 제한성

보쉐(Bossuet)는 '역사가들에게는 포괄적인 세계사론을 전개해 보고 싶은 강한 유혹이 있다'[40]고 했다. 인류 발전의 전체 과정에 대한 논리적이고도 분석적인 견해를 제시하고, 어떻게 거대한 역사적 시기들이 계속 이어져서 마침내 자신이 살도록 특권을 부여받은 시대에까지 이르게 되었나 하는 것을 체계적으로 보이고자 하였다. 헤로도토스의 『역사』, 이븐 할둔의 『역사 서설』, 볼테르의 『풍속사론』 등등. 그렇지만 그들이 세계사의 전면을 보였는가 하면 그렇지는 못하다. 동서고금을 통하여 만사를 하나인 진리적 관점으로 일관시켜 보고자 한 노력은 끊임없었지만, 포괄하지 못하고 만 것은 세계를 바라본 관점에 한계가 있었다는 것을 뜻한다. 육안을 가지고 천체를 관측하는 것은 망원경과 비교할 수 없다. 각 시대까지 구축된 역사관이 고배율 망원경에 대비한 육안과 같은 것이라면, 그 같은 관점으로 역사를 본 한계는 분명한 것이다. 흔히 우리는 종교적 역사관의 대표적인 저술로서 성 아우구스티누스의 『神國論』을 든다. 그는 인류역사를 여섯

---

40) 『실천을 위한 역사학』, 쟝셰노 저, 주진오 역, 이론과 실천, 1987, p.105.

시기로 나누었는데, 제1 유년기를 인류의 창조에서 노아의 홍수까지, 마지막 제6 노년기를 그리스도의 탄생 이후로 잡았다.41) 이것은 역사 구분의 잘잘못을 따지기 이전에 세계사를 바라본 관점의 편협성이 낳은 결과이다. 그가 속한 세계관 안에서는 그렇게 한 것이 최선을 다한 포괄 관점이다. 그것이 지금에 이르러서 편협하게 되어버린 것이라면, 역사가들이 현재까지 내세운 세계사론도 후대에 이르러서 편협하지 못하리란 법이 없게 된다.

그러므로 우리가 알아야 할 것은 관점의 한계성이다. 아무리 당시까지의 세계사론을 포괄했더라도 형성된 관점이 내포한 자체 한계는 어쩔 수 없다. 역사가는 평생을 바쳐도 역사의 전체 과정을 직접 경험으로 획득하지 못할 뿐 아니라42) 탐구해서 확인할 수 있는 것도 아니다. 그래서 관점의 제약이 불가피하다. 그런데도 그러한 제약을 무시한 채 전체 세계를 포괄하려고 하다 보니까 문제가 발생한다. 우리는 흔히 유신론적 세계관이다,43) 이신론, 혹은 유물사관이다 하지만, 그것은 세계관을 일방적으로 단정 지은 실례들이다. 어떻게 세계의 다양한 면들을 무시하고 사적 유물론에서처럼 '인류역사를 소유 관계에 기본을 둔 계급투쟁의 역사'44)로서 단정 지을 수 있는가? 제한적인 한계가 있는 것이라면 그렇게 해서 볼 수 있게 된 진실이라도 있겠지만,45) 문제는 그 한도를 벗어나버린 데 있다. "17세기까지만 해도 인

---

41) 『역사철학 강의』, 최재근 저, 동풍, 1995, p.33.

42) 『역사와 역사학』, 제등효 저, 최민 역, 1983, p.27.

43) 자연을 하나님이 섭리하시고 주관하시고 구원하시는 대상으로 봄.-『기독교 세계관과 현대사상(세계관이란 무엇인가-서론)』, 제임스 사이어 저, 인터넷 자료.

44) 『마르크스(생애와 사상)』, 리우스 저, 이동민 역, 오월, 1990, p.152.

45) "성 아우구스티누스는 초기 그리스도 교도라는 관점에서 역사를 보았고, 틸라몽은 17세기 프랑스인의 관점에서, 기본은 18세기 영국인의 관점에서, 몸센은 19세기 독일인의 관점에서 역사를 바라봄."-『역사란

체는 보려고 해도 볼 수 없는 미지의 세계였다."46) 인체는 옛날부터 존재하고 있지만 인체를 이해할 만한 관점을 확보하지 못했던 것이다. 세계사를 다룬 헤겔이 『역사철학 강의』에서 서술한 동양사론은 부실하기 짝이 없다.

그렇다면 역사는 왜 이처럼 관점 면에서 한계를 지니는가? 그것은 先天의 1막에 이어 後天의 2막을 아직 열지 못한 때문이랄까? 오늘로서 역사의 막이 모두 내려진 것이라면 모를까 지금도 왕성하게 생성 중이라면 역사가 아무리 현재의 관점 위에서 쓰인 것이라 해도(듀이)47) 언젠가는 달라질 것이 분명하다. 그래서 관점 정착을 위한 현실적인 요건으로서 실증주의에서는 사실성을 神처럼 모셨다.48) 하지만 생성을 완료하지 못한 세계에서는 실증이 여전히 선재 본질성을 내포하지 못한 한계를 지닌다. 실증은 세계적 분열이 총화된 결과성이므로, 부여된 관점의 제한성을 극복할 수 있는 길은 창조 이래의 역사를 전체성으로서 주관하신 하나님에게 의뢰하는 것이다. 인간은 몰라도 모든 것을 알고 계신 하나님이 강림하심으로 인해 이 연구가 관점의 한계를 넘어선 섭리를 밝힐 수 있고, 창조된 뜻 안에서 인류 역사를 판단한 관점을 정착시킬 수 있다.

무엇인가』, E. H. 카아 저, 박영준 역, 우암출판사, 1982, p.36.

46) 『21세기 과학 어떻게 오는가』, 아서 S 그레고르 저, 과학세대 역, 1996, p.131.

47) 『역사철학』, 윌리암 드레이 저, 황문수 역, 문예출판사, 1993, p.80.

48) 『서양사학사』, 앞의 책, p.712.

05

역사관의 결정성과 폐해

　세상과 진리는 그것을 바라보는 관점에 따라서 다양하게 판단될 수 있다. 다양하게 양산된 원인은 세계의 본질이 분열함과 더불어 시대적인 여건상 전체를 바라보는 관점을 확보하지 못한 때문인데, 예나 지금이나 문제는 이 같은 상황을 제대로 판단하지 못한 데서 비롯되었다. 설사 전체적이라 할지라도 그것은 다시 더 큰 전체 가운데 속한 부분인 것이며, 이제 막 분열이 끝난 통합성 가운데 있는 것인데도 한결같이 극단만을 치닫게 된 것은 그들이 속한 문화권을 전부인 것으로 오판한 때문이다. 파묻힌 돌은 다 파내기까지는 그 모양을 가늠할 수 없다. 역사도 마찬가지이다. 드러난 부분보다는 미래 속에 덮여져 있는 부분이 많은데도 나타난 부분만 가지고 역사관을 결정해버린 데 문제가 있다. 세계를 분파된 관점에서 보면 그 판단이 편협되리란 것은 예측할 수 있다. 그럼에도 하나인 세계 본질을 두고서 어떤 곳에서는 인격적인 神으로서, 혹은 관념적인 道로서, 혹은 사상·이념·행동 강령으로서 붙들고 있는 이유는 무엇인가? 뜻을 구하는 자에게 하나님이 응답하시지 않은 바 아닐진대 해석이 구구한 것은 어찌된 일인가? 왜 부여된 뜻을 올바로 파악하지 못하여 우상화시켰는가? 그 이유는 아무리 세계의 진실성에 근거한 전문성을 갖추고 있어도 속한 세계상을 밝히기 위해서는 그만한 경과가 요구된 때문이다. 세계가 분열하는 것은 반드시 바탕된 근거가 있다. 하지만 그것은 전부가 아니며 이후에도 무수한 생성 과정이 기다리고 있다. 이런 이유로 역사가마다 역사 해석에 관한 이론이 상이할 뿐 아니라, 일치를 위한 관점을 확보하지 못한 상태에서 자기 유의 생각을 주장했다. 그런데도 그런 주장이 독단이란 사실조차 모른다. 세계를 전적으로 무신론만으로 판단하거나 유신론만으로 보는 것은 올바른 관점이 아니다. 독실한 신앙을 추구하는 영혼들이 얼마나 많은데 이것을 무시한 채 감히 神이 없다고 단언할 수 있겠으며, 온갖 세상의 의문은 잠재워둔 채 모든 것을 神의 뜻으로 돌릴 수 있겠는가?

중국의 진시황은 분서갱유를 단행한 잘못이 있거니와, 禮를 무시하고 法만을 중시한 정책이 저지른 결과는 뻔한 것이다. 세상을 통치하는 데는 禮도 필요하고 法도 필요하다. 사례를 통해서도 보듯이, 지금처럼 다변화된 사회에서 기독교만을 절대시한다든지, 혹은 불교만을 높이고 나머지를 폐하여버린다면 인류의 미래 역사는 어떻게 될 것인가? 그런데도 그러한 현대판 분서갱유가 또 다른 역사 형태로서 자행되지 않으리란 것을 누가 장담할 것인가? 유물, 유신, 유심, 관념, 경험, 이성과 같은 관점들이 고착화되어 있는 상태라면 언제라도 충분한 가능성을 내포하고 있다. 세속 권력을 장악하지 못한 것일 뿐, 그들은 그 같은 관점 하나로 세계관을 결정하고 단정해 타협의 여지를 없애버렸다. 이러한 역사적 결정론은 마르크스주의의 유물사관에 이르러 절정에 도달하거니와,49) 관점의 결정성이 준 맹신과 폐해를 지금의 인류역사가 고스란히 입고 있다. 어떻게 유구한 인류역사를 한 움큼뿐인 '권력을 위한 투쟁, 혹은 지배를 위한 투쟁이었다(니체)'[50]고 단정할 수 있겠는가? "이제까지의 모든 역사가 계급투쟁의 역사이다,"[51] 혹은 반드시 자본주의 사회가 무너지고 사회주의(공산주의) 사회가 도래할 것이라느니……. 그것은 그렇게 역사를 도도하게 바라본 승리자와 최후 생존자와 권력자들이 내린 오만한 독단인지도 모른다. 고대의 아테네 시민들만이 직접 민주주의를 시행해서 특별나게 인류사회에 공헌한 제도를 발달시킨 것은 아니다. 한반도의 고대사회에서는 이보다 더 철저한 유형으로서의 민족적 화합과 의결기구 조직이 있었다. 한곳의 모범 사례가 다른 곳과 비교해서 참고할 수 있을지는 몰라도 그것이 최고인 것은 아니다. 세계적 생성이 완료되지 못한 상태에서의 절대적인 결정은 가당찮다. 다양한 가치를 허용하고 있는 현 민주주의 제도는 세계의 분열이 완료되지 못한 상황에서 정착된 제도이다. 그런데도 대개는 이 같은 허용 태도를 불허하고 있다는 것이 문제이다. 언젠가는 해명하고 극복해야 하기 때문에 하나님이 섭리로서 모든 폐해를 불식시키기 위해 강림하셨다.

---

49) 『역사의 연구(Ⅰ)』, 앞의 책, p.19.
50) 『니체와 현대 철학』, 강대석 저, 한길사, 1988, p.208.
51) 『역사철학 강의』, 최재근 저, 앞의 책, p.95.

06

역사관의 확대 개명성

세계의 지성인들이 역사를 바라본 대표적인 관점들을 나열한다면 퇴보 대 진보, 정체 대 발전, 순환·회귀·반복 대 직선적 관점들이 있다. 이들 관점이 지닌 특성은 눈에 보이는 현상을 보고 판단을 굳힌 것인데, 세계가 생성함으로 분열되고 분열함으로 통합된 메커니즘을 생각한다면, 나열한 관점들은 오히려 세계의 본질성이 확장됨에 따라 개명된 것이라고 할 수 있다. 분열되는 과정에서 세계적인 안목을 확대시킨 역사의 축적과 성숙이 있었다. 전에는 없었는데 오늘은 판단을 위한 근거를 제시할 수 있게 된 것이 그것이다. 이 같은 세계성의 확대가 자연스럽게 의식적인 개명을 이루었고 관점을 확대시킨 역할을 했다. 그래서 인류역사가 진보가 아니라 개명의 역사라고 한 이유는 그만한 관점 형성에 대한 세계적인 작용성을 꿰뚫었다는 뜻이다. 진보는 일점, 한순간도 분열 중인 시공간성을 거스를 수 없지만, 개명은 세계성의 성숙과 더불어 일시에 통달되는 관점을 확보할 수 있다. 관점이 개명된다는 것은 일단의 세계적인 근거를 창조에 두지 않고서는 착안될 수 없다. 이미 모든 것이 창조로부터 구비되고 有

한 상태에서만 관점이 확대되는 조건이 성립된다. 그러지 못한다면 점진적인 세계성의 확대에 따라 정말 진보하고 발전하는 것으로서 판단해버린다. 세계를 진화적으로 보고 자유로의 진보로 보며 닫힌사회에서 열린사회로 본 것은 통합성을 이룬 본질이 분열함에 따라서 관점이 확대된 것이 영향을 끼친 것이다. 분열이 완료되지 못한 상태에서는 제한적이지만 완료되면 확대, 통합된다. 포퍼는 '닫힌사회에서 열린사회로의 이행이야말로 인류가 수행한 가장 위대한 혁명 중의 하나'라고 했다. 비록 열린사회로의 지향이 전통적인 권위와 편견으로부터 정신을 해방시키고자 한 수많은 사람들의 갈망에 의한 것이었다 하더라도[52] 닫힌사회는 본질 관점이 제한적인 것이고, 열린사회는 확대 개명된 것이다.

따라서 관점의 확대 과정은 순수한 의미에서 역사관을 바르게 판단한 세계 본질의 형성 메커니즘이라고 할 수 있다. 아메리카 대륙은 이탈리아의 콜럼버스가 1492년 신대륙의 발견이라는 역사적 업적 이전에도 존재한 것이지만, 그러한 발견 사실이 그 당시 유럽인들에게 준 영향은 상상할 수 없을 정도로 큰 것이었다. 삽시간에 사람들은 지금까지 생각하고 있던 세계의 모습을 바꾸어야 했다.[53] 세계가 참 모습을 드러내어 관점이 확대된 것이고 부수해서 의식도 개명되었다. 그것은 아메리카 대륙이 갑자기 융기해서 그런 것이 아니다. 레벤후크는 현미경을 통하여 빗방울 속에서 또 다른 생명체의 세계를 발견하였다. 바로 그곳에는 인간이 꿈에도 꿀 수 없었던 100만이나 되는 미생물의 극미 세계였다. 그리고 그곳에 오랜 옛날부터 인류를 괴롭

---

52) 『역사주의와 역사철학』, 앞의 책, p.186.
53) 『21세기 과학 어떻게 오는가』, 앞의 책, p.64.

혔던 수많은 병의 원인도(레벤후크 자신은 알지 못했지만) 있었다.[54] 발견이란 여건의 조성이 새로운 분야에 대한 이해를 가능하게 한 것이다. 갈릴레이가 망원경에 눈을 대자 갑자기 망망했던 하늘의 門이 열렸다. 그리고 지금까지 눈을 통해 보지 못했던 우주의 무한한 광활함을 경이로움에 들떠 꼼짝도 않고 뚫어지게 쳐다보았다. 플레아디스 성단에 있는 7개의 별은 36개였고, 오리온 성좌의 9개 별은 80개였으며, 은하수의 가루처럼 흩뿌려져 있는 강물은 셀 수 없을 만큼 많은 별들이 모여 두꺼운 무리를 이루고 있는 것으로 변했다.[55]

토인비는 '인류의 역사를 단일한 세계사로서 파악하지 않고 여러 문명의 결합으로서 파악하여 하나의 문명적인 전체를 사회'[56]라고 말했다. 이런 관점에서 그는 인류사상 구축된 문명사회의 수를 21개로 추출하여 비교 판단한 숙업을 해결했다. '역사 연구의 단위를 국민과 국가가 아니라 그것들을 포함하는 문명사회'[57]로 본 견해 뒤에는 그만한 세계적인 여건이 뒷받침되어 있었다. 그것은 토인비라는 한 개인이 창안해낸 역사관이기 이전에 그런 문명사회를 비교 가능하게 한 세계적인 조건이 확대된 것이다. 조건을 바꾸어서 토인비가 헤로도토스와 같은 시대에 태어났더라면 '세계사를 역사시대의 오천 년 시간과 지구 전체의 공간을 하나로 통합한 시간적·공간적 시야의 혁명'[58]을 이루지는 못했으리라. 토인비가 구축한 사학 자체로 본다면 그것은 개인적으로 이룬 업적이겠지만 결국은 세계성이 개명되

---

54) 위의 책, p.140.

55) 위의 책, p.110.

56) 『역사철학』, 최재희 저, 앞의 책, p.124.

57) 『사학개론(Ⅰ)』, 太田秀通 저, 방기중 역, 청아출판사, 1985, p.48.

58) 『역사의 연구(Ⅰ)』, 앞의 책, p.16.

어짐에 따라 주어지게 된 부수적인 산물이다. 인간이 세계와 역사를 지배하였고 지식이 양적으로 확대된 것처럼 보이지만, 그 현상의 이면에는 세계의 본질성이 분열함에 따른 확대 경과가 있었다. 확대되지 못한 상태에서는 인식하는 데 장애가 있어 있는 것도 보지 못하고 드러나지 못하여 증거할 수 없었지만, 확대되므로 '역사학이 실증적 과학인 증거의 學'59)으로서 탈바꿈하였고, 악마의 조화로 보았던 천연두의 실체가 명확하게 파악되었다.60) 이처럼 인류가 노력을 기울여 확보한 관점 뒤에는 그만한 세계성의 확대 과정이 있었고, 개명된 역사성이 있었다. 인식과 지성과 세계의 확대로 부분사가 세계사 내지 문명사로서 진척된 발자취가 농후하다. 신화→신학→정치→문화→사회, 나아가서는 섭리성의 확대로 통합성을 지향할 수 있게 되었다.

세계의 본질이 분열을 완료하므로 언젠가는 개명의 과정이 일시에 삼세 간에 걸쳐서 인류역사를 통괄한 통합 지점에 이르게 될 것이나니, 이러한 때가 되면 역사를 판단함에 있어서 방해받을 장애는 일체 사라진다. 이렇듯 통합성을 확보한 개명 관점이 곧 全知性을 갖춘 하나님이고, 그 같은 입장에서 전개시킨 것이 섭리를 통한 통합 관점이다. 그러한 관점이 그러한 안목을 지닌 하나님의 존재성을 증거하는 것이므로, 그 증거로서 하나님이 이 땅에 강림하셔서 온갖 지혜를 밝히셨다. 그만한 존재 위치에서 통합관을 제시해 인류를 하나 되게 하고자 한 것이 창조 이래로 섭리를 주관하신 하나님의 주재 의지이다. 개명 역사를 온전하게 뒷받침하지 못한 통합과 지상 강림은 있을 수 없다. 하나님이 강림하시므로 아울러 세계를 일관 지을 통합 관점도 함께 구축되었다.

---

59) 『사학개론(Ⅰ)』, 앞의 책, p.60.
60) "현대의 역사학이 본성상 실증적 경험 과학으로서 확립되어 있다는 것은 말할 필요가 없다."-위의 책, p.46.

07

통합문명사관

서점에 가서 보면 한 분야가 전문 서가를 갖출 만큼 책들로 가득
차 있다. 헤아릴 수 없을 정도인데, 정작 한 본질로서의 생성과 의지
를 완성시킨 진리를 담은 책은 찾아볼 수 없다. 다 부분적일 뿐이다.
세계가 창조 이래로 분열만을 향해 치달은 증거이다. 분열이 창조 목
적을 이루기 위한 추진 에너지로 작용되어 다양성을 낳았다. 이런 과
정에서 세계가 확대되었고 관점이 개관되어 세계를 통합적으로 인식
할 수 있는 지성이 여물었다. 지리상의 발견 이후 세계 판도가 한눈
에 들어오게 됨으로써 지성들은 세계를 보다 폭넓게 비교할 수 있는
관점을 확보하였다. 헤겔 이후의 역사철학과 세계사가 객관적인 법칙
의 발견에 주력하고 관심 영역을 확대시키는 방향으로 나간 사실은
그만큼 세계를 전체적으로 판단할 수 있는 안목이 확보되었다는 뜻
이다. 전체성을 파악할 수 있도록 만남과 교류가 활발해졌다. 토인비
가 말한 것처럼, '인류역사에는 28개 문명 단위가 있으며 그중 응전
에 성공했던 것이 21개, 현재 살아남은 것이 서방 기독교, 동방 기독
교, 이슬람, 힌두, 극동 등 5개 문화'라고 보게 된 것은 세계적인 여건

이 성숙된 때문이다. 무언가를 비교해서 판단할 수 있다는 것은 그렇게 비교할 수 있도록 세계적 판도가 개관되었다는 뜻이다.

헤로도토스가 『역사』를 서술했던 기원전 5세기는 그리스의 지적 전통에 큰 변화가 있었던 시기였다. 그중 해안의 산악지대인 이오니아(Ionia)는 동서 교역의 요충지로 다른 지역에 관한 지식을 받아들였고, 다양한 문명들을 비교할 수 있었다. 그래서 진정한 역사 서술을 생산할 수 있게 한 관점 의식, 즉 비판적인 사고를 갖게 되었다.[61] 여건이 성숙된 곳에서 그만한 의식이 확보된다는 사실은 부인할 수 없다. 그런데 항상 문제가 되는 것은 본질이다. 형태상으로는 비교해서 판단했다 해도 종국에 알아야 할 것은 역시 온갖 형태를 양산한 본질이다. "척추동물의 다리, 날개, 손 같은 것은 외관상 조금도 닮지 않았지만 서로 같은 기관이라는 것은 주지된 바이다."[62]

현대문명은 많은 양적 확대 과정을 거쳤다. 그런데도 지난 역사를 하나인 본질 관점에서 꿰뚫지 못하고 있다는 것은 어찌된 일인가? 현 문명 세계가 분화한 결과 극도의 전문성은 양산하였지만, 그러한 분야들이 전체성과 통할 유기체성을 지니지 못한다면 존재 시스템에는 문제가 발생한다. 나무는 숲의 영향으로 성장하였기 때문에 숲을 고려하지 않은 나무의 관찰은 올바른 판단일 수 없다. 전체 숲에 대한 면밀한 이해가 선행되어야 한다. 현대의 문명사관이 통합적으로 정립되어야 하는 이유이다. 인류역사는 한껏 분열을 향해 치달았지만 그것이 언제까지 이런 상태로 있을 수는 없다. 분열이 통합을 이룬 것 자체가 그러하거니와, 세계 역사도 "전체적 연관 속에 있는 하나의

---

61) 『서양사학사』, 앞의 책, p.22.

62) 『서구의 몰락』, 슈펭글러 저, 박환덕 · 송동준 해설과 역, 대양서적, 1980, p.168.

사실로서 파악하였을 때 비로소 역사적인 생명력을 갖게 된다."63) 자기 신앙, 자기 진리, 자기 문화만은 그렇지 않으리라고 여기지만 전체는 어느덧 부분이 되어버려, 역사는 예외 없이 통합적으로 바라보아야 하는 때의 도래를 기다려야 했다.

역사를 통찰한다는 것은 거대한 세계적 관점이다. 그런 만큼 세계에 대한 전체적이고 통일적인 이해는 그러한 관점을 확보할 수 있는 세계관의 구비 조건이 긴요하다. 세계를 전체적인 안목에서 볼 관점의 확보가 절실하기는 하나, 그렇게 되기 위해서는 세계의 본질성 분열이 완료된 시기를 기다려야 했다.64) 이 같은 역사에 대한 인식과 통찰이 있어야 세계의 역사를 통관한 '통합문명사관'을 구축할 수 있다. 세계사적인 목록을 영역별로 나열해서 문명사를 개관한 것으로서는 역사 현상에 대해 차원적인 깊이를 알 수 없다. 시공의 본질성을 통관하고 대관해서 규명하는 절차를 밟아야 한다. 그리해야 세계가 유구한 역사의 과정을 통해 분열되어 왔으면서도 총체적인 에너지가 통합의 본질을 형성한 사실을 확인할 수 있다.65) 이것은 그만한 사명을 자각한 자가 구할 수 있는 노력에 속한 것이지만, 노력했다고 해도 자체 속한 존재 위치는 벗어나기 어렵다. 나름대로는 추구했지만 "누가 세계를 종합할 수 있는 통합적인 관점을 제시할 수 있을 것인가 하는 것은 쉽게 이루어질 수 없다."66) 그만한 존재 본질을 확보한 자가 그만한 세계를 바라볼 수 있다. 세계의 생성 본질을 통괄하는

---

63) 『역사철학 강의』, 최재근 저, 앞의 책, p.23.
64) 『세계본질론』, 졸저, 청학사, 1997, p.157.
65) 『길을 위하여(2)』, 앞의 책, p.87.
66) 『세계창조론 서설』, 졸저, 인쇄본, 1998, p.19.

것은 열심히 관찰하고 추구한다고 해서 되는 것이 아니다. 세계의 직접적인 본체자이신 창조주가 아니고서는 창출할 수 없다. 그래서 보혜사 하나님이 성령으로서 강림하심과 함께 구축된 역사 통찰 관점이 곧 통합문명사관이다. 이것은 세계를 관망한다고 해서 해결되는 것이 아니다. 대단원에 걸친 진리 통합 과정을 통하여 혼탁한 분열의 시대에서도 세계를 통합적으로 바라볼 수 있도록 터전을 마련했고, 판단 관점을 완성할 수 있는 뜻을 구해야 했다. 역사는 역사이거니와 하나님이 세계를 주관한 창조 목적과 의지와 섭리를 알아야 역사를 통합적으로 관장할 관점을 확보할 수 있다. 창조성을 밝히지 못한 상태에서는 감히 제 역사를 통합할 수 없는 것이므로, 여기에 하나님이 세우신 본의가 있고 치리하신 섭리가 있다. 결국 천지는 하나님이 창조하고 주재하신 통치 권한 안에 있는 것으로서, 하나님이 역사하신 총체적인 주재 입장 위에 서야 제 역사를 전체적으로 바라볼 수 있다.

세계 역사에 하나님의 창조 의지가 개입된 사실을 간과한다면 통합적인 관점은 결코 확보할 수 없다. 어떻게 하여 인류역사를 통해 태초 이래 주관된 하나님의 섭리 역사를 드러낼 것인가? 이 근본적인 세계사적 물음에 대해 지난날 지성들이 개명시킨 보편 역사를 종합하고자 한 것이 통합문명사관이다. 이것은 세계로서 창출한 원리도 아니고 진리도 아닌, 섭리된 하나님의 뜻을 통찰함으로써 얻게 된 커다란 깨달음이다. 여기에 시공을 초월한 차원적인 인식이 있다. 지금까지 볼 수 없었던 세계를 일시에 관장하고 관통할 수 있는 통시적 안목을 확보했다.[67] 과정과 결과를 모두 장악했다. 이전에는 볼 수

---

67) 『세계통합론』, 졸저, 다짐, 1995, p.550.

없었는데 볼 수 있게 된, 부분적으로 알았는데 '완전히 알고 이미 궁극적으로 안 역사적'68) 관점을 이 땅에 강림하신 하나님으로부터 제공받게 되었다.69) 강림을 이루신 하나님이 성령으로서 역사하셔서 밝히신 진리 형태이다.

하지만 우리는 지난 역사의 본질 생성 과정을 통찰하는 것도 좋지만, 중요한 것은 역사 자체의 본질을 통관하는 것이다. 지난 역사를 한 테두리 안에 둔다면 역사를 합리적으로 이해할 수 있는 사관의 확보로 판단에 있어 객관성은 지니겠지만,70) 그러한 노력만으로 통합적인 역사관이 제공되는 것은 아니다. 마땅히 역사는 합당한 안목을 확보해서 객관화해야 한다. 그러나 역사는 아무리 분열하여 숱하게 점철되었더라도 창조로 이미 한통속을 이루었다고 하지 않았던가? 이제부터는 도래하지 않은 미래의 역사까지도 통관해야 하는 과제를 안게 된다.

온갖 형상으로 만개된 문명사 가운데서 그 본말을 대관하기 위해서는 과거에 일어난 사건만을 파고들어서는 안 된다. 현재를 통하여 과거를 꿰뚫고 미래를 내다보아야 할진대, 여기에 하나님 차원에 선 관점이 요구된다. 오직 삼세 간을 관장하신 뜻에 의해 분열된 세계도 일관할 수 있고 초극된 통합 사관을 구축할 수 있다. 인류역사를 하나로 통시함으로써 온 인류는 진리의 성령으로 강림하신 하나님을 두려운 눈으로 바라보리라. 우주와 삼라만상을 향해 품은 의문이 일시에 풀리고, 천지를 창조하고 만물을 주관한 통찰 관점이 제시되며,

---

68) 『기독교의 역사 이해』, 죠지 마르스덴 · 프랑크 로버츠 편자, 홍치모 역, 총신대학교출판부, 1981, p.109.
69) "이제는 내가 부분적으로 아나 그때는 主께서 나를 아신 것 같이 내가 온전히 알리라."—고린도 전서, 1장 12절.
70) 『역사이해와 비판의식』, 앞의 책, p.84.

펼쳐질 심판의 예고가 두려운 사실로서 엄습할 때, 만인은 하나님이
이 땅에 강림하신 사실을 실감하리라.

제11장

역사의 미래 본질

역사는 항상 미래와 통하기 때문에 미래와
연결된 예언의 종합 정보를 예의 주시해야
한다.

-본문 중에서-

역사의 미래 전망과 예측

　역사는 과거를 판단해서 알고자 하는 것이지만 과거를 알아야 하는 이유 중 하나는 현재를 알고 미래의 역사를 전망하기 위해서이다. 우리가 현 시공간에서 존재하는 것은 그렇게 존재하게 한 헤아릴 수 없는 뿌리들에 근거한다. 뿌리가 있는데 뿌리를 덮어둔 채 현 존재를 제대로 파악했다고 말할 수는 없다. 그리고 설사 과거 역사를 통달했다고 하더라도 한치 앞을 내다보기 어려운 미래에 대해 어떻게 올바른 전망을 할 수 있을 것인가? 잘 알다시피 '사마천의 『사기』는 12권의 本紀와 10권의 年表, 8권의 書, 30권의 世家, 그리고 70권의 列傳으로서, 총 130권 52만 6천 자에 이르는 대기록으로 고대로부터 사마천이 살았던 한무제(漢武帝) 시기까지의 역사를 정리한 것인데',[1] 이를 통해서 우리는 지난날의 잘잘못에 대해 교훈을 얻고 어떤 일이 있었는가에 대한 내력은 알 수 있지만 사마천이 살고 간 이후의 역사에 대한 정보는 알 수 없다. 그러나 민족의 진로에 대해 드높은 이상을 가지고 현실의 핍박과 고난을 이길 지혜는 얻을 수 있다. 결과가 기

---

1) 『사관이란 무엇인가』, 차하형 편. 청람, 1985, p.220.

대되는 것이라면 현실의 고난쯤은 아무 것도 아니다. 전망이란 현실 위에 발을 딛고 있으면서 앞을 내다본다는 것인데, 다분히 지성적이고 이성적인 역할이 있다. 전망도 그러나 한결같이 희망적인 것만은 아니므로 여차하면 여차할 것이란 예측도 있다. 그러한 전망들은 先覺들이 쌓아 올린 지성적 통찰 가운데서 접할 수 있다. 희망적인 전망이 있는가 하면 절망적인 예고도 있다. 우리는 언제 닥칠지 모를 예고 없는 불행을 염려하고 있고 언젠가는 죽음을 맞이하리란 사실을 모르고 사는 것이 아니다. 단지 도래할 시기를 정확하게 판단할 수 없기 때문에 구체화된 현실로서 받아들이지 못한다. 예측은 확률적인 것이지 필연적인 것이 아니다. 확실하지 못한 전망에 대해서는 누구나 반신반의할 것이 당연하다.

마르크스는 당대에 펼쳐진 자본주의의 피폐상을 목격하고 사회주의로의 추이에 대한 필연성을 세계의 미래상으로서 제시했다.[2] 대중 속에서 적지 않은 신봉자를 갖기도 했고 역사적인 이행을 위해 인위적인 혁명을 부추기기도 했다. 자본주의 사회 뒤에 사회주의 사회가 올 것을 주장한 배경에는 나름대로 인류사회의 발자취를 통찰한 일견이 있었다. 하지만 유물사관은 과거 역사에 근거한 통찰로서 어디까지나 예측성인 한계를 벗어나지 못한다.[3] 『정감록-鄭鑑錄』에 의하면 느닷없이 '이씨가 망한 뒤에 정씨가 선다'[4]는 예언이 있는데, 이런 전망과는 차원이 다르다. 과거의 역사 진행 패턴을 통찰한 안목이

---

2) 『역사학 입문』, 林健太郎 저, 우윤 · 횡원권 역, 청아출판사, 1983, p.276.

3) "인류역사는 계급투쟁의 역사이고, 경제구조가 정치나 문화 등 상부구조를 규제하며, 자본주의는 그 자체의 모순으로 말미암아 몰락하고 계급 없는 사회주의가 도래할 것이다."-『문화사』, 나종일 외 2인 저, 한국방송통신대학, 1991, p.246.

4) 『정감록』, 김수산 편저, 명문당, 1976, p.106.

랄까? 여기에는 그만한 철학과 사상이 배어 있어[5] 후세인들도 그 같은 사상 패턴에 동감한 일종의 공감대를 형성하기도 한다. '독일의 슈펭글러가 서구의 몰락을 예언하였고 영국의 토인비가 서구문명의 위기를 주장하게 된 역사철학'[6]이 그렇다. 하지만 이런 유는 과거와 현재의 조짐 상태를 근거로 한 통찰로서, 직관에 의한 예언 형식과는 성격이 다른 논리성을 따진 이성적 통찰이다. 뭇 개체와 명멸한 문명의 거대 단위들이 그러한 것이라면 현 문명 세계를 주도하고 있는 서구문명 역시 예외가 될 수 없다. 그리하여 서구문명이 잉태시킨 세 왕국, 즉 '공산주의 사회, 자본주의 사회, 서구 기독교가 21세기가 되기 전에 지상에서 몰각할 것을 예언했는데',[7] 만약 종말이 도래한다면 그들만 무너질까만, 정말 무너진다면 어떻게 되는가? 왜 무엇에 의해 무너질 것인가? 패턴 상으로 예언은 할 수 있어도 그 이후를 내다볼 수 없다는 것이 이성적인 안목이 지닌 한계이다.

여기에 대해 세기의 대 예언가로 알려진 노스트라다무스는 인류가 멸망의 위기에 직면할 때 아시아에서 구세주가 나타날 것을 예언했다. 우리나라의 예언가인 격암 남사고도 환란의 시기인 지구의 대 변혁기에 한반도에서 인류를 구원할 진인(眞人)이 출현한다는 예언을 남겼다.[8] 종말이 오고 구원자가 출현하리란 것인데, 이 예언이 실현될 것인지는 아직 확인할 길 없다. 남사고나 노스트라다무스는 예언의 실현 적중률이 높아 무시할 수 없다고 하지만, 정말 인류역사가

---

5) 그만한 세계관과 사상적 배경이 있음.

6) 위의 책, p.369.

7) 『묵시록의 대예언』, 강봉수 저, 민성사, 1999, p.266.

8) 위의 책, p.266.

그 같은 환란을 향해 치닫고 있다면 이것은 인류의 존망을 좌우하는 중대한 정보인 것이 분명하다. 누구라도 주어진 예언들에 대해서는 낙관할 수도 무시할 수도 없는 입장이다.9) 그렇다고 어떻게 할 수 있을 것인지에 대한 대책 또한 막연하기만 하다. 미래는 과연 예언되고 예측한 대로 들어맞는가? 미래의 질서를 정확하게 예감한 것이라면 현실에서 가늠할 수 있는 질서로서 인정할 수 있는 것도 아니겠는가? 이 같은 역사의 미래에 대해서 포퍼 같은 이는, '과학적·합리적 방법에 의해서는 과학적 지식의 미래 성장을 예지할 수 없을 뿐 아니라 인간 역사의 미래 코스도 예지(예언)할 수 없다'10)고 단언했다. 그러함에도 "슈펭글러는 문명 형태론이 법칙을 탐구하고 또한 미래를 예측하는 기본이라고 믿었고, 이를 추종한 마르크스와 토인비는 역사 발전의 패턴과 제 단계를 도식화해서 일정한 법칙까지 끄집어내려고 하였다."11)12)

그러나 그렇게 신념을 견지한 예측과 전망이 사실적인 역사로서 도래한다 해도, 그 같은 전망에 대해 현대인들이 얼마만큼 현실감 있게 귀를 기울이고 있는가 하는 것은 의문이다. 그런데 역사에서 어떤 법칙과 패턴을 발견해 미래에 대한 진행 방향을 알려고 하는 것도 중요하지만, 그러한 전망이 어떻게 해서 가능한 것인지, 어떻게 해서 실현될 것인지에 대한 통찰과 미래에 대한 정보를 종합해 보는 것도 중

---

9) 『역사의 연구(Ⅱ)』, 토인비 저, 노명식 역, 삼성출판사, 1983, p.370.

10) 『역사철학』, 최재희 저, 청림사, 1975, p.123.

11) 『사관이란 무엇인가』, 앞의 책, pp.20-21.

12) 슈펭글러는 "인간과 문화는 생물적 유기체와 같아서 발생·성장·쇠퇴·멸망의 과정을 거치게 되어 있으며, 여러 문명의 역사에는 유사점이 있어서 이들을 비교해 보면 어떤 사회가 어떤 문명 단계에 있다는 것을 알 수 있다고 했다. 그는 이와 같은 문명의 흥망에 관한 학문을 '문명형태학'이라고 명명했는데, 이 같은 방법으로 문명의 장래까지를 예측하여 유럽의 크리스트교 문명의 몰락을 예언하였다."-『세계대백과사전』, CD 두산동아, 서구의 몰락 편.

요하다. 한두 사람이 말한 것이 아니고 여러 사람이 일관성 있게 입에서 오르내린 것이라면 선재된 세계 질서가 예언의 형태로서 표출될 가능성을 배제할 수 없다. 어떤 지성적인 안목으로 미래 역사를 전망한 경우도 있지만, 순수한 예지력으로 직감한 선지자들도 부지기수이다. 어떤 상황에서도 역사의 완성을 운운할 수는 있지만, 시공간상에서 미래에 대해 다양한 예언이 공존하고 있는 실정인데, 이것을 무시하고 역사가 완성되길 기대할 수는 없다. 예언은 한때나마 역사를 주도한 힘을 발휘하기도 했고, 정말 진리로서 적용되기도 했다. 어쩌면 예언은 역사의 남아 있는 부분에 대해서 인류가 반드시 파헤쳐야 하는 문제이고 완성을 향해 짚고 넘어가야 하는 징검다리일 수도 있다. 예언이 진리성에 근거한 메커니즘인지는 차치하고라도 여기에 대한 이치적 해명은 있어야 했다. 그러지 못한 상태에서는 역사가 완성되기를 기대할 수 없다. 더군다나 이 연구는 인간이 가늠한 이성 작용과 최첨단 눈이라고 할 수 있는 인식의 한계를 분명하게 했거니와, 그러면서도 통합적인 질서상 현 시공간을 앞서 有한 선재 본질과 한통속인 상태에서의 초월인식성을 시사했으므로 예언은 이 속성을 통해 진리적인 뒷받침을 얻게 된다.

예언은 현 시공의 분열 질서와 차원이 다르므로 역사적인 사실로서의 도래 여부를 쉽게 가늠할 수 없다는 것은 인정한다. 그러나 통합적인 본질의 구조상 차원성을 달리한 미래 질서에 대한 직관이 가능하기 때문에 이 연구는 그러한 생성 질서를 통관한 입장에서 제반 가능성에 대한 진리적 뒷받침과 해명을 이루리라. 어떻게 하여 밑도 끝도 없이 주장된 것 같은 예언이 사실적인 근거를 가지는 것인지, 혹은 현 질서를 앞선 예지 형태를 띠는 것인지, 작용 현상을 면밀하게 엿볼 수 있어야 한다. 방법을 강구하면 예언된 진리성을 해명할 수 있다. 예언은 언제 어떻게 이루어질지 모를 미래의 시공간에서 펼쳐질 질서의 한 단면이다. 퍼즐의 단면만으로는 정확한 모습 구성이 어렵듯, 예언도 결국은 생성의 전체성을 본질로 한 하나님에 의존해야 의미 해석이 가능하다. 인간은 부분적인 생성 질서를 직관으로 예지할 수는 있지만 그렇게 예지한 당사자조차도 도대체 그 예언이 어떤 의미를 지니고 어떤 순간에 이루어질 것인지를 알 수 없다는 점에서, 제반 예언의 해석 이면에는 보혜사 성령이 강림을 이룬 직접적인 이유가 있게 된다. 그리스도가 나실 곳까지 기록한 성경이 재림, 천년왕국, 최후심판, 새 하늘과 새 땅에 대해서까지 예언하였다면 이런 예언들을 종합할 수 있어야 한다. 예언도 한 면만으로는 장님이 코끼리 만지기 격이다.

우리나라에서는 왕조와 국도(國都)에 관한 국가적인 예언을 담은 『정감록』이 있어 '진인이 남해도에서 나타나 지상천국을 이룩해 준다'13)는 예언을 하였다. "조선 중엽 이후부터 민간 사이에서 이상화되었던 남조선 신앙이라는 이상 사회의 도래에 대한 바람이 그것이다."14) 이같은 예언이 한민족의 역사에 어떤 영향을 미칠 것인지를 단도직입적으로 설명할 사람은 없다. 예언된 현실은 가까이 다가오고 있는데, 확인도 하지 못한 상태에서 역사의 뒤안길로 사라진다는 것은 말이 안 된다. 예언이 진리라면 반드시 사실로서 실인되어야 한다.

　"만군의 主가 말하노니 조금 있으면 내가 하늘과 땅과 바다와 육지

---

13) 『정감록』, 앞의 책, p.87.
14) 『원불교사상 논고』, 김홍철 저, 원광대학교출판국, 1980, p.34.

를 진동시킬 것이요, 또한 만국을 진동시킬 것이며, 만국의 보배가
이르리니……."15)

역사적으로 아직 누구도 확인하지 못했지만 언젠가는 그때에 대해
서 직시된 질서구조에 합당한 역사적 사실이 만인의 의식 위에서 확
인될 때가 도래하리라. 누가 과연 하늘과 땅을 진동시킬 것이고 만국
을 진동시킬 것인가? 만국의 보배로서 등단할 것인가? 그 성취의 주
역자로서 등단하신 분이 보혜사 하나님이시다. 예언은 시공간의 분열
질서를 앞서 있지만 정작 때가 도래하면 무엇보다도 합당한 인식 구
조를 드러낸다. 그래서 누구도 부인할 수 없게 된다.

따라서 현재의 역사는 누가 인정하고 인정하지 않는 것과 상관없
이, 예언의 실현 상태를 향해 분열 중이다. 예언의 질서구조에 합당한
체제로서 구축되어 가고 있다. 이 민족이 낳은 탁월한 선지자인 남사
고는16) 『격암유록』에서, 기독교와는 전혀 다른 문화권에 속해 있는
당대에 한민족이 '백십자 교를 믿고 따르니 무궁화 강산에 하나님의
왕궁을 짓게 되겠구나'17)라고 했다. 도대체 백십자란 무엇인가? 어떤
이는 역해하길, "세상 사람들은 알지를 못하는구나, 백십자의 원리
를……. 즉, 儒·佛·道가 통합 일교인 도교, 유교, 불교, 기독교가 똑
같은 하나님의 진리와 도덕의 말씀이라는 것을 모른다고 하였는데,
현대인들은 이 말에 대해서 무엇을 더 보탤 수 있겠는가? 아름다운
유교, 불교, 기독교가 합일된 세상 운이 정말 도래할 것인가?"18) 도무

---

15) 학개, 2장 6절~7절(70인 역).

16) 남사고(1509~1571): 李朝 明宗朝의 천문지리학자.

17) 『격암유록의 현대적 조명』, 구성모 역해, 미래문화사, 1992, p.20.

18) 격암유록을 구성모가 역해하여 단 주에 의하면, "백십자 도교는 십자의 道인 것은 틀림없으나 현재 우리
    가 알고 있는 기독교는 아니다. 이것은 지상의 모든 다원 종교가 기독교를 중심으로 하여 합일된 새로운

지 풀 수 없을 것 같은 실마리이지만, 이 땅의 선지자들이 한결같이 한민족의 장래를 그렇게 전망했었다는 것은 결코 우연이 아니다. 그래서 현실적으로도 그 같은 예언의 실현 조짐이 백방으로 난무하게 되었는데, 이것을 우리는 근세 민족 종교들의 다양한 발흥 형태를 통해 확인할 수 있다. 천도교의 창시자인 최제우[19]는 『용담유사(龍潭遺詞)』에서 구체제와 신체제의 일대 교역의 시기가 도래하였음을 시사하였는데,[20] 그것은 쇠하는 낡은 시대가 지나가고 성하는 새 시대가 돌아올 때에 만고 없는 무극대도(無極大道)가 이 세상에 도래한다[21]는 것이다. 무극대도는 先天의 분열성을 초극한 통합 대도인 것이 틀림없다. 그것은 곧 보혜사 하나님이 이 땅에서 이루실 한체성 진리인 모든 상대성을 넘어선 통도이다. 그래서 先天의 분열성을 극복한 後天에는 온 세계가 통합되어 無極, 즉 極이 합일된 통극(統極) 상황이 된다.[22] 이 같은 개벽기에 즈음해서 강증산은, '세계의 모든 문화의 진액을 걷어모아 통일하여 後天 문화의 기틀을 삼을 것'[23]이라고 한 통합 의지를 피력하였고, '각 족속들 사이에 나타난 여러 갈래 문화의 정수를 뽑아 모아 통일케 할'[24] 천지공사(天地公事)를 단행하기도 했다.

도대체 이것이 무슨 말인가? 그런데도 이 같은 예언을 해명할 전체로서의 해석판, 즉 바탕된 본질체가 존재한다고 했으니, 하나님이 주재하신 섭리를 통달하면 예언이 시사한 미래에로의 연결 실마리를

道敎다. 본서에서는 이것을 '弓弓 乙乙' 즉, 亞字, '白十字道'로 기록하고 있다."−위의 책, p.21.

19) 최제우(水雲): 1824~1865.

20) 先·後天 교역과 후천개벽사상(後天開闢思想).

21) 『원불교사상 논고』, 앞의 책, p.30.

22) 통합되면 극이 없어져 무극이 된다.

23) 『증산사상중심의 인류갱생철학 개론』, 배용덕·황정용 공저, 태광문화사, 1995, p.521.

24) 『대순전경』, p.392.

가닥 잡을 수 있다. 섭리는 삼세 간에 걸쳐 주재된 관계로 과거 역사를 일관 지을 수 있는 것처럼, 미래 역사도 꿰뚫을 수 있다. 예언은 시공간을 초월하여 운위될 선재 질서에 대한 직시 형태인 관계로 현 질서 안에서는 차원적인 것이고 두서가 없어 보이는 것이 사실이다. 인과 관계는 물론이고 논리적인 질서조차 무시되어 있어 어디에도 소속되어 있지 않은 태평양 한가운데의 고도와도 같다. 하지만 예언이 시공간을 초월하여 한통속을 이룬 생성 질서를 직관한 것이란 사실을 깨닫는 순간 문제는 달라진다. 예언은 한통속 안에서 인출된 선재 질서의 일부분이다. 그러므로 역사를 추진시키는 생성 바탕만 깔면, 일면인 질서가 전체 가운데서 확연하게 의미를 드러낸다. 바로 그 바탕성이 하나님의 존재 본질인 것이고, 의미를 밝힌 것이 전능한 계시 지혜이다.

보혜사 하나님이 지상에 강림한 것이 뜻하는 바를 지혜로운 자는 간파하였으리라. 현재는 서양의 사상과 제도들이 세계를 주름잡고 있어 그들이 이룩한 선진 기술을 배우지 않고서는 국가 번영을 보장받을 수 없는데, 느닷없이 '동양사상이 세계를 주도하리라'25)고 한 예언이 웬 말인가? 그런데도 이 연구가 밝힌 역사의 본질 대요를 파악하게 되면 의미를 알 수 있다. 이 연구는 이미 인류사회가 하나로 통합되어야 하는 이유를 밝혔거니와, 밝힘에 있어서 인류역사가 세계 통합을 지향해야 하는 이유는 결국 인류가 구원되기 위해서이다. 이

---

25) 인도 출신의 미국 대학 경제학 교수 라비 바트라의 말: "오랜 역사 속에서 면면히 이어져 내려온 동양사상, 동양철학이 자본주의 이후의 세계를 주도할 것입니다. 자본주의 붕괴 후 21세기 벽두에는 새로운 황금시대가 도래한다고 보고, 이때 동양사상이 커다란 역할을 하게 될 것입니다. 즉, 동양사상이 서양이 탄생시킨 근대과학과 합체되어 커다란 힘을 발휘하게 될 것입니다."-『충격 대예언』, 안영배 편저, 둥지, 1995, pp.174-175.

것은 격암이 말한 '백십승 유교, 불교, 기독교가 똑같이 모두 하나님의 말씀이라고 믿고 가르치는 곳으로 들어가는 사람이 대 환란으로부터 구제받으리라'[26]고 한 예언과 오십보백보이다. 세상의 종말이 선언되고 하나님의 지상 강림 사실이 확인되며 통합의 기치가 세워진 이상, 모든 상황이 격암이 선견한 예언의 성취 가도를 숨 가쁘게 달려가고 있다.

미래 역사를 전망하고 예측하는 데 있어 예언이 지니는 작용력은 생각 이상으로 막중하다. 지난 역사를 성찰하여 분석하지 못하면 과거를 바르게 볼 수 없고, 미래를 전망할 수 없다는 것은 기본이다. 지적한 바, 인간이 이성적으로 아무리 역사를 전망해서 예측하였더라도 그를 통해서는 역사를 내다봄에 한계가 분명한데, 직관한 예언을 섭리로서 통찰하면 문제가 달라진다. 든든한 역사 기반을 다진 현대인은 누구라도 다가올 역사에 대해서 올바른 판단 소양을 가져야 한다. 지금은 先天의 하늘 질서가 분열을 다하여 극이 통합된 새 하늘을 맞이할 때이다. 그래서 예언들도 완전하게 해석되고 성취될 수 있게 되어 멀게만 느껴졌던 질서구조에 대해 초점을 잡게 되었다. 역사를 전망함에 있어서는 온갖 억측이 난무했지만 때가 성숙된 지금은 인류가 반드시 대비하지 않으면 안 되는 필연적인 코스로 굳혀졌다. 예언은 인류가 반드시 맞이하고야 말 현실 역사이다. 그래서 요청된 대로 역사의 방향을 지침하고자 하는 것이니, 어려움은 있지만 이 연구가 밝힌 바 역사의 본질 탐구 여정을 통하면 그동안 부딪힌 역사에 관한 문제들을 모두 풀 수 있게 되리라.

---

26) 『격암유록의 현대적 조명』, 앞의 책, p.31.

예언의 진위 역사성

아무리 역사에 정통한 자라도 역사가 지닌 전체 기반을 통해서 알고자 하는 것은 역시 미래이리라. "미래야말로 역사의 진정한 초점이다."27) 그런데도 미래를 알기 위해 『요한 계시록』을 펼쳐 놓고 보면 원한 것을 알 수 있겠는가? 그것이 곧 그 일들의 징조인 것을 판단할 수 있는가? 아무리 해도 그때의 정황은 찾을 수 없다. 정통한 신학자들 간에서도 견해가 구구한 것은 마찬가지이다. 이렇게 되어 가지고서는 예언의 역사성에 대해 진위를 판별하기 어렵다. 예언이 역사상 주효한 때도 있었다. "무학 대사는 이 태조가 등극하기 전에 꾼 꿈을 해몽하여 왕위에 오를 것을 예언하였는데, 그 예언이 성취된 것으로 유명하다."28) 성경에서는 "미가라는 선지자가 미가 5장 2절을 통하여 그리스도가 탄생되기 700년 전에 이미 그 출생지와 메시아로서의 영원성을 선포했는데, 구약 성경의 모든 예언 중에서도 가장 명확한 의미와 중요성을 지니고 있다."29)30) 예언의 적중과 확인 여부가 성경의

---

27) 『역사의 의미』, 칼 뢰비트 저, 이한우 역, 문예출판사, 1993, p.37.

28) 『정감록』, 앞의 책, p.76.

29) 『뉴톰슨 관주주석 성경』, 뉴톰슨 관주주석 성경편찬위원회 편자, 성서교재간행사, 1985, 미가서론 편.

진리성을 대변하는 것처럼 여겨진다. 그런데도 예언의 적중성 여부가 예언이란 현상을 진리적으로 증명하고 본질을 드러내는 것은 아니다. 예지된 상태에 대한 결과론적인 확인일 뿐이다. 그리고 "예언의 실현 여부는 실현되기까지는 확인할 방도가 없다는 것도 문제이다."[31] 예언은 객관적인 방법을 통해 검증할 수 없다. 예언적 정황이 팽배된 상태라도 한치 앞의 결과를 내다볼 수 없다. 테니스 선수가 서브를 넣으면서 그 결과를 미리 알 수 있다면 판단을 수정할 수 있으리라. 그렇지만 우리는 결국 결과를 보아야 알 수 있다. 예언은 아무리 역사적인 사건이라 해도 후세인들에 의해 확인되는 특성이 있다. 그래서 사실 여부에 대한 적중성이 조작될 가능성이 있어 예언의 역사성에 대한 진위성이 희석되어진다.[32] 과연 인간은 미래를 얼마만큼 내다볼 수 있고, 예언 작용은 어떻게 가능한 것인가? 그리고 예언을 통해서 얻을 수 있는 미래에 관한 정보는 어느 정도인가? 예언은 진리이기 때문에 전적으로 신뢰해야 하는 것인가?

헤로도토스가 전개한『역사』안에서는 전편을 통해 신탁과 예언이 중대한 역할을 하고 있다. 페르시아 전쟁의 한가운데 선 등장인물들이 막대한 제물을 바쳐 델포이 神의 은총을 얻으려고 노력했고(크로이소스), 신탁을 통해 수행 중인 전쟁의 결과를 예측하고 해석해서 안위를 구했다는 점 등.[33] 이것은 헤로도토스라는 한 개인이 신탁이

---

30) "베들레헴 에브라다야, 너는 유다 족속 중에 작을지라도 이스라엘을 다스릴 자가 네게서 내게로 나올 것
　　이라. 그의 근본은 상고에, 태초에니라."-미가, 5장 2절.

31) 『주역을 읽으면 미래가 보인다』, 박태섭 저, 선재, 1999, p.48.

32) 『정감록』의 예언에는 전후가 모순되는 점이 적지 않고 맞는 것보다는 맞지 않는 것이 더 많아(맞는 것만
　　중시하고 틀린 것은 눈감아버림) 합리화의 한 수단으로서, '지난 뒤에 억지로 견강부회(牽强附會)하여 맞
　　는 것으로 한 것이 적지 않을 것임.'-『정감록』, 앞의 책, p.90.

33) 『역사』, 헤로도토스 저, 박광순 역, 범우사, 1988, p.19, 41, 43, 45.

나 예언의 진실성을 믿은 사상적 표현이라기보다는 당면한 중대사 앞에서는 누구라도 궁금해 하고 또 의탁하고 싶은 인간적인 면모의 표현이리라. 정말 결과를 사전에 알고 계시해주는 신탁이 있다면 이 것을 구하고 전격 추종하지 않겠는가? 하지만 예언의 진위성은 여하 한 역사적 적중 사례에도 불구하고 아직 증거되지 못했다. 『정감록』 은 민간 속에서 전승된 국가적인 예언서라고 하지만[34] 역사상 혹세 무민한 폐해가 그 얼마이며, 세계정세에 역행된 듯한 정씨 800년, 조 씨 1000년, 범씨 600년과 같은 세습적 군주 정치에 대한 예언들은 극 도로 발달한 과학 문명 세계에 이해하지 못할 미신성을 드러낸 것 같 기도 하다.[35][36] 예언은 분명 '하나의 행위가 일어나기 전에, 또 자연 적 방편에 의하여 예견할 수 있기 전에 행동을 기술하는 진술이므로 ',[37] 예언이 아무리 역사적인 사실로서 실인되었다 해도 그런 전례만 으로서는 역사적인 진위를 판가름할 수 없다. 가능한 방법이 있다면 그것은 전체인 세계구조 속에서 예언의 직관작용을 규명하는 것이다. 통체성인 구조상 미래가 있다면 어떤 형태로든 존재성에 대한 인식 은 가능하다. 이사야의 예언이 그리스도의 생애에 의해 성취되었 고,[38] 아시타 선인이 아기의 관상으로 미래에 붓다가 될 것을 예언했 다는 것은[39] 통합성을 이룬 선재 본질과 질서 상을 직시한 일례이다.

---

34) "李朝의 종언이 마침 이 책의 예언한 바에 들어맞아 이에 움직일 수 없는 민간의 신도 신앙이 되고 맘."-위의 책, p.21.

35) 『정감록』, 앞의 책, pp.89-90.

36) "『정감록』에 眞人이 남해서 나타난다(남조선사상). 진인이 남해도에서 나타난다. 즉, 남해도에서 眞人 정 도령이 나와 계룡산에 도읍할 날을 목을 빼어 기다리고 있는 무리가 계룡산 속을 비롯하여 전국 방방곡곡 에 수없이 많음."-위의 책, p.120, 18.

37) 『세계사상대계 3(인간의 발견)』, 박종홍·이종우·정석해 감수, 신태양사, 1965, p.205.

38) 위의 책, p.205.

39) 『주역을 읽으면 미래가 보인다』, 앞의 책, p.44.

이 같은 진리 작용이 있는데도 예언이 담당한 선재 역사성을 간과해 버린다면 인류의 장래는 보장될 수 없다.

역사는 항상 미래와 통하기 때문에 미래와 연결된 예언의 종합 정보를 예의 주시해야 한다. 만약 자신이 살고 있는 지역이 지진으로 참사를 당할 것을 사전에 경고 받았다면 어떻게 하겠는가? 그런데 그보다 더 큰 인류의 대 환란 예고에 대해 듣지도 보지도 못했다고 한다면 어떻게 되는가? 그런데도 오늘날은 첨단과학시대라, 어떤 역사가도 예언을 통해 인류의 중대사인 미래 문제를 거론하지는 않는다. 하지만 이후로는 예언에 대한 진리성을 천명할 수 있게 되어 상황이 달라졌다. 예언의 진리성을 뒷받침하기 위해서는 선재 질서를 연결시키고 부각시킬 바탕 본질이 필요한데 이것을 강림하신 하나님이 해결하시리라. 곧 보혜사 성령이 예언의 명확한 초점 대상이 되시므로, 이를 통해 해명하고 판가름하지 못할 예언은 하나도 없다. 하나님의 지상 강림 결과에 따라 先天에서 예언된 예언의 역사성 여부가 확정되어지리라.

예언의 초월인식성

예언이 역사적으로 호소력을 가지고 진리로서 역할을 담당했던 때는 아무래도 구약의 선지자들이 출현하여 이스라엘 민족을 선도하고 일깨웠던 시대였던 것 같다. 하지만 예언은 아무 곳에서나 이루어지고 실현될 만큼 보편적인 현상은 아니다. '佛陀나 예수 같은 성인들은 기적을 행하는 능력이 있었고 예언의 능력을 가지고 있어서 천 년의 앞날을 예견할 수 있었던 것 같지만',40) 범인인 우리는 그렇게 할 수 없다. '노스트라다무스는 자신을 일컬어 神과 자연의 대변자라고 조용히 밝혔다지만',41) 그가 저술한 『제 세기』를 통해서도 예언 작용의 본질은 알 수 없다. 통합적인 구조상 미래는 내다볼 수 있지만 작용된 원리성을 밝히는 것은 또 다른 진리 해결 과제이다. 예언하는 방법도 각양각색이어서, "서양의 예언가들은 주로 점성술이나 영매(靈媒), 수정구 투시를 통한 영상(映像)과 영시(靈示)의 형태로 미래의 일들을 예지하고 감지하여 예언했던 반면, 동양의 예언가들은 영시 외에도 주역의 원리를 응용한 역술을 통해 인간이나 인류의 미래에 대해 예언하였

40) 『7만 년 하늘민족의 역사』, 유왕기 저, 세일사, 1989, p.216.
41) 『충격 대예언』, 앞의 책, p.79.

다.”42) 영적인 능력을 발휘한다는 점에 대해서는 모두 공통점이 있다. 예언의 가치를 깨달았던 바울은 영적 은사라고 했다.43) 우리는 역사라는 무대의 막이 거두어져야 상황을 판단하게 되는 무기력함이 있지만 앞날을 내다볼 수 있다는 것은 남다른 능력과 그만한 근거가 있는 것이 분명하다. 그러나 직접 체험한 예언들에 대해서 이해한 내용을 확인하면 차이가 있다. 또 다른 세계인 영계(靈界)를 상정해서 '예언이란 현상은 인간이 영계에 몰입함으로써 일어난다. 즉, 영계의 영인(靈人)과 영과의 교감에서 상대방 영의 현시(顯示)에 의해 영상(靈像), 혹은 텔레파시(정신감응)로 미래 상황을 감지하여 알게 된다'44)고 했다. 하지만 이것은 분명 존재하고 있는 세계구조와는 상이한 내용이다. 한 가지 비밀스런 문제를 풀려고 다시 풀지 못하는 문제점을 끌어들였다. 인간과 영계와의 교감에 따라 예언이 성립된다는 것이지만, 도대체 영계란 무엇이고 이것을 어떻게 확인할 수 있는가? 그런데도 '인간의 잠재의식 속에는 영의 세계(영계)와 통하는 채널이 있어서 그 채널을 개발한 성인과 예언자는 영계와 통해 그곳의 최고 실권자인 神의 계시와 진리를 깨닫고 영적 실존과 대화를 갖는다'45)고 말했다.

영계를 합리화시키기 위해 일부에서는 4차원이란 개념을 도입하기도 한다. 4차원이란 시간과 공간의 영역을 초월하고 온갖 제약을 벗어난 세계인데, 천상영계에서 일어날 미래의 사건과 정보를 보고 사실을 알려주는 형태의 능력이 예언이라고 했다.46) 그렇다면 4차원인

---

42) 『묵시록의 대예언』, 앞의 책, p.83
43) 고린도 전서, 14장 1절.
44) 위의 책, p.54.
45) 위의 책, p.52.
46) 위의 책, p.166.

천상영계는 인간이 거주하는 지상세계와 달리 존재한다는 것인가? 아니면 일종의 그림자와 같은 형태인가? 예언이 이 같은 가상세계에 이끌려 작용될 수는 없다. 정말 시공간을 초월해서 예감할 수 있다면 세계에 가로놓인 실상들을 통해 실마리를 찾아야 한다. 존재자는 분명 분열하는 시공간의 질서 범위를 벗어날 수 없는 제약이 있다. 그런데도 초월적으로 인식이 가능한 것이라면, 우리는 그것이 가능한 시공간의 구조적인 상황을 살펴야 한다. 일어나지도 않은 장래 일을 인식할 수 있다면 그것은 통합적인 선재 본질 때문이다. 시공간을 초월해서 질서를 인식하는 것은 본질이 분열하기 때문이지만 본질 자체는 그러한 작용이 아예 일어나기 이전부터 존재했었다는 것이 주 포인트이다. 바탕인 본질은 통체인 전체성으로서 有하였다. 따라서 시공간을 초월한다는 것은 이미 有한 바탕 본질이 창출하는 것이며, 세상에 존재하는 어떤 존재도 자체로서는 분열 질서를 벗어날 수 없다. 인과법칙은 필연적이다. 그래서 예언은 예감을 통해 내다볼 수는 있지만 실질적인 성취는 분열 질서를 따른다. 초월인식은 운행되고 있는 일식의 시기를 예측하고 관찰된 궤도를 계산해서 새로운 행성을 발견하는 것과 다르다(해왕성의 발견 경로).47) 천문학자들은 '전혀 예상하지도 못한 행성의 존재를 추상적인 과학 이론으로부터 나온 순수한 사고(수학)를 통해 알아낼 수 있다는 사실을 알고 엄청나게 흥분하였다고 하지만',48) 그것은 현 시공간이 창출한 결정적인 질서 때문일 뿐 예언이 아니다. 이 시공간이 처한 결정성은 누구도 벗어날 수 없다. "예언자가 영적으로 높은 경지에 올라서서 시간에 한

---

47) 『물리이야기』, 로이드 모츠 · 제퍼슨 헤인 위버 저, 차동우 · 이재일 역, 전파과학사, 1992, p.177.
48) 위의 책, p.178.

정이 없는 4차원의 세계를 직접 왕래하면서 영화 보듯 미래에 있을 일을 확인한다는 것은 있을 수 없다."49) 우리는 한통속을 이룬 바탕 본질과 일체되고 하나 됨으로써만 선재 질서를 직관하고 초월인식도 가능하다. 그래서 하나 되고 일체되기 위한 각고의 노력이 필요하다. 존재된 의식이 세계의 본질과 농도가 같은 수준에 이르면 비로소 모든 방면에 통달하는 영안을 얻게 된다. 그래서 예언은 정신 차원을 달리한 의식 상태에서 생성 질서를 초월적으로 인식한 상태이다. 각성된 의식 공간 안에서는 일체의 논리를 초월한다. 글은 처음 끄집어내는 그것이 서두가 되는 것처럼 선재 질서도 그렇게 직관으로 묻어난다. 그리고 그 질서성을 의미화시킨 것이 예언이다.50) 그리하여 "체득하게 된 질서구조가 세상의 실질적인 본질 성숙과 일치하면, 우리는 비로소 예언의 실현 역사를 확인할 수 있다."51)

그만큼 의식을 통해 세계와 함께하기 위해서는 상응한 노력이 필요하고, 하나님의 존재성이 드러나면 비로소 천지 역사를 주재하신 하나님의 선행 운행 의지를 전달받게 된다. 예언이 진리로서 확인되기 위해서는 바탕된 본질의 전모가 드러나야 했는데, 전모를 통해 정말 형체를 완성한 분이 보혜사 진리의 성령이시다. 강림하신 하나님은 무상의 실체요, 전 예언의 구심 실체이다. 하나님을 인준하지 않은 역사적 완성은 사실상 불가능하다. 하나님의 지상 강림 역사가 모든 예언을 성취시켜 미래 역사를 주도할 두려운 진리력을 발휘하리라.

---

49) 『충격 대예언』, 앞의 책, p.79.
50) 예언은 한통속인 의식 차원에서 도래할 선재 질서를 초월적으로 직시한 것임.
51) 『세계본질론』, 졸저, 청학사, 1997, p.386.

예언의 세계 바탕성

기독교인이 아니라도 세계는 이천 년 전 십자가에 못 박힌 主 그리스도가 다시 재림하리란 예언을 접하고 있으며, 최후심판과 구원에 대한 절차를 들어서 안다. 말세에 대 환란이 있으리라. 미륵불이 출세하리라는 주장 등.[52] 이들 예언은 특정 문화권 안에서만 통용된 것이 아니고 거의 일반화된 미래 역사에 대한 정보인 것으로 보아도 좋다. 그러나 이런 예언은 아직 실현되지 않았고 언제 어떻게 이루어질지 알지 못하며 설사 알았다 해도 막을 수 없는 일이다. 예언을 통해 미리 알았다고 해서 결정된 것을 변경시킬 수는 없다. 그렇다면 어떤 일을 미리 아는 예언 메커니즘과 세상 일이 미리 정해질 수 있는 결정 메커니즘은 어떤 관계가 있는가? 직관으로 미래 일을 예지한 것이라면 정말 얼마만큼 안 것인가? 그러나 알아도 일어날 일을 변경시킬 수 없는 것이라면 거기에는 미래 일을 결정지은 바탕 세계가 있은 것이 분명하다. 예언되었는데도 불구하고 때와 상황을 판단하기 어려운 것은, 예언 작용은 직시된 것일 뿐이고 바탕된 본질이 직접 생성하기

---

52) 『주역을 읽으면 미래가 보인다』, 앞의 책, p.37.

때문이다. 그래서 그때에 관한 상황을 논리적인 사고로 가늠할 수 없다. 깨어 있는 의식으로 통찰해야 하며, 본질과 합치된 일치 상황을 온몸으로 체득한다. 그리고 이런 경지에 이르기 위해서는 우주와 깨어 있는 의식으로 교감해야 한다. 선재된 질서를 직관할 수 있도록 보다 통합적이고 본질적인 세계의 생성성에 근거해야 한다. 세계 작용적인 바탕성에 근거해서 표출된 우주적 질서는 세상적인 이치와 감각으로서는 분별할 수 없다. 세상의 돌아가는 모양새만으로 보면 이미 때가 늦다. 예언의 작용 메커니즘을 허용한 것이 우주 질서인데, 예언이 이루어질 조짐조차 모른다고 해서야 말이 되겠는가? 그래서 그 징조를 간파할 수 있는 사명자가 필요했다.[53]

예언은 통합성을 이룬 바탕 본질로부터 나오므로, 세상에서 주어진 결과만을 통해서는 판단할 수 없다. 예언은 직시된 상태이므로 완성된 진리가 아니며, 알아도 완전하게 안 통달 상태가 아니다. 수행으로 세계의식과 함께하면 미래 질서를 직시할 수 있지만, 시기가 무르익은 본질 상황과 도래 여부를 판별하기 위해서는 세계의 생성 질서를 끝까지 지켜보아야 하는 각고의 노력이 있어야 한다. 그야말로 우주의 생성 질서를 통괄해야 선재된 질서구조와의 일치 여부를 가늠할 수 있다. 제반 예언들이 산발되어 있어 종합하기가 쉽지 않다. 본질의 구조적인 일치 상황을 통찰하는 것은 분명 고도한 정신 능력을 갖춘 사명자에 의해 가능하다. 예언의 진정한 판별은 전 우주 의식을 종합했을 때이다. 그렇다면 그와 같은 지혜와 직시 능력을 발휘할 자는? 시기가 임박한 사실을 알아차릴 자 누구이겠는가? 그것은 천지

---

53) 세계의 생성 본질을 통괄해서 직시함.

역사를 주관하신 분이고 창조와 함께하신 하나님이시다. 창조와 동시에 모든 뜻과 운행 목적은 이미 예정되고 결정되었다. 그것이 분열할 때까지 감추어진 선재 질서를 통해 함유했었던 것이고, 함유한 상태로 내다보고 있었다. 그것이 강림의 때를 맞이하여 현 시공간에서 밝혀지게 되었다. 예언은 미리 밝힌 하나님의 뜻이기 이전에 천지운행에 직접 관여된 섭리 의지이기 때문에 신실한 자들이 굳센 믿음으로 견지하였다.[54][55]

그런데도 先天에서는 예언에 대한 통찰 인식을 너무 단편적으로 처리해버렸다. '예언은 정보라든지 사람의 두뇌에서 발견된 특이한 구조에 의한 화학작용'[56]이라고 해서는 역사를 완성하기 어렵다. 역사를 완성하기 위해서는 예언을 완성해야 하고, 예언이 진리성을 발휘할 수 있도록 밑바닥에 깔린 바탕 세계를 드러내어야 한다. 예언자는 시공간을 대하는 인식의 범위가 남달라 예언을 할 수 있는 것이 아니며, 초월인식이 가능한 바탕 본질을 갖추었다.[57] 그리고 예언이라고 하여 모두 '창조주의 뜻과 미래 계획을 인간을 통해 지상에 전한 메시지'[58]인 것은 아니다. 그렇다면 예언이 담고 있는 하나님의 뜻과 의지 계획은 무엇이며 어떻게 알 수 있는가? 성령은 전체자로서 분열되지 않은 시공간까지 포함해서 삼세 간을 통괄하신다.[59] 그러므로

---

54) "칼뱅에게 있어서 예정되지 않은 그리스도란 있을 수 없었다."-「칼뱅의 예정론 이해」, 황재범 저, 계명대학교대학원 신학과 석사학위논문, 1986, p.60.

55) "틸리히는 이사야, 바울, 성 아우구스티누스, 루터, 칼뱅에 이르기까지 종교적으로 위대한 인물의 거의가 예정론의 신봉자가 되었다고 했다. 삶을 지배하고 있는 선택의 원리를 실제로 경험함."-위의 논문, p.33.

56) 『충격 대예언』, 앞의 책, p.6.

57) 『노스트라다무스와 파티마 예언』, 아더 므로켓 저, 편집부 편역, 1997, p.8.

58) 『묵시록의 대예언』, 앞의 책, p.3.

59) 하나님은 세계를 시간 안에서 창조하신 것이 아니라 시간과 함께 창조하심(성 어거스틴).-「어거스틴의 역사이해에 관한 소고」, 전성원 저, 총신대학교대학원 신학과 역사전공 석사학위논문, 2006, 국문초록.

전체 본질이 생성을 완료하기까지는 예언도 만사에 존재한 무엇도 완료되지 못한 부분을 남기게 되는 한계성을 지닌다. 그러면서도 한 편에서는 한 부분으로서도 전체 정보를 내포한다. 만사는 창조로 말미암은 존재로서 그 뿌리는 일체가 두루 통하는 통속 공간으로 되어 있다. 다 통하는 본질을 의식으로 직시하지만 본질 자체는 어김없이 생성한다. 천지가 창조를 궁극 원인으로 두지 않았으면 이 같은 제한성도 없겠지만, 두었기 때문에 어김없이 본질의 생성이 완료되어야 하는 때를 기다려야 한다. 예언도, 역사도, 세계도, 하나님의 창조 목적도 마찬가지이다. 재림, 종말, 심판, 구원에 대한 예고는 미래 질서에 대한 단편적인 노출 상태인데도 어느 한 순간에 그러한 품의 경과를 비출 상연 필름으로 존재한다. 우주 의식을 집중시켜 뽑은 괘는 상징화된 우주 본질의 단면이나 우주의 운행 질서와 통하고 전체 정보를 함유하고 있어 미래에 대한 하늘의 운행 의지를 엿볼 수 있다. 그런데도 단면은 단면으로서 지닌 한계가 있어, 예언의 미래 역사에 대한 정보도 여건이 비슷하다. 단편 정보를 종합적으로 연결하여 장차 도래할 생성 질서를 통찰하고 완성된 질서 상을 구축하기 위해서는 하나님이 밝히신 주재 섭리를 바탕 본체로서 깔아야 한다.

예수님이 이루신 사명 사역 중에서 핵심된 메시지는 장차 도래할 하나님의 나라에 대한 예언이다. 구약을 성취하기 위한 실존자로서 내림한 것도, 인류의 죄악을 대속해 십자가에 못 박힌 것도, 본래 목적은 하나님의 나라를 예비하는 데 있다. 그런데 그 나라가 과연 도래했는가? 실현되지 않았다고 해서 무시해도 되는가? 진행 중인 상태라면 아무도 그 나라가 오지 않을 것이라고 단정할 수 없다. 여기에 예언 작용과 섭리와 세계적인 바탕성을 밝혀야 하는 중대한 이유가 있다. 창조 목적은 이미 설정되어 있는데 정작 세계의 한 가운데서 역사의 주체성을 확립해야 할 인류가 이 목적을 간파하지 못한다면 역사를 완성할 수 없다. 모든 때가 완숙된 오늘날 예언의 본질이 밝혀져야 하는 이유이다. 하나님의 나라는 아직 오지 않았지만 때가 되면 오리란 진리적 확신, 그 확신을 천고만재된 뜻을 통괄한 섭리로서 뒷받침해야 한다. 이를 위해 수많은 노고와 땀이 인류의 역사 위에 쏟아졌다. 이제 남은 것은 단 한 가지, 하나님의 뜻을 깨달아 모든 일을 마무리 짓는 것이다.

생성하는 세계 안에서는 무엇 하나 정지, 고착, 머물러 있지 않다. 존재도 인생 삶도 시간도 역사도 흘러가는 것처럼 예언도 섭리도 마찬가지이다. 아직 때가 되지 않아 예정된 질서로서 존재하고 있지만 생성이 다하면 통합된 본질로 환도되어 자재하리라. 만물이 생성하는 것도 그렇다. 장래에 대한 예언이 있는 한 그 생성력은 영원하다. 구시대 질서를 두고서 지성들이 신화적이다 혹은 원시적이라고 폄하하지만, 언제나 바탕된 질서는 생성으로 인해 바뀌고 또 바뀐다. 현 인류는 진화론을 기정사실화하고 있지만, 조만간 통합된 생성 질서의 전환으로 구축된 기반이 무너져버릴 것이다. 인류의 고대사회를 신화적인 세계관으로 구분한 것은, 그때에 비해 현재의 생성 질서가 일신되었기 때문이지, 現과 古가 한통속을 이룬 바탕성 면에서는 차이가 없다. 신화와 예언이 본질 면에서 동일하게 운용된 생성 질서의 단면이라는 것을 알진대, 생성성 전체를 관장하신 하나님이 강림을 이룬 역사를 펼치셨다는 것은 우주의 생성 장면을 장악하였다는 뜻이다. 그래서 하나님은 모든 것을 풀 수 있다. 과거와 미래를 연결시켜 창조 역사를 섭리 하나로 통관하리라.

예언의 선재 본질성

　인류는 각자 자유로운 이상 세계를 실현하기 위해 매진해 왔다. 모두가 자유를 원할진대, 지성들도 당연히 자유의 완전한 실현을 추구 목표로 삼지 않을 수 없었다.[60] 하지만 온 인류가 아무리 이상 세계를 그려도 "우리와 본질적으로 다른 세계를 상상할 수는 없는 것이며, 현재의 질서를 근본적으로 바꾸는 세계는 그렇게 선호되지 못한다."[61] 현실을 떠난 미래 역사의 도래는 있을 수 없다. 그런데도 예언은 현실과 질서구조가 다른 차이가 있어 도무지 일어나지 않을 것처럼 여겨지는 것도 사실이다. 미래 역사를 내다본다는 것은 현실을 통찰해서 과거 역사를 꿰뚫어 보는 것인데, 이런 작업을 무지 때문에 접어버린다면 이것은 인류 전체의 불행이다. 우여곡절 가운데서도 연면하게 이어진 것이 인류역사인데, 종말이란 막바지 길에서 송두리째 잃어버릴 수는 없다. 미래에 대한 예언은 무언가 현실과 이질감이 있고 허황된 감마저 드는 것이 사실이다. 고대사회에 있어서 '제사는

---

60) 「헤겔철학에 나타난 역사의 자유」, 장성호 저, 계명대학교대학원 철학과 석사학위논문, 1995, p.40.
61) 『역사의 종말』, 프랜시스 후쿠야마 저, 이상훈 역, 한마음사, 1992, p.93.

가장 중요한 국가 행사였을 뿐 아니라 국왕과 귀족과 고급 관료가 神官의 지위를 겸하는 일이 많아 제정일치(祭政一致) 현상은 동양 제국의 공통된 특색이자'62) 당시의 세계에서 일어난 일반적인 현상이었다. 그러나 지속적인 제도의 분화 과정을 거친 지금은 제정 분리는 물론이고 다양한 역할 분담이 불가피하다. 그런데도 '동·서양의 예언자들은 앞으로의 미래 사회가 자본주의도 민주주의도 아닌 새로운 사회가 펼쳐지게 된다고 하면서, 특히 한국의 선지자들은 정치와 종교가 일치된, 말 그대로 제정일치 사회가 도래할 것이며, 성인이 나라를 다스리는 도덕 정치시대가 열릴 것'63)이라고 주장하였으니, 이것은 분명 세계사의 진행 행보와 동떨어진 감도 없잖아 있다. 하지만 세계가 분열을 극해 통합의 기운을 형성하면 모든 것이 합치된 세계에서는 제정 제도가 일치되지 말라는 법이 없다. 과거에는 사회가 미분화되었던 것이지만, 유구한 세월을 두고 분화를 거듭한 것은 어느 한 시점에서의 통합을 목표로 한 것이다. 당연히 고대사회의 제정일치 상황과 예언된 제정일치 역사는 차원을 달리할 것이지만, 여하튼 일치는 일치이다. 앞날을 밝힌 예언이 현실성을 결여했다고 해서 무시할 것이 아니라 냉철한 안목으로 정말 도래할지도 모를 가능성을 인정해서 인류가 원하는대로 씨앗이 발아되도록 노력해야 한다.

　세상에는 오늘날까지 역사가 배출한 수많은 성현들이 다녀갔다. 孔子, 예수, 차라투스트라, 마니, 무함마드…… 그러나 분명한 사실 하나는 그들 중 누구도 아직 세계 역사를 완성하지 못했다는 점이다. 그리스도가 오시사 하나님의 나라가 가까웠다고 선포했지만, 그 나라

---

62) 『세계사 개론』, 이동윤 저, 일지사, 1984, p.33.
63) 『충격 대예언』, 앞의 책, p.177.

는 아직 오지 않았다. 오히려 더한 준비와 이룸을 위해 십자가 위에
서 산화되셨다. 佛陀든 소크라테스든 어떤 성현들도 그들이 세계사의
한가운데서 담당했던 진리적 역할은 같다. 누구라도 시대적인 사명을
품고 우주의 생성 본질을 통찰해서 장래 일을 전망할 수는 있다. 선
경 세계를 구상해서 이상을 노래할 수 있다. 하지만 이것을 직접 이
루는 문제는 어찌할 수 없다. 도수를 짜고 새로운 진리를 선포해서
인류역사를 선도할 수는 있다. 그런데도 세상이 돌아가는 일은 어찌
할 수 없다. 누가 과연 모든 예언을 실현시킬 역사의 주체자로서 확
인될 것인가?64) 이것을 해결하기 위해 창조주 하나님이 역사의 전면
에 나타나셨다. 통체 의지를 과거와 미래에 걸쳐 수놓으셨다. 그래서
과거를 투영시키면 과거를 통해 실존 의지를 확인할 수 있고 미래를
투영시키면 미래를 통해 주재 의지를 간파할 수 있다. 섭리를 통해
본체 의지를 세상 위에 드러내신 것이나니, 그분이 전능한 지혜이고
진리이시며 만생을 통달한 의지력의 본체자인 신령한 성령이시다. 성
령으로서의 하나님을 인류역사가 품은 것인데, 그 본체를 드러내기
위해서 세계가 섭리를 분열시켰다.65) 그렇게 강림하시게 된 실존 근
거가 진리이고 본질 본체이며 전 역사를 통찰한 안목이다. 특히 과거
역사에 대한 통찰과 함께 장래 일에 대한 예언도 창조 이래 간직된
(분열되지 않음) 선재 의지 형태로서 응집시켰다. 그래서 예언을 통하
면 우리는 분열되지 않은 순수 본질 형태로서 현 시공간을 앞서 계신
하나님의 실존 상황을 알 수 있다. 세상 종말과 재림 시기와 구원의
때는 하나님만 아시는66) 대 비밀 커튼이지만, 그때와 도래할 일을 예

---

64) 『역사의 의미』, 앞의 책, p.213.
65) 『역사철학』, 최재희 저, 앞의 책, p.82.

고 받고 진리성을 확인하게 되면 하나님은 그야말로 시공간을 앞서 계신 분이란 사실을 실감하리라. 우리는 예언이란 현상을 통해 하나님이 세계 전체를 본체로 하신 분인데도 분열을 완료하지 못하여 드러나지 못한 실존 상태를 이해할 수 있다.

성경 속에서도 이 같은 상황이 남김없이 기록되어 있다. "여호와께서 가라사대, 내가 옛적에 장래사를 고하였고 내 입에서 행하여 이루었느니라."[67] "반드시 속히 될 일을 그 종들에게 보이시려고……."[68] "이후에 마땅히 될 일을 내가 네게 보이리라."[69] 반복된 말씀이고 밝힌 약속대로 하나님이 정말 이 땅에 강림하셨다. "진리의 성령이 오시면……."[70] 그 실체가 "장래 일을 너희에게 알리시리라."[71] 그래서 알게 된 장래 일을 증거할 수 있다면 장래 일에 대한 예고 상황을 판단할 수 있다. 예언의 성취 여부는 종국의 역사를 완성시키기 때문에 (분열→통합→일치), 일찍이 예언자 시대에는 예언자들이 나타나 하나님의 뜻을 선포하는 것을 신성한 사명으로 여겼다.[72]

이 연구도 부여받은 역사적 소임을 다하고자 하나님이 약속한 장래 일을 밝히고 진리적인 과제를 완수해서 보혜사 하나님이 강림하신 사실을 증거하고자 하는 것이므로, 장래 일에 대한 예고가 어떤 특별한 계시를 통해 전달될 것으로 기대해서는 안 된다. 하나님이 강

---

66) 마태복음, 24장 36절.

67) 이사야, 4장 3절.

68) 요한계시록, 1장 1절.

69) 요한계시록, 4장 1절.

70) 요한복음, 16장 13절.

71) 요한복음, 16장 13절.

72) "거룩한 사무엘이 예언을 시작한 때로부터 이스라엘 백성이 바빌론으로 끌려가고, 거룩한 예레미야의 예언대로(예레미야, 25장 11절) 70년 후에 돌아와서 성전을 재건할 때까지의 모든 기간이 예언자 시대이다."-『신국론』, 성 아우구스티누스 저, 조호연·김종흡 역, 현대지성사, 1997, p.801.

림하신 이상 뜻을 받드는 것이 그대로 장래 일을 아는 것이고, 장차 이룰 일에 대한 예고 상황이다. 섭리를 완수하면 자연스럽게 밝혀지게 될 세계사적인 뜻이다. 그래서 이 연구가 하나님의 뜻을 받들어 장래 일을 판단한 것은 그 자체가 예언이 되는 역할이다. 요시야 왕 때에 하나님이 예레미야에게 이르신 말씀과 예레미야가 받들어 행한 예언은[73] 세계적으로 미숙한 일면이 있지만, 이 연구는 하나님의 섭리 뜻을 총체적으로 간파하였다. 성경의 예언은 시공간을 초월해 계신 하나님의 뜻을 통합적으로 표출한 것이므로 섭리가 완수되면 부분적이었던 예언 관점도 당연히 통달된다. 나아가 세계도 강림하신 하나님의 진리 본체를 볼 수 있게 되므로 이전처럼 계시를 받들기 위해 어려운 절차를 밟을 필요가 없다. 섭리를 통해 밝힌 뜻이 그대로 진실한 계시이고 장래를 밝힌 대 프로젝트이다. 세상 예언들이 한결같이 21세기를 전후하여 더 이상 앞날을 내다보지 못해 예언력이 지지부진한[74] 이때, 이 연구가 인류의 예지를 총망라해서 하나님이 이루실 장래 일을 밝히리라.

창조를 위해 마련된 통합성 상태는 강력한 분열을 지향했던 관계로 드러나지 못한 선재 부분을 예언력이 대신했던 것이지만, 지금은 분열을 완료한 결과성으로 인해 하나님이 강림해 계신 상태이므로 이후부터는 강림하신 실존 본체가 직접 인류역사를 주도하리라. 역사상 왕성했던 예언 활동이 통합의 때에 이르러 진리력을 상실하게 된 이유와, 미래에 대한 예언력이 답보 상태에 머문 이유도 여기에 있다.

---

73) 『성경의 파노라마』, 헨리에타 미어즈 저, 생명의 말씀사, 1991, p.210.

74) "예언자들의 대부분이 그렇듯이 노스트라다무스 또한 2000년 이후에 대해서는 거의 언급을 하고 있지 못하다."-『충격 대예언』, 앞의 책, p.73.

하나님의 지상 강림 상황은 예언이 아닌 본체가 장래 일을 선도하는 예언성을 내포한 형태이다. 강림 사실과 섭리 통찰과 장래 일에 대한 예고가 일치된다. 남는 의문은 예언이 정말 이루어질 것인가 하는 것과 어떻게 이룰 것인가 하는 것뿐이다.

그렇지만 아직도 이 연구는 제반 섭리를 통찰해서 장래 일을 지침한 진리적 기반을 터 닦은 것일 뿐, 하나님이 장차 이루실 섭리 목적과 장래 프로젝트를 구체적으로 제시하지는 못했다. 역사를 전환시키고 완성할 모종의 시사점을 던진 상태이다. 이 연구는 아직도 역사를 완성시키기 위해 사명을 수행 중이며, 누구보다도 일체 과정이 완수될 그날을 기다리고 있다. 끊임없이 추구할 것이며, 오직 뜻을 따를 뿐이다.

제12장

결론

국가는 멸망하지만 역사는 영원하다.

－백암 박은식(1859~1925)－

시대 종결의 결정성

역사가들이 과거 역사에 대해 시대를 구분했던 것은 다양한 근거를 통해서인데, 대체로 정치 중심이라든지 왕조의 이름을 기준으로 구분한 경우가 많았다. 지금은 흔히 고대·중세·근세란 소위 3분법을 많이 사용하며, 이 기준은 서양의 경우 언급한 바 이탈리아에서 르네상스 문화가 열리기 시작할 무렵, 당시 휴머니스트들이 자신들이 가지고 있는 사고방식과 세상 돌아가는 방식이 중세의 것과는 확연히 다르다는 점을 인식하고 3분법적인 시대 구분을 만들어냈다.[1] 정말 "르네상스는 神과 내세에 매몰되어 있던 인간 정신이 인간과 현세의 가치와 아름다움, 개인의 자유와 인간의 이성에 눈을 뜨기 시작하였다는 점에서 근대정신과 자유주의의 출발점이다."[2] 비코(1668~1744)도 역사를 세 시대로 구분하였는데, 첫째는 神들의 시대이고(神政的), 둘째는 영웅들의 시대이며(신화적), 세째는 인간들의 시대이다(이성적).[3] 다양한 기준이 적용되었고 또 통용되고도 있지만, 과연 이

---

1) 『역사를 보는 눈』, 호리고메 요조 저, 박시종 역, 개마고원, 2005, p.101.

2) 『자유주의의 원류(18세기 이전의 자유주의)』, 이근식·황경식 편저, 철학과 현실사, 2003, p.40.

3) 「어거스틴의 역사이해에 관한 소고」, 전성원 저, 총신대학교신학과 역사전공 석사학위논문, 2006, p.70.

들이 세계사의 전체 흐름을 가닥 잡아 정확하게 구분한 것인지는 의문이다. 역사의 표면에 나타난 특징들을 근거로 해서 구분한 것이라면 그것은 결국 유동적일 수밖에 없다. 세계를 포괄한 구분은 역시 본질적인 구분으로서, 그 기준은 세계의 본질이 분열을 완료한 시점이다.

그런데 先天 하늘은 어디서도 그 같은 분열을 완료하지 못한 상태이기 때문에 先天이라고 한 만큼, 그때 판단된 역사적 구분 역시 유동성을 면할 수 없다. 우리가 시대를 다르게 인식하는 것은 가치관과 질서와 생활 구조가 확연하게 변한 때문이지만, 세계적 바탕 자체가 생성하는 바에는 제 역사적인 현상들도 수없이 변화될 것이 당연하다. 그래서 先天에서는 그러한 표면적인 특성을 기준으로 삼아 시대를 구분했다. 先天에서는 이렇듯 시대를 구분한 성과가 있어 역사를 보다 쉽게 이해하게 되었지만 역사를 전체적으로 가닥 잡는다는 측면에서는 기준 척도에 어긋난다. 밝힌 바 역사를 왕의 재임 기간으로 나눈 것은 장기적 안목에서 역사 발전에 저해된다. 사회적으로 차별을 폐지하려는 모든 차별당하는 사람들의 움직임을 왕에 대한 반란으로 묘사해버린 것이다.4) 이런 폐해 가운데서도 그나마 어느 정도 보편적인 근거로 인류역사를 구분하는 데 있어서 크게 영향을 끼친 인물은 예수이다. 그가 등단함으로써 모든 선지자가 완성되고 종료되었다.5) 철학자 헤겔은 '모든 역사는 그리스도로부터 와서 그리스도에게로 되돌아가는 것이고, 성자의 출생은 세계사의 차축이다. 서력기원은 바로 이러한 세계사의 기독교적 구조를 위한 증거'6)라고 했다.

---

4) 『역사 에세이』, 장수환 저, 동녘, 1993, p.53.

5) "신약성경은 분명히 후기 유대교의 여러 가지 선지자 사상 가운데 종말론적인 선지자 기대 사상에 합류하고 있지만, 그것은 예수 그리스도로 말미암아 종료되었다고 할 수 있다."-「성경 예언 해석에 관한 고찰」, 김광한 저, 안양대학교신학대학원 신학과 구약신학전공 석사학위논문, 1999, p.29.

기대한바 정말 예수가 이 땅에 다시 오신다면 그분의 가치는 온 세계 인류가 믿고 있는 신앙의 결실체요, 온 세계 인류가 바라고 있는 소망의 결실체요, 온 세계 인류가 바라고 있는 사랑의 결실체가 될 것이니, 결실체에는 개인으로부터 가정, 종족, 민족, 국가, 세계 전부가 연결되어 있고, 하늘과 땅이 연결되어 있다고 믿는다.7) 하지만 그렇게 의미를 매긴 기독교 신앙도 부분적인 신앙일 뿐, 인류의 전체 신앙은 아니다. 경험적으로 모든 인류에게 타당하지 못하다.8) 세상에는 각 문화권에 따라 불기도 있고, 단기도 있고, 이슬람력도 있다. 그러므로 본질적으로는 先天에서 발생한 일체 역사를 포괄해야 한다. 역사는 상대적이라, 서기가 매겨지기 시작하므로 얼마나 많은 고귀한 인류역사가 가려져버렸던가?

역사 안에 있는 자는 그 무엇을 통해서도 시대 역사를 종결지을 수 없다. 종결짓는다고 해서 종결되는 것이 아니다. 물은 칼로 가른다고 해서 두 동강이 나는 것이 아니듯, 시대가 낳은 아들들은 그 시대를 넘어설 수 없다. 시대가 넘어가야 그 시대가 정리된다. 창조 이래의 인류역사를 모두 포괄하는 시대 개념은 先天이라고 할 수 있겠는데, 先天은 그렇다면 어떻게 해서 종결될 것인가? 본질과 직결되어 있어 이것을 발견하는 것이 중요한데, 그것이 다름 아닌 창조주 하나님이 보혜사 진리의 성령으로서 강림하신 사건이다. 지상 강림은 先天 하늘을 마무리 짓는 결정적인 역사이다. 이 연구는 앞서 저술한『세계의 종말 선언』과『성령의 시대 개막』을 통해 先天 시대를 종결짓고

---

6) 「칼 야스퍼스의 역사철학 연구」, 조영환 저, 이화여자대학교대학원 철학과 석사학위논문, 1988, p.13.

7) 『참부모』, 세계평화통일가정연합, 1998, p.38.

8) 「칼 야스퍼스의 역사철학 연구」, 앞의 논문, p.13.

새 시대를 선언한 전적을 거쳤거니와, 지상 강림 역사가 先天과 後天을 구분하는 접점 경계선이 되어야 하는 것은 인류역사의 피할 수 없는 숙명이다. 기독교인들은 '예수의 삶과 사역, 하나님과의 관계를 묘사한 많은 이야기들을 구약 예언의 성취로 보았지만',9) 오늘날은 지상 강림 역사가 인류역사의 대 성취점이다. 先天의 어떤 사상, 종교, 문명 체제도 자체 지닌 진리 역량으로서는 先天 역사를 매듭짓고 결정지을 수 없었나니, 모든 것을 주관하신 분은 이 땅에 강림하신 하나님이시다. 밝힌 바 예수의 탄생 시점인 서기는 하나님의 역사 형태를 구분한 기준점이고, 지상 강림은 하나님이 인류역사를 주재하신 섭리의 완결 시점이다. 새로운 시대 개막은 획기적인 제도의 개혁과 성인의 탄생만으로 되는 것이 아니다. 구질서를 마감하고 매듭지을 만한 분명한 성업이 있어야 한다. 성인들이 태어나 지금까지의 시대를 풍미했다면 새 시대는 이 시대를 완전하게 극복해야 한다. 그런데 현대문명은 아직도 영향권을 벗어나지 못한 상태이다.

칼 야스퍼스는 차축시대란 개념을 통해 인류문명의 특징을 진단했다. 그는 "서구 그리스도교를 중심으로 세계사를 구성했던 지난날의 역사철학과 달리, 기독교뿐만 아니라 모든 인간에게 타당한 차축시대란 개념을 세워 세계사를 구성하였다."10) 즉, "인류문명은 기원전 8~2세기, 즉 그가 말한 차축시대(axial age)에 형성되었다. 서양의 소크라테스, 플라톤, 아리스토텔레스, 동양에서도 孔子, 노자, 佛陀를 비롯한 여러 철학자들이 이 시대에 일제히 태어났다. 그리고 현재까지 인류가 가진 제반 철학과 종교의 중요 가치관들이 모두 이 차축시대

---

9) 「성경 예언 해석에 관한 고찰」, 앞의 논문, p.11.
10) 「칼 야스퍼스의 역사철학 연구」, 앞의 논문, p.3.

에 등장한 인물들이 만들어 놓은 것으로부터 별 진전을 보지 못하고 있다. 쿤이 말한 패러다임(paradigm)이 변하지 않았다. 화이트헤드가 서양철학은 플라톤 철학의 주석에 불과하다고 말했을 정도로 철학 분야도 차축 시대의 유산 정도를 넘어서지 못했다."11)

19세기에 시작된 과학과 기술 혁신은 나름대로 섭리적 의의는 지니지만, 차축시대에 획득한 인류의 정신적인 유산을 심대하게 손상시키고 있다. 오히려 현대의 위기를 조장하였다. 그래서 이 시대를 종결짓기 위해서는 그만한 역사와 극복이 있어야 했고, 새 시대를 개막할 대안책이 제시되어야 했는데, 그것이 곧 지상 강림 역사이다. 현 문명 체제가 차축시대에 발아된 문명 차원을 벗어나지 못한 것이라면 그것은 분명 새 시대일 수 없다. 새 시대의 도래기준은 先天에서 파생된 온갖 모순, 대립, 상대성을 극복하고 분열성을 종합한 통합적인 세계관을 구축해야 세워질 수 있다. 만개된 사상, 종교, 철학, 제도, 학문을 빠짐없이 담아내어야 하며, 역사적 작업을 성취해야 先天 역사가 종결된다. 새 시대를 개막하기 위해서는 반드시 추구된 역사의 본질을 밝혀 유구한 역사를 매듭지어야 한다. 그러면 이후 역사가 차원을 달리하게 된다. 창조된 세계와 역사는 언젠가는 종말을 맞이하게 되어 있는데, 절대적인 세계관과 진리체제와 신앙이 한 치의 양보도 없이 팽배되어 이 같은 절대적 고착화가 先天 문명의 종말 요인을 재촉하고 말았다. 세계는 생성을 본질로 하는데, 그 위에 절대성이란 기둥으로 집을 지어버렸으므로, 생명력에 있어 시한적인 한계가 있게 되었다. 유연하게 대처해야 영원한 생명력을 지속시킬 수 있다.

---

11) 네이버 지식통합검색, 차축시대.

따라서 이 연구가 역사의 본질을 탐구하는 것은 인류가 그동안 先天 하늘에서 일군 역사를 종결짓는 작업을 완수하기 위해서이다. 어떻게 해서 강림하신 하나님이 진리의 성령으로서 先天의 분열 문명을 결실 짓고 매듭을 이루어 後天의 통합문명을 개화시킬 것인가? 역사는 하나님의 주관 의지와 존재 본질과 연관되어 있다. 역사는 의지적, 존재적이기 때문에 반드시 주권자의 뜻에 따라 주재되고 매듭을 짓는다. 의미 없이 기계적으로 순환하지 않나니, 그 접점에 先天 역사의 종결작업이 있다. 先天 질서가 종결된다는 것은 先天의 역사가 분열을 완료했다는 것이므로, 구질서가 종막을 고할 수밖에 없지만, 이면에 있는 본질체는 통합되어 새로운 문명 세계를 펼치리라.

개체인 입장에서 겉을 보고 판단했을 때는 속과 다를 수 있다. 현상을 보고 판단하면 본질과 다르다. 과정 속에서는 대립, 상대, 모순이 있어도 그것이 세계적인 실상은 아니다. 부분적이고 분열적인 관점에서는 옳게 판단한 것이 전체적인 관점에서는 틀릴 수도 있는 것이므로 전체는 결코 부분의 합이 아니다. 전체는 부분과 차원이 다르고 분열된 과정은 통합된 완성체와 본질이 다르다. 그런데도 불구하고 세계가 완성되면 일체는 즉시 극복되고 통합된다. 모순이 해소되어버리므로 이것이 이 땅에 하나님이 강림하셔서 이상 천국을 건설할 수 있는 원리이다. 先天 하늘에는 불가능한 것으로 보였지만 역사가 완성되므로 차원이 달라진다. 하나님이 강림하시기 이전과 이후의 시대와 신앙 본질이 완전히 다르다. 그래서 새 시대 개막이고 새 역사 창조이다. 새 하늘, 새 땅, 새 이스라엘을 건설하리라.

02 | 세계사의 **본질 규정**

세계사의 본질은 세계를 움직이는 주체적인 힘이 무엇인가에 따라 벌써 결정되어버린다. 역사는 바라보는 관점이 본색을 다르게 보게 하는 바로미터이다. 역사관에는 神을 중심으로 해서 보는 눈과 인간을 중심으로 해서 보는 눈이 있다. 무엇이 옳은 것인지는 판가름이 나겠지만, 역사가 본질을 지니고 있다는 점에 대해서는 이견이 없다. 인간 중심의 역사관은 역사를 통해 인간의 그 무엇이 드러난다고 했고, 神 중심 역사관은 神에 관한 것이 나타난다고 했다. 초점은 다르지만 주장된 논리 구조는 비슷하다. 바탕된 본체가 있어 분열된 역사가 본색을 드러낸다는 것은 틀림없다. 따라서 이 시대를 살아가고 있는 우리는 역사의 본질을 탐구하여 그 본색을 정확하게 보아야 한다. 어거스틴이 구속사와 대비해서 표현한 세속사는 "역사 내에서 역사하는 하나님의 존재를 인정하지 않는 입장에서 역사를 움직이는 궁극적인 힘이 인간이라고 본 인간 중심 역사이다."[12] 神을 제외하고

---

12) 「어거스틴과 칼뱅의 역사관」, 김태기 저, 총신대학교 신학대학원 신학과 역사신학전공 석사학위논문, 2009, p.7.

인간을 중심에 놓았으므로 역사를 통해 나타날 것은 인간에 관한 것 밖에 없다. 곧 "역사는 인간 개개인의 정신적 성장 과정의 대우주화 이다(비코)."13) 神을 없애버림으로써 대상으로 삼을 것은 천지간에 자연 밖에 없다. 그래서 '역사는 자연의 목적론적 필연성과 인간의 실천적 자유와의 상호한정적인 상관구조에서 성립한다'14)고 했다. 하지만 자연과의 상호 관련 속에서 발견할 수 있는 것은 법칙성밖에 없어, 이것을 근거로 역사 속에서도 객관적인 법칙성을 발견하려고 노력하였는데,15) 이것을 세계사의 본질에 비추면 핀트가 크게 어긋 난다. 세계는 지극히 의지적인 존재라, 법칙성보다는 섭리성이 얼마 나 역사의 본질성에 근접한 관점인가 하는 것을 알아야 한다. 선지자 들이 피력했던 神 중심적인 역사관이 얼마나 치열하게 통찰한 세계 역사적인 관점인가 하는 사실을 인식해야 한다. 본질은 온갖 법칙성 을 결정한 창조의 바탕이다. 그런데 그 원천 요소를 무시하고 결정된 법칙만으로 역사를 규정하려 들었는데, 그런 관점을 통해서는 아무것 도 해결할 수 없다.

하지만 神을 중심으로 둔 역사 관점은 오늘날 하나님이 강림하심 과 함께 세계사의 본질 규정 작업에 크게 기여하였다. 그런데도 그 핀트가 관점 상 정확하다고 말할 수는 없다. "헤겔은 역사의 과정을 범신론적 사상에 입각하여 절대자인 神이 자기를 실현해 가는 과정으 로 파악했다. 그는 절대자는 이성 내지 정신이요, 그 본질은 자유라고

---

13) 「Jules Michelet "le peuple"의 개념」, 양미성 저, 숙명여자대학교대학원 중학과 서양사전공 석사학위논문, 1988, p.18.

14) 「칸트의 역사철학에 관한 일고」, 한단석 저, 전북대학교 논문집, 제24집, 인문사회과학 편, 1982, p.9.

15) "자연과학의 발전을 통해 엥겔스는 자연과정의 법칙성과 마찬가지로 사회과정도 법칙성을 가지고 있다고 봄."-『루드비히 포이에르바하와 독일고전철학의 종말』, 프리드리히 엥겔스 저, 남상일 역, 백산서당, 1992, p.11.

했다.”16) 절대자를 기독교 문화권에서는 하나님과 같은 의미로 받아
들여도 무방하지만, 문제는 그 다음의 개념성이다. 이성과 자유는 인
간을 염두에 두고 한 말이므로 이것을 통해서 보면, 헤겔은 하나님의
절대 속성과 세계사와의 관계를 명확하게 파악하지 못한 것이다. ‘세
계사는 절대정신의 전개이고 현실화’17)란 말은 어디에 대입해도 통용
될 만큼 절묘한 공식이다. ‘역사가 절대정신이 자기실현을 이루는 과
정’18)이란 뜻은 세계가 무엇이건 역사를 통해 본질을 나타낼 수 있다
는 뜻이기도 하다. 그래서 크로체는 유일한 실재를 정신이라고 보고
인류역사가 정신이란 실재의 표현 과정19)20)이라고 말할 수 있었다.

왜 무엇을 대입시키더라도 논리가 구조적으로 동일하게 일치되는
가에 대해 이것을 밝히고자 하는 것이 역사의 본질을 탐구하는 목적
이다. 역사는 시공의 생성 분열과 연관이 있고, 시공은 창조를 통해
하나님과 직결되어 있다.21) 그래서 역사가 법칙성을 나타내고 정신
을 표현한 것이란 사실상 주객이 전도된 관점이며, 역사는 바로 하나
님의 존재 본질 내에 있다. 따라서 창조 이래로 역사를 통해 드러날
것은 오직 하나님의 주재 의지밖에 없다. 이것을 기독교인들이 신앙
을 가지고 믿음으로 엿보았다. 선지자 이사야는, ‘역사의 섭리자는 하
나님이고 하나님께서 직접 역사에 참여하시고 궁극적으로는 모든 역

---

16) 「니콜라이 하르트만의 역사철학 연구」, 최은영 저, 경산대학교대학원 석사학위논문, 2002, p.13.

17) 「헤겔 역사철학에 있어서의 종말론 연구」, 강일남 저, 충남대학교대학원 철학과 서양철학전공 문학석사학
위논문, 1982, p.11.

18) 『사람이 알아야 할 모든 것 철학』, 남경태 저, 들녘, 2007, p.255.

19) 「크로체의 역사철학에 대한 고찰」, 박영호 저, 동아대학교대학원 음악학과 석사학위논문, 1995, p.13.

20) “헤겔은 세계사를 제 민족이 이루어 나가는 정신의 행위로 봄.”-「헤겔의 역사철학에 있어서의 종말론 연
구」, 앞의 논문, p.20.

21) 역사는 지극한 시공적 존재로서 하나님의 존재 속성을 특성으로서 드러낸다.

사가 구원의 역사로 진행된다'22)고 강조하였다. 어거스틴은 그의 신정론에서, '역사는 그 과정을 통해 神의 의로움, 곧 공의가 나타나는 증거의 표시'23)라고 했다. "하나님이 역사를 통제하신다는 것, 완성에 이르기까지 인도하신다는 것, 하나님 자신이 역사 내에서 활동하신다고 한 것이 주된 핵심이다(클라크)."24)

단지 아쉬운 점은 헤겔도 이사야도 어거스틴도 세계사를 그렇게 판단한 것일 뿐, 거기에 대한 근거를 따로 마련하지 못한 것이다. 왜 그런가? 하나님이 본체자로서 강림하지 못한 때문이며, 누구도 본체를 직접 증거할 수 없었다. 역사관이 미완인 상태로서 믿음이 필요했다는 사실을 알아야 한다. 하지만 부족한 가운데서도 그렇게 바라본 혜안과 믿음과 진리적인 인식은 영원하다. 그런 인식 기반이 있었기 때문에 강림하신 하나님이 오늘날 세계사의 본질을 규정하는 성업을 이루게 되었다. 핵심은 세계사가 인간만으로 전격 추진된 것이 아니란 것이며, 인간이 정열을 바친 목적과 의지 활동 뒤에는 하나님의 주관 의지가 개입되어 있었다. 하나님이 인간이 이룬 역사적 활동의 배후에서 역사를 주관, 통제, 인도하셨다고 본 것이 선각들의 한결같은 주장이다. 하나님의 주관 의지가 역사를 통해 표현된 것이기 때문에 '역사는 하나님의 계시'25)라고도 볼 수 있다. 헤겔이 세계사를 절대정신의 전개, 현실화라고 본 것과 비슷한 맥락이다. 성경은 아담을 필두로 해서 하나님과 인간과의 지극한 관계를 기록한 역사이다. 대

---

22) 「기독교 입장에서 본 역사관에 관한 비교연구」, 조강신 저, 대신대학 신학연구원 역사신학전공 석사학위논문, 1993, p.54.

23) 「어거스틴의 역사사상에 나타난 역사철학과 시간론 연구」, 박병기 저, 건국대학교 교육대학원 교육학과 철학교육전공 석사학위논문, 1999, p.10.

24) 위의 논문, p.19.

25) 『사관의 현대적 조명』, 차하형 편저, 청람문화사, 1978, p.108.

상은 인간이지만 그를 통해 표출된 것은 하나님이 역사를 이끄신 주재 의지이다. 그래서 인류는 구원을 얻게 되었고 하나님은 계시를 성취하셨다. 하나님이 인류를 구원하셨다면 그 역사를 통해 드러나는 것은 하나님의 사랑이시다. 역사에 인간 아닌 제삼의 의지가 개입됨에, 그 의지적 실체가 세계사의 전개 과정을 통해 펼쳐져 때가 되므로 존재자로서 완성되었다.

그런데도 인류의 역사를 개관한 수많은 역사가와 사상가들이 이같은 본질을 직시할 수 없었던 것은 역사의 시작과 종말성을 장악하지 못해서이고, 하나님이 본체자로서 강림하지 않아서이다. 하지만 오늘날은 하나님이 시공 자체를 본체로 한 존재자로 강림하셔서 先天의 섭리 역사를 갈무리하셨다. 그 결과 이룰 수 있게 된 세계사에 대한 본질 규정이 곧, 先天의 인류역사는 하나님의 본체를 드러내기 위해 추구된 역사였다는 것이다. 이 결론은 하나님이 진리의 성령으로서 밝힌 성업이기 때문에 더 이상 가정이 아니다. 역사는 세계의 본질로서 하나님의 존재 속성과 주재 의지와 뜻을 부각시킨 단서이고 질서이며 근거이다.[26] 세계사는 세계의 본질과 연관되어 있는 하나님의 주재 뜻을 펼쳐 보인 것이고, 하나님의 존재와 본체를 드러낸 모습 자체이다. 이런 하나님이 오늘날 이 땅에 강림하심으로써 인류역사가 새로운 문명 차원으로 진입하게 되었다.

---

26) 세계사의 전개 본질은 그 낱낱의 전개 과정을 통해 하나님의 창조 본질을 드러냄.

인류의 역사적 사명

"슈펭글러는 『서구의 몰락』이라는 책을 써 세상 사람들을 놀라게 한 역사학자요, 사상가였다. 짐멜, 하이데거, 로망롤랑, 헉슬리, 게오르규, 엘빈 토플러 등등, 서구의 많은 학자들도 유럽 문명이 너무나도 인간 상실의 길을 걷고 있다고 진단한 바 있다."27) 토인비는 경험적 조사를 기초로 해서 인류사회의 문명을 유기체적 순환과정으로 본 역사철학자로 유명하며, 문명은 왜 멸망해야 하는가, 문명과 역사가 다시 회복될 수 있는 출구는 없는가 등에 관하여 깊이 고찰하였다.28) 많은 학자와 사상가들이 직감으로 느낀 세계의 종말성에 대해 누구도 구체적인 근거는 제시하지 못한 실정이지만 제 영역에 걸쳐 한계성을 절감하고 있은 것은 분명하다. 그래서 '미국 유니온 신학의 조직신학자요, 종교철학자였던 폴 틸리히는 자기가 속해 있는 기독교의 조직신학을 고발하고 인류의 종말보다는 조직신학의 종말이 왔다고 하여, 더 이상 신학적 이론체계는 무의미한 것이란 폭탄선언을 한 바 있다. 종교학자요,

---

27) 「21세기와 종교」, 류병덕 저, 최고여성지도자과정 강의 논집, 원광대학교행정대학원, 1998, p.1.
28) 「아놀드 토인비의 역사철학」, 임희완 저, 논문, p.1.

인류학자였던 엘리아데는 서구 정신문화의 피폐성을 지적하고 종말의 증후가 보인다고 한탄하면서 이를 넘어서는 지혜를 찾아야 할 것'29)이라고 말하기도 했다. 이런 주장에 귀를 기울일진대, 현대문명의 종말성을 어떻게 역사적으로 진단해서 논거할 수 있겠는가? 이것을 해결하기 위해서는 역사상 일어났던 사례를 들춰보는 방법이 있다. 역사상 빛나는 이름을 날린 수많은 인물들은 한결같이 지금 이 세상에 존재하고 있지 않다. 존재하고 있는 우리들도 마찬가지이다. 현대문명도 예외일 수 없다, 흔히 세계적으로 위세를 떨친 나라로서는 로마를 꼽는다. 모든 길은 로마로 통한다는 말이 지나치지 않을 정도로 로마는 거대한 제국이었다. 당시 많은 사람들은 로마야말로 영원히 지속될 것으로 믿었다. 우리가 현대문명의 종착지를 모르듯이……. 하지만 로마는 어떻게 해서 멸망하고 말았던가?

많은 식민지를 소유해 해가 지지 않는 나라로 불렸던 영국도 마찬가지이다. 19세기 말까지 세계의 모든 화물은 영국의 배로 운송되었고, 런던은 세계 금융의 젖줄이었다. 실로 19세기는 영국의 세기였고, 영국은 영광의 노래를 불렀다. 하지만 21세기가 된 지금 영국은 국제무대의 뒷전에 밀려난 지 오래되었다.30) 흥망성쇠에 대한 역사적 드라마는 분명한 것이다. 단지 그 시기가 언제인가 하는 것인데, 굴곡의 패턴 문제에 있어서도 과거 역사는 시사하는 바가 있다. "장파이론에 따르면 지난 5세기에 걸쳐 세계 대국이 계승되어 온 드라마를 보면 포르투갈→네덜란드→영국(제1차)→영국(제2차)→미국 순으로 이어지는데, 이 데이터에 의하면 세계를 주도한 패권국이 1백 년을 주기

---

29) 「21세기와 종교」, 앞의 논문, p.1.
30) 『역사 에세이』, 앞의 책, p.14.

로 바뀐 것을 알 수 있다."31) 이것은 공식이 아니기 때문에 현재 강성한 미국의 역사적 행방이 주목되는 바인데, 진단한 바 미국도 몰락하고야 말 유럽 패권국의 배턴을 이어받은 것이라면 몰락하고 있는 서구문명의 끝자락에 놓여 있다고 보아도 좋다. 서유럽은 오랫동안 이슬람 세계의 변두리였는데, 16세기에 들어서면서 자립할 수 있었다. 그로부터 5백 년, 서유럽과 그 갈래인 미국은 이슬람 세계의 뒤를 이어 세계사의 중심에 서서 전 세계를 지배하였다. 그러나 이제 그 시대도 끝나려 하고 있다.32)33) 어떻게 해서 그러한가? 과거 역사의 주기가 그러했기 때문인가? 그런 것이 이유라고 한다면 사람의 수명이 다르듯 각 문명도 그 주기가 일률적이지 않다. 그런데도 서구문명이 주축이 된 현대문명이 몰락에 지면한 것이라면, 그 종말성을 정확하게 진단할 수 있어야 한다.

서구문명이 주도한 황금시대도 알고 보면 역사 위에 던져진 하나의 실험 과정에 불과하다. 완성된 옷이 아니라 옷을 만들기 위해 옷감을 마련한 역사이다. 드러난 역사의 특성이 분열적이고 지엽적이라, 그들이 지향한 서구적 세계화가 끝내 범지구적인 사회통합을 달성하는 데 실패하고 말았다(토인비).34) 사랑의 종교를 표방한 기독교는 서구문명을 이룬 양대 주축의 하나인데, 이 종교가 제국의 야망을 충족시키기 위한 중심이 되고, 인류의 거의 모든 전쟁사가 일신교 3

---

31) 『세계 5대 제국 흥망의 역사』, 유아사 다케오 저, 신미원 역, 일빛, 1990, pp.187-188.

32) 위의 책, p.187.

33) "16세기부터 20세기까지 5백 년에 걸쳐 계속된 대서양 세계의 시대는 끝났다. 그동안 세계 체제는 대서양 세계가 중심을 이루었으며, 그 가운데 포르투갈, 스페인, 네덜란드, 영국, 미국의 순서로 패권국이 바뀌어 왔다. 그렇다면 21세기는 과연 어느 나라가 주도하는 시대가 될까?"-위의 책, pp.238-239.

34) 「토인비의 역사철학에서 본 동아시아 문명」, 장세균 저, 원광대학교대학원 철학과 철학박사학위논문, 1999, p.2.

형제(유대교, 기독교, 이슬람교)의 집안 다툼으로 일색되었다.35) 그리고 또 하나의 주축 기둥인 과학기술의 진보마저 오늘날은 문명 통제를 불가능하게 만들어 인류가 통째로 멸망할 가능성까지 잠재하였다.36) 더 이상 희망이 없으므로 인류의 종말이 시한부적인 초읽기 상태에 돌입했다고 볼 수 있다. 토인비는 과거에 명멸했던 수많은 문명 형태들을 연구한 결과, "인류의 문명은 자연환경 조건이 좋은 곳이 아니라 오히려 어려운 역경(도전)에서 이를 물리치려는 끊임없는 인간 정신의 창의적 노력(응전)에서 일어난 것을 간파하였다."37) 세상이 평화롭고 희망적인 것이라면 누가 다시 다른 문명을 일구기 위해 노력하겠는가? 따라서 세계가 다다른 막다른 골목(종말성)은 오히려 인류가 새 역사를 창달하지 않을 수 없는 절체절명한 도전 요인일 수 있다.38) 역사상 최대의 도전 요인인 종말 앞에서 성공적으로 응전할 수 있어야 인류문명을 새롭게 엮어 나갈 계기를 마련할 수 있다. 종말성을 자각하고 슬기롭게 대처해서 새 역사를 창조해야 하는 것이 인류에게 주어진 대 역사적 사명이다.

밝힌 바 새 역사를 창조하기 위해서는 반드시 과거의 역사를 진단해서 현재의 역사를 결정지어야 한다. 그리해야 미래 역사의 진로를 가닥 잡을 수 있다. 현 문명의 종말성을 시인하지 않고서는 인류가 새 역사를 창조할 수 없다. 기독교가 복음의 한계성을 인정하지 않는다면 재림에 의한 새 복음을 선포할 수 없다. 그래서 폴 틸리히가 더

---

35) 『세계사를 움직이는 다섯 가지 힘』, 사이토 다카시 저, 황성민 역, 뜨인돌, 2010, 뒤 표지글.

36) 『역사와 진보』, 이찌이 사부로 저, 편집부 역, 지양사, 1983, p.38.

37) 「아놀드 토인비의 역사철학」, 앞의 논문, p.9.

38) 인류가 맞이한 종말이 새 역사 창달을 위한 도전 요인임.

이상의 신학적 이론체계는 무의미한 것이라고 선언했던 것인지도 모른다. 객관적인 판단과 인식으로 서구문명이 세계사를 주도하고 있지만 그렇다고 그것이 인류문화를 결실 지을 만큼 완성된 문명인 것은 아니다.[39] 이 같은 한계성을 직시했기 때문에 선각들은 역사상 종말의 도래 사실을 확신하였고, 인류를 구원할 수 있는 새로운 문명사회를 예비할 것을 고무했다. 언급한 바 세계사를 여섯 무대로 구분한 어거스틴은 인류의 창조로부터 노아의 홍수를 역사의 유년기로 보았고, 소년기(아브라함까지), 청년기(다윗 왕까지), 장년기(바빌론 유배), 중년기(그리스도 탄생 이전)를 거쳐 그리스도의 탄생 이후 마지막 심판까지를 노년기로 보았다.[40] 그렇지만 현재는 그리스도의 탄생으로부터 벌써 2000년을 넘긴 상태이므로, 노년기 중에서도 거의 임종이 가까웠다. 인류문명이 다시 태어나야 하는 운명성을 감지해야 한다. 자신이 종말인인지도 모르고 이 땅에 사과나무를 심어서는 안 된다. 바야흐로 최후심판으로 인류역사가 매듭지어지면 그 다음 역사는 차원이 달라지기 때문에 하나님의 심판은 先天 역사의 최종적인 시한 시점이다. 인류가 종말에 처한 것은 새 역사를 창조하기 위한 전조이다.

앞에서 밝힌 바대로 역사를 연구했던 철학자 야스퍼스는 인류역사상 일정한 시기에 현 인류문명의 기틀을 이룬 비범한 정신들이 탄생했던 사실을 발견하였다. 이것을 그는 "경험적으로 모든 인류에게 타당한 세계사의 중심이 되는 축이라고 보아 일명 차축시대로서 표현하였다."[41] 역사를 살펴보면 정말 이 차축시대에 비상한 것들이 나타

---

39) "현대는 과학기술적인 면에 있어서 그 나름대로 발전적인 점도 있지만, 과학기술의 독점으로 인하여 인간의 정신적인 면이 상실되기도 하였던 시기이다(「칼 야스퍼스의 역사철학 연구」, 앞의 논문, p.49)." 인간을 잃으면 인류문명은 아무 것도 아니게 됨.

40) 「기독교 역사관」, 이진모 저, 기독교문화연구, 논문, p.146.

났는데, 중국에서는 孔子, 노자, 묵자, 장자, 열자 등이 철학을 하였고, 인도에서는 우파니샤드가 이루어지고 석가가 살아 있었으며, 이란에서는 차라투스트라가 등장하였고, 팔레스타인에서는 엘리야, 이사야, 예레미야 등의 많은 예언자들이 나타났다. 희랍에서는 시인으로서 호머, 철학자로서 파르메니데스, 헤라클레이토스, 플라톤 등이 있었다. 몇 세기 동안에 서로를 알지도 못한 채 중국, 인도, 서양에서 동시에 상통하는 지혜들이 나타났다.[42] 역사적인 전례가 이러할진대 위기의 시대, 종말을 맞이한 현 시대도 역시 새로운 프로메테우스의 시대로서 제2의 차축 시대를 향한 동시 출발점이 될 수 있다. 그래서 정말 야스퍼스가 예감한 대로 새로운 차축시대가 등장한다면 그 시대는 마치 제1의 차축시대가 모든 동물적인 것과 완전히 구별되는 인간생활의 기초를 발견했던 시대, 즉 훨씬 전에 나타난 프로메테우스 시대에 있었던 것처럼, 그런 시대가 미래 속에서도 도래할 수 있다.[43]

제2 차축시대는 역사가 반복된다는 뜻이 아니며, 분열되어 만개된 제1 차축시대의 문명 세계를 통합한 결과로서 구축될 제2의 차축문명이다.[44] 통합문명은 다양한 先天 문화의 단일화가 아니며, 창조문화를 만개시킨 문명이다. 이를 위해 先天 문명은 수많은 명멸에도 불구하고 씨를 보전해 후일을 기약했다.[45] 역사는 그 본질이 생성함을

---

41) 「칼 야스퍼스의 역사철학 연구」, 앞의 논문, p.14.

42) 위의 논문, pp.14-15.

43) 「기독교 역사관」, 앞의 논문, p.146.

44) "토인비는 인류 전체가 단일 사회를 형성하여 세계의 통합이 이루어질 것으로 봄."-「토인비의 역사철학에서 본 동아시아 문명」, 앞의 논문, p.159.

45) 중세는 암흑시대가 아니다. 역사가 할람은 '만일 중세 천주교 수도자들의 지적 노동과 고서의 담사(膽寫)와 보존이 아니었다면, 그리스와 로마의 예전 역사에 관한 우리들의 지식은, 마치 이집트의 피라미드에 관한 그것에 못하지 않으리 만큼 막연하였을 것이다(『종교의 근본문제』, 윤형중 저, 가톨릭출판사, 1974, p.240)'라고 말했다.

통해 통합되는 것이기 때문에 현상의 분열 끝자락에서는 무엇도 종말성을 피할 수 없지만, 본질적인 측면에서는 영원한 생성을 위해 생멸한 것이다. 이것이 곧 차원을 달리한 새로운 창조이다. "역사는 반복되지 않으며, 겉으로는 반복되는 것처럼 보이지만 언제나 새로운 무엇을 보탬으로서 다른 것으로 된다."46) 그래서 비코는 "제 神의 시대, 영웅의 시대, 인간의 시대가 변천하면서 반복된다고 본 것이다."47) 헤겔은 正·反·合이란 변증 논리를 내세웠는데, 현상적으로는 正과 反이 合일 수 없는 모순성이 있지만 분열 과정을 거친 통합적인 본질 차원에서는 아무런 걸림이 없다. 베르쟈에프는 근대가 끝나면 새로운 중세가 도래할 것이라고 했는데,48) 이 같은 통찰은 결코 경시될 수 없다. 그것은 결코 반복되는 중세 그대로인 절대신권 질서체제가 아니다. 지난 역사 위에서 노출된 일체 한계성을 극복한 완전한 나라를 세우기 위해 보혜사 하나님이 이 땅 위에 강림하셨다.

　과학기술의 발달로 인류의 생활은 편리해졌지만 그 발전 속도가 20세기 후반 이후 더욱 빨라지면서 많은 인류가 여기에 적응하지 못해 소외감이 커졌고, 미래에 대한 예측 또한 어려워져 정신적인 불안정성이 증가하고 있다. 결과적으로 神을 대체했던 산업사회에 대한 부적응 때문에 과학기술의 영역을 보완하고 대체하기 위해서 神이 다시 필요해졌다.49) 神은 물건이 아닌데도 보완, 대체, 필요성이란 말을 썼지만, 인류문명이 정말 神에게로 회귀한다면 그것은 과학문명과 신

---

46) 「니콜라이 하르트만의 역사철학 연구」, 앞의 논문, p.11.
47) 「Jules Michelet "le peuple"의 개념」, 앞의 논문, p.18.
48) 「토인비의 역사철학에서 본 동아시아 문명」, 앞의 논문, p.17.
49) 『디플레이션 속으로』, 홍성국 저, 이콘, 2004, p.279.

권문명을 통합한 제3의 문명체제, 곧 차원적인 영성문명이 될 것이
다. 그렇기 때문에 토인비는 "매몰된 서구 종교, 그리고 서구문명에
대한 대안을 중국을 위시한 동아시아에서 찾았다. 동양문화는 미래
문명이 요구하고 있는 영성을 고무할 수 있는 수행 문화를 유구한 전
통으로 축적시킨 체제로서, 차세대 문명인 세계문명의 출현과 직결된
다."50) 고등종교는 일단 편협주의에서 벗어나야 하는데, 동양 종교는
편협화된 서구 종교와 성격을 달리한다. 서구 종교도 일정한 단계에
서는 일부 그러한 역할을 했으나 지금은 상실했다. 하지만 제한적이
나마 통합력을 행사한 동아시아 종교가 서구문명과 종교에 대한 대
응세력으로서 분명하게 존재한 만큼, 보다 포괄적이고 세계적인 영역
에서 통합을 이룰 잠재력을 갖고 있다.51) 그리하여 토인비는 결론적
으로 동양 종교에 의한 통일만이 서구를 구제하는 것으로 보았다.52)

오늘날 당면한 "인류 운명은 시간과의 싸움이 되었다. 낡은 문명이
먼저 쇠퇴하여 붕괴할 것인가? 그리고 이와 함께 인류문명도 끝날 것
인가? 아니면 새로운 문명을 창조하여 인류를 구원할 것인가?"53) 인
류가 직면한 이 같은 절박한 때에 천지 역사를 주관하신 하나님이 강
림하신 것이므로, 온 인류는 이 하나님을 구심점으로 先天 역사를 종
결짓고 後天의 새로운 통합문명 세계를 건설해야 한다. 이에 종말에
처한 인류를 구원하기 위해 특별하게 사명을 부여받은 한민족은 이
땅에 강림하신 하나님을 제일 먼저 영접한 영광된 민족이다. 분명한

---

50) 위의 논문, p.85.
51) 위의 논문, p.84.
52) 위의 논문, p.21.
53) 위의 논문, p.176.

자부심과 사명감을 가지고 반만 년 역사에 다시 없을 새로운 민족 문화를 창달하고, 세계 문화의 발전과 인류 공영과 하나님의 나라를 건설하는 데 이바지해야 한다.[54] 이 시대에 부여된 역사적 사명을 위하여, 반드시 성취하고야 말 민족적 영광을 위하여, 인류의 영광, 하나님의 영광을 위하여…….

---

54) 『국사』, 이원순 저, 한국방송통신대학출판부, 1994, p.1.

염기식

1957년 경남 진주 출생. 진주고등학교 졸업(47회). 경상대학교 사범대학 체육교육과 졸업. R.O.T.C.(19기) 임관. 서남대학교 교육대학원 졸업. 1984년 교직에 첫발을 내디딤(현 교사). 자아와 세계에 대해 눈떴을 때부터 세상의 분파된 진리에 대해 의문을 품고 '길은 어디에 있는가'란 명제 하나로 탐구의 길에 나서 현재까지(56세) 다수의 책을 저술함.

『길을 위하여 Ⅰ』(1985)
『길을 위하여 Ⅱ』(1986)
『길을 위하여 Ⅲ』(1990)
『세계통합론』(1995)
『세계본질론』(1997)
『세계창조론 서설』(1998)
『세계유신론』(2000)
『세계섭리론』(2004)
『세계수행론』(2006)
『가르침』(2008)
『세계도덕론』(2008)
『통합가치론』(2008)
『인간의 본성 탐구』(2009)
『선재우주론』(2009)
『수행의 완성도론』(2009)
『세계의 종말 선언』(2010)
『미륵탄강론』(2010)
『용화설법론』(2010)
『성령의 시대 개막』(2011)
「진로의사 결정유형과 진로의식 발달수준과의 관계」(2006)

역사의
본질 탐구

초 판 인 쇄 | 2012년 1월 2일
초 판 발 행 | 2012년 1월 2일

지 은 이 | 염기식
펴 낸 이 | 채종준
펴 낸 곳 | 한국학술정보㈜
주   소 | 경기도 파주시 문발동 파주출판문화정보산업단지 513-5
전   화 | 031) 908-3181(대표)
팩   스 | 031) 908-3189
홈 페 이 지 | http://ebook.kstudy.com
E-mail | 출판사업부 publish@kstudy.com
등   록 | 제일산-115호(2000. 6. 19)

ISBN   978-89-268-2931-8 93910 (Paper Book)
              978-89-268-2932-5 98910 (e-Book)

내일을여는지식 은 시대와 시대의 지식을 이어 갑니다.